탈식민주의 성서비평

R.S. SUGIRTHARAJAH
EXPLORING POSTCOLONIAL BIBLICAL CRITICISM
History, Method, Practice

© 2012 R.S. Sugirtharajah, with the exception of Chapter 3 © 2012 Blackwell Publishing Ltd.
All rights reserved.

Translated by YANG Guen-Seok & LEE Hae-Cheong
Korean translation copyright © 2019 by Benedict Press, Waegwan, Korea.
Korean translation rights arranged with R.S. Sugirtharajah.

탈식민주의 성서비평

2019년 8월 30일 교회 인가
2019년 10월 10일 초판 1쇄

지은이	R.S. 수기르타라자
옮긴이	양권석, 이해청
펴낸이	박현동
펴낸곳	성 베네딕도회 왜관수도원 ⓒ 분도출판사
찍은곳	분도인쇄소
등록	1962년 5월 7일 라15호
주소	04606 서울시 중구 장충단로 188 분도빌딩 (분도출판사 편집부)
	39889 경북 칠곡군 왜관읍 관문로 61 (분도인쇄소)
전화	02-2266-3605 (분도출판사) · 054-970-2400 (분도인쇄소)
팩스	02-2271-3605 (분도출판사) · 054-971-0179 (분도인쇄소)
홈페이지	www.bundobook.co.kr

ISBN 978-89-419-1917-9   03230

이 책의 한국어판 저작권은 R.S. Sugirtharajah와 독점 계약한 분도출판사에 있습니다.
저작권법에 의해 한국 내에서 보호를 받는 저작물이므로 무단 전재와 무단 복제를 금합니다.

탈식민주의 성서비평

R.S. 수기르타라자 지음

양권석·이해청 옮김

분도출판사

감사의 글

레베카 하킨에게 감사를 전하고 싶다. 그녀는 본서에 대한 기획을 의뢰했고 인내하고 이해해 주었으며 특별한 열정을 보여 주었다. 나의 이전 책들과 마찬가지로 본서 역시 단 오코너의 지혜와 가르침에 빚지고 있다. 덕분에 다시 생각하고 고쳐 쓰게 되었다. 본서의 중요한 한 장을 써 준 랠프 브로드벤트에게 깊이 감사한다. 또한 지지와 격려를 보내 준 로레인 스미스에게도 고마움을 전한다. 마지막으로 나의 아내 샤라다에게 감사를 표하고 싶다. 그녀가 없었다면 책을 쓰는 일들이 가능하지 않았을 것이다. 그녀에 대해 내가 할 수 있는 말은 잘 알려지지 않은 동양의 현자가 했던 말을 읊조리는 것이다. "수많은 여성들이 탁월하게 일을 수행해 왔으나 당신은 그들 모두를 능가한다."

한국의 독자들에게

생각해 보니 사실은 1980년대부터 한국 신학자들과 이런저런 인연을 맺어 왔었다. 지금은 고인이 된 민중신학자 안병무 박사님과 만났던 귀한 시간이 아직도 기억에 생생하고, 또 다른 두 분의 민중신학자 문희석 박사님과 김용복 박사님과의 만남도 잊을 수가 없다. 영국의 버밍엄대학교에서 가르치는 동안에도 많은 한국 학자들과 학생들을 만났다. 장관을 지낸 한신대학교의 김성재 교수를 비롯해, 지금 한국그리스도교교회협의회 총무를 맡고 있는 이홍정 박사, 이 책을 번역해 준 성공회대학교의 양권석 박사, 그리고 박홍순 박사, 우정구 박사 등등 많은 분들과 지속적으로 교류하면서 한국과 한국의 신학에 대해 계속 관심을 가질 수 있었다. 몇 차례 한국을 방문하면서, 한국신학연구소와 제3시대그리스도교연구소 등 대표적인 한국 신학 연구 기관들을 방문할 수 있었고, 서강대학교, 한신대학교, 감리교신학대학교, 성공회대학교 등에서 강연하는 귀한 기회도 가졌었다. 특히 연세대학교의 초빙교수로 한 학기 동안 학생들과 만났던 경험은 한국의 역사와 문화에 대한 나의 생각을 더욱 다듬을 수 있는 소중한 계기가 되었다.

이 책이 발행된 이후에도 탈식민주의 성서비평은 많은 변화를 거쳐 왔다. 하지만 그와 같은 변화와 발전에도 탈식민주의 비평의 필요성과 중요성은 약화되기보다는 오히려 더욱 절실해지고 있는 것으로 보인다. 지금 우리가 만나고 있는 세계를 생각해 보면, 그 어느 때보다도 고립주의적 경향이 강화되고 있고, 과거 식민 지배 국가와 피식민 국가들 사이의 식민적이고 억압적인 관계가 더욱 심화되고 있는 모습이다. 과거의 역사를 생각하는 최소한의 부끄러움이나 수치심도 없이, 제국을 세우려는 경쟁적인 기도들이 서로 충돌하고 있고, 제국의 황제와 다름없는 인물들이 미국, 인도, 브라질, 터키, 필리핀 등에서 정치권력의 정점에 재등장하고 있으며, 약자와 약소국을 향한 식민주의적 관계의 강요는 점점 노골화되고 있다. 이런 상황에서 탈식민주의적 비평 정신의 필요성은 더욱 긴급하고 절박하다. 탈식민주의 비평은 결코 일종의 유행 같은 것이 아니다. 제국을 만들고 강화하려는 시도가 계속되고, 식민적 관계가 지속적으로 재생산되고 있는 한, 탈식민주의 비평의 중요성은 결코 식지 않을 것이다.

내가 이 책을 다시 쓴다면 일본 제국주의와 식민주의에 대항한 한국인들과 한국 교회들의 저항의 경험을 반드시 언급하게 될 것이다. 이 책을 쓸 당시만 해도 내게는 충분한 정보와 지식이 없었다. 하지만 지금은 신학자들은 물론이고 여러 소설가나 영화 감독들이 식민주의에 저항해 온 한국인들의 경험을 다양하게 소개해 주고 있다. 그뿐 아니라 과거와는 달리 번역과 유통 면에서 훨씬 효과적으로 국제사회와 소통하고 있는 것처럼 보인다. 이렇게 달라진 환경 덕분에 나 또한 한국인들의 탈식민적 저항의 경험에 대해 좀 더 깊이 이해할 수 있게 되었다. 나는 한국인들과 한국 교회들이 식민주의에 저항해 온 경험들은 탈식민주의 비평의 매우 소중한 유산이자 미래적 자산이라고 생각한다. 그뿐 아니라 최근 일본의 신학자들 가운데서도 과거 군국주의와 제국주의 역사에 대해서 탈식민적 비평의 관점에서 평가하고 해석하려는 노력들이 나타나고 있다. 이 또한 매우 고무적인 일이 아닐 수 없다. 그래서 나는 한국과 일본의 신학자들이 탈식민주의 비평의 정신으로 연대하고 대화할 수 있는 가능성과 기회가 더욱 넓어지기를 바라는 희망을 갖고 있다.

탈식민주의 비평은 기본적으로 두 가지 해석적 혹은 비평적 과제를 가지고 있다. 첫째는 케냐의 소설가 응구기와 티옹오의 유명한 책 제목이기도 한 '정신의 탈식민화'다. 이 정신의 탈식민화라는 과제는 어느 날 갑자기 등장한 새로운 이론적 주제가 결코 아니다. 탈식민주의 비평이 이론화되기 전부터 식민주의 역사를 극복하기 위해서 노력해 온 모든 반식민주의 저항운동의 이론과 실천들이 공유해 온 과제요 목표다. 예를 들어 민중신학자 안병무를 생각해 보면, 그분은 탈식민주의 비평이라는 이론적 범주들을 결코 사용한 적이 없다. 하지만 그분이 말하는 민중은 스스로 정신을 탈식민화하는 민중이다. 다시 한번 말하지만, 오늘처럼 다시 제국을 세우기 위한 경쟁이 치열해지고 식민주의적 관계가 더욱 노골화되는 상황에서, 정신을 탈식민화하는 문제는 결코 한 시대의 유행일 수 없다. 지금도 여전히 가장 긴급한 비평적·해석적 과제다.

하지만 정신을 탈식민화하는 문제는 모두가 토착주의로 되돌아가야 한다는 말이 결코 아니다. 토착적 지식에 무조건적인 특권을 주어야 한다는 말도 아니다. 내가 생각하는 정신의 탈식민화란, 곧 이 정신의 탈식민화를 위해서 우리가 발전시켜야 하는 문화적 과정은, 민중적이고 토착적인 지적·문화적 자원들이 국제적인 자원들과 건강하게 비판적으로 상호작용하는 항상적 과정을 만들어 내는 일이라고 생각한다. 나는 이것을 지역적 세계시민주의(vernacular cosmopolitanism)라고 말하고 싶다.

탈식민주의 비평의 두 번째 과제는 식민주의 시대의 기록을 보관하고 있는 문서고를 습격하여, 자료를 다시 찾아내고 재해석해 내는 일이다. 굳이 습격(raid)이라는 표현을 쓰고 싶다. 왜냐하면 지금 그 문서고가 오히려 제국의 식민화 역사를 정당화하는 자료실 구실을 하고 있기 때문이다. 지금의 제국주의와 식민주의는 무엇보다 먼저 과거 식민주의 역사의 망각을 요구한다. 제국의 식민주의적 기획을 지속하기 위해서, 식민주의를 미화하는 시도까지 서슴지 않고 있다. 이 교묘하고 사악한 시도에 굴복하는 수치를 당하지 않으려면, 탈식민주의 비평가들은 무엇보다 먼저 식민주의 문서고로 숨어 들어가 그 굴욕과 저항의 역사를 급진적으로 다시 읽어 내는 노력을 시도해야 한다. 그리고 성서와 신학이 제국의 식민주의적 기획과 어떻게 연루되어 왔는지 가장 비판적이고도 성찰적으로 읽어 낼 수 있어야 할 것이다.

다시 한번 한국어판의 출판을 축하하며, 이 책의 출판을 위해서 애써 준 두 분 번역자와 모든 분들에게 진심으로 감사를 드린다. 나는 이 책이 한국 민중의 탈식민화를 위한 노력에 작은 격려가 될 수 있기를 바라며, 식민적 유제의 청산을 위해서 학문적으로 특히 신학과 성서 분야에서 고투하고 있는 많은 한국 독자들과 친구들을 향한 우정의 표현이 될 수 있기를 간절히 바란다.

영국 버밍엄에서
수기르타라자

역자 서문

 이 책의 저자 수기르타라자 박사는 스리랑카 출신이다. 인도와 영국에서 학위 교육을 받았고, 영국 버밍엄대학교에서 오랫동안 성서학과 제3세계 신학을 가르쳤으며, 성서학은 물론이요 문화비평과 문학비평 분야에 이르기까지 많은 중요한 저술들을 생산해 온 세계적인 학자다. 특히 두 가지 측면에서 수기르타라자 박사는 독보적이고 선구자적인 위치를 인정받고 있다.

 첫째는, 이 책을 통해서 충분히 알 수 있듯이, 그는 성서학 분야에 탈식민주의 비평이라는 새로운 비평 이론을 도입한 선구자다. 그래서 성서학계는 물론이고 일반 비평학계에서도 인정받는 탈식민주의 비평가다. 그와 함께 시작된 성서학의 탈식민주의 비평은 성서해석학 분야에 지각변동에 가까운 변화를 가져왔으며, 전혀 새로운 성서해석 환경과 생태계를 만들어 냈다는 평가를 받고 있다. 이에 관해서는 그의 수많은 저술과 이 책 자체가 중요한 소개 자료가 된다. 1998년에 메리놀의 오르비스 출판사를 통해서 출판된 『아시아 성서해석학과 탈식민주의』*Asian Biblical Hermeneutics and Postcolonialism*, 2002년 옥스퍼드대학교 출판부를 통해서 나온

『탈식민주의 비평과 성서해석』*Postcolonial Criticism and Biblical Interpretation*, 2005년 케임브리지대학교 출판부를 통해서 발간된 『성서와 제국: 탈식민적 탐구』*The Bible and Empire: Postcolonial Explorations*, 하버드대학교 출판부에서 나온 2013년의 『성서와 아시아』*The Bible and Asia*, 2018년의 『아시아의 예수』*Jesus in Asia* 등의 대표적 저술들 외에도, 탈식민주의 성서비평에 관한 많은 단독 저술과 공동 저술이 있으며, 아시아 신학과 제3세계 신학에 관해서도 다양한 저술 작업을 해 온 신학자이며 성서비평가다.

둘째는, 1991년 오르비스에서 출판되어 가톨릭 서적 대상(Catholic Book Award)을 받은 『주변부 목소리들』*Voices from the Margin*로 얻게 된 그의 독보적이며 고전적인 위치이다. 이 책은 이미 수차례 재판을 거듭하였고, 1995년과 2007년에는 중요한 개정을 거치면서, 이제는 제3세계 신학과 상황신학의 해석학적 변화와 발전을 보여 주는 고전으로 취급되고 있으며, 세계 여러 나라 신학교의 기본 교재로 채택되고 있다. 애석하게도 한국에서는 번역 출판되지 못했지만, 80년대 이후의 아시아·아프리카·라틴아메리카 신학과 성서해석학의 발전을 보여 주는 매우 중요한 자료이다. 한국 신학자들의 글도 포함하고 있는 이 책은 제3세계 상황신학이 탈식민주의 비평으로 발전하고 도약하리라는 것을 예고하고 있으며, 양자 간의 역사적 연속성도 존재한다는 것을 보여 준 중요한 전거 자료다.

위에서 언급한 저술들을 포함한 수기르타라자 박사의 많은 저술은 이미 스페인어, 이탈리아어, 그리고 일본어와 말레이어로 번역 출판되었으며, 지금도 그는 콘티눔 출판사가 발행하는 『성서와 탈식민주의』라는 연속 간행물의 편집 책임을 맡아서 활발하게 활동하고 있고, 성서와 신학 외에도 인도의 타밀어 문화와 관련한 비평이나 문학적 단편 혹은 에세이들을 출간하고 있다.

'탈식민주의 성서비평'(Postcolonial Biblical Criticism)은 우리 학계에서도 이미 낯선 표현이 아니다. 여러 학자들이 탈식민주의 비평 이론이나 방법을 활용하여 학위를 받았을 뿐만 아니라, 국내에서도 이미 다양한 시도들이 이루어지고 있다. 그럼에도 문학비평이나 문화비평 분야가 아닌 성서학 분야에서 탈식민주의 비평을 이론적으로 혹은 해석학적으로 소개하고 그 적용 가능성을 비판적으로 숙고하고 검토한 경우는 그렇게 많지 않았던 것 같다. 탈식민주의 성서비평은 1990년대 초부터 성서학 분야에서 새로운 변화를 주도해 왔고, 지금까지 이루어 온 변화를 생각할 때 지금에서야 개론에 가까운 소개서를 번역하고 비판적 반성과 성찰의 과정을 기대하는 것이 때늦은 감도 없지 않다.

하지만 세 가지 이유로, 탈식민주의 성서비평학의 초보자를 위한 이론적 개론서 혹은 교과서에 가까운 이 책을 번역하여 소개하고자 한다.

첫째는, 탈식민주의 비평의 역사와 방법론 그리고 실제적 적용의 사례까지 이론의 전모를 파악할 수 있는 교과서적인 텍스트가 필요하다는 생각 때문이었다. 단편적인 적용 사례들은 있었지만, 비평의 방법이나 이론으로서 탈식민주의 성서비평을 종합적으로 검토할 수 있는 자료가 반드시 필요하다는 생각이었다.

둘째는, 성서해석과 비평의 조건 혹은 요소로서 '식민주의'에 대한 관심을 재고해야 한다는 생각 때문이었다. 먼저 이 책의 저자가 말하고 있듯이 식민주의는 해석과 비평의 필수적 요소로서 정당한 평가를 받아 본 적이 거의 없다. 파시즘, 공산주의, 인종주의, 식민주의와 같은 역사의 4대 악은 잘 알려져 있다. 서구가 지배적 위치를 차지하고 있는 상황에서, 파시즘과 공산주의에 대해서는 맹렬한 비판이 가해졌고, 그래서 그 비판들이 중요한 해석과 비평의 요소로서 자리 잡았다. 예를 들어 홀로코스트는 서구의 비평과 해석에 상당한 영향을 끼쳤다. 하지만 식민주의와 인종주의가 비교할 수 없을 만큼 잔인한 역사적 경험이었음에도 정당한 평가를 받지 못했다.

역사 문제가 무역 갈등으로까지 치닫고 있는 최근의 한일 관계를 살펴보면 이러한 상황을 더욱 잘 이해할 수 있다. 어떠한 과거의 제국주의 국가도 식민 지배에 대해서 사죄하거나 배상하지 않았다는 것이 일본의 주장이다. 그러니까 식민 지배에 대한 배상 요구는 현시대의 보편적 정치 상식이 아니라는 입장이다. 인정하기 싫지만, 일본의 이러한 주장은 사실에 가깝다. 식민지 지배를 문제 삼고, 사죄를 받고 배상을 받겠다는 생각 자체가 보편적이고 공적인 담론으로 인정받을 수 없는 세계에 우리가 살고 있다는 말이다. 식민주의에 의해 억압을 당한 경험과 그것에 저항해 온 경험을 지금의 세계와 삶을 해석하는 요소로 등장시키는 건 불경하다는 말이다. 그런데 한국의 촛불은 이 금단의 영역으로 넘어 들어가는 길을 열었다. 식민주의자들이 인심 쓰듯 베푸는 선물이 아니라, 그들로 하여금 식민적 억압의 죄를 인정하고 사죄하고 배상할 것을 요구하는 대한민국 대법원의 판결을 이끌어 낸 것이다. 2018년 강제징용 배상 판결이 갖는 세계사적 의미가 바로 여기에 있다.

그러므로 지금의 한일 갈등의 근본 원인을 보다 깊이 파악할 필요가 있다. 단순한 감정의 문제가 결코 아니다. 식민주의는 지금까지 우리의 정신적·육체적 삶을 결정해 온 매우 중요한 요소였다. 하지만 제국의 지배적인 힘이 계속되고 있었기 때문에, 우리는 해석과 비평에서 중요한 요소를 자연스럽게 잊어버려야 할 것으로 간주해 왔다. 그런데 이제 우리가 삶의 온전한 회복을 위해 식민주의적 과거를 모른 척하지 않겠다는 중요한 결단을 일구어 내고 있다. 한국의 시민들이 징용 문제나 위안부 문제를 다시 제기하고 세계적인 이슈로 만들어 냈다고 할 수 있다. 탈식민화를 향한 한층 고양된 요구가 전개되고 있으며 개인과 사회의 변화를 이끌어 갈 여러 힘들과 결합하고 있는 셈이다. 그리고 바로 이러한 상황이 우리의 신학과 성서해석이 실천되어야 할 자리이기도 하다. 그렇기 때문에 신학과 성서해석 역시 탈식민화를 향한 한층 높아진 우리 사회의 요구들과 반드시 함께해야 할 것이다. 이를 위해 교회와 신학이 식민주의에 저항했던 과거의 경험을 보다 깊이 성찰해야 할 것이며, 나아가 때로는 의도적으로 때로는 의도와 상관없이 식민주의와 타협하고 공모해 왔던 신학과 해석에 대한 철저한 반성이 수행되어야 할 것이다. 그래서 진정한 의미의 탈식민화를 향한 해석과 비평의 새 길을 열어야 할 것이다.

셋째는, 작금의 한국의 신학적·성서적 비평 문화에 대해 문제를 제기하기 위해서다. 우리 신학의 이론적 바탕이기도 한 서구의 신학 이론들을 아무런 성찰 없이 무작정 따라가고 있는 것은 아닌지 되묻고 싶었다. 탈식민주의 이론가 스피박이 간파했듯이, 서구의 가장 급진적인 자기비판 이론들도 서구를 제국주의적으로 더욱 강화하는 역할을 할 수 있다. 다시 말해, 현재 비서구 피식민지에서 일어나고 있는 모든 모순과 문제를 서구의 자기비판 이론들 안으로 환원시킴으로써 비서구 피식민지인들의 삶을 대상화하고 재식민화할 수 있다는 점이다.

물론 급진적인 서구의 자기비판 이론들을 모두 배제하자는 것이 아니다. 오히려 식민지의 앞선 세대들이 이룩해 왔던 탈식민화를 향한 오랜 노력들과의 관계를 좀 더 분명히 해야 할 필요가 있다는 것이다. 안중근을 테러리스트라 칭하고, 위안부에게 매춘녀라는 딱지를 붙이는 이들이 버젓이 존재하고 있다. 이들은 동학이나 3·1운동에 참여했던 사람들조차 폭도와 다름없는 것으로 여기고 있는지도 모른다. 피식민지인들이 전개해 온 해방을 향한 투쟁을 무의미한 것으로 매도하면서, 식민화가 지금의 행복한 삶을 가능케 한 토대가 되었다고 강변한다. 이들에게 식민주의에 대한 저항은 그 자체가 무의미한 것이었는지도 모른다. 따라서 이러한 역사 왜곡과 역사 탈취에 대항해서, 우리 선조들의 탈식민화를 향한 투쟁이 오늘의 민주화와 인간화를 위한 노력과 어떠한 연속성을 갖는지 명확하게 읽어 내는 일은 무엇보다도 중요하고 시급한 것으로 보인다. 면면히 이어 내려온 탈식민화를 위한 피식민지인들의 투쟁과 서구의 비판 이론들이 건설적이고도 창조적으로 상호작용하여 비판적으로 개입할 필요가 있다. 제국의 패권을 위한 기도가 지속되고, 식민주의적 관계가 지속되고 있는 한, 어느 한쪽이 다른 한쪽을 수렴해 버리는 상황은 결코 도움이 되지 않을 것이다. 아시아와 한국의 교회와 신학이 식민주의에 저항해 온 역사와 전통, 그리고 토착화신학이나 민중신학처럼, 해방 이후 억압적인 권력에 저항하면서 탈식민화를 위해서 노력해 온 비평적 혹은 해석적 전통들을 한순간에 과거의 것으로 던져 버리고, 서구의 새로운 비판 이론을 좇아가면 되는 그러한 문제가 아니다. 오히려 해석적으로나 비평적으로나 둘 사이에 새로운 상호작용의 과정을 세우는 문제여야 한다. 이것이 탈식민주의 성서비평이 말하고 있는 탈식민화의 참된 의미다.

    우리는 이 책의 출판이 신학과 성서비평에 관한 해석학적 논의를 새롭게 재개하는 소중한 계기가 되기를 진심으로 바란다. 아시아 신학과 한국 신학의 소중한 전통들을 새롭게 재해석하면서, 지금도 계속되고 있는 제국과 식민주의에 대항하는 민중의 투쟁과 연대할 수 있는 새로운 해석의 길을 만들어 갈 수 있기를 간절히 바란다.

양권석, 이해청

차례

감사의 글 5
한국의 독자들에게 7
역자 서문 11

서론 19

1 — **탈식민주의**: 논쟁적 담론을 통한 해석학적 여정 27

2 — **'탈'의 때늦은 도착**: 탈식민주의와 성서 연구 53

3 — **탈식민주의 성서 연구**: 기원과 궤적_랠프 브로드벤트 85

4 — **지속되는 오리엔탈리즘**: 성서 연구와 식민주의적 관례의 재탕 127

5 — **탈식민주의의 계기들**: 성서와 그리스도교를 탈중심화하기 159

6 — **되받아 주석하는 제국**: 탈식민주의적 독해의 실제 181

7 — **후기**: 탈식민주의 성서비평, 끝나지 않는 여행 221

주 235
참고 문헌 257

서론

> 대답은 어떻든 상관없으며, 중요한 것은 질문이라고
> 나 자신에게 애써 말했다.[1]

내가 학생이었을 때, 성서학은 온건하고 그리 중요하지 않은 학문 분과였다. 이 학문 분과 바깥에선 그 누구도 주목하지 않는 자신만의 논제를 들고 이리저리 떠도는 그러한 분과였다. 이따금, 마르코복음서가 처음으로 쓰인 복음서였다는 전통적 추측에 의문을 품는 마태오 우선설이나 부활 사화의 진정성을 의심하는 일 같은 소소한 논쟁이 있었다. 이러한 논쟁의 틈바구니에 19세기의 역사학적 질문들을 재활용하거나 서로의 저서를 겸허하게 인용하는 학자들의 사례가 끼여 있었다. 하지만 이 같은 아늑한 세계의 뒤를 이어 1980년대엔 격변과 혼란이 일어났다. 마르크시즘과 페미니즘, 아프리카계 미국인과 제3세계의 해석이 일군 읽기 행위들이 격변과 혼란을 가져왔다. 이 새로운 방법들이 성서학에 활기를 불어넣었다. 방법들이 확산되고 목소리들이 다원화되어 성서학이라는 큰 틀 내에서 자율성을 갖는 하위 영역 연구들이 출현했다.

차이를 낳은 새로운 읽기 실천들 가운데 하나는 탈식민주의 비평이었다. 탈식민주의 비평의 도래는 예전에 식민지 출신이었고, 선교사에 의해 교육을 받았으며, 서양의 의제와 소통하는 일에 싫증이 난 사람들에게 서양 성서학의 폭정에서 벗어나는 해방적 행동으로 다가왔다. 서양적 읽기 실천들은 19세기 유럽의 이성주의와 경건주의에서 성장했으며 우리 자신의 해석학적 물음에서 본다면 관심을 가질 만한 사안이 아니었다. 탈식민주의가 도래하기 이전에는 M.G. 버산지의 소설 『노 뉴 랜드』에 나오는 등장인물처럼 우리 가운데 일부는 계속해서 전투를 치르고 또한 몸소 겪은 모든 전투와 영적 투쟁들을 되새기고 있었다. 탈식민주의 비평으로 인해 처음으로 우리는 다른 누군가와 투쟁하기보다는 우리 자신의 질문을 전개할 수 있게 되었다. 탈식민주의 성서비평은 텍스트와 해석을 연구하기 위한 새로운 개념적 수단을 우리에게 제공해 주었다. 본서는 인문학 분야에서 출현한 비판 이론이 어떻게 성서학 무대에 등장했는지 소개한다.

탈식민주의 성서비평은 기본적으로 성서의 서사들 및 이 서사들이 해석되어 온 방식에 다른 차원의 질문을 제기하는 법을 다룬다. 탈식민주의 성서비평은 여타의 비평적 실천이 제기하는 바와 똑같은 종류의 질문을 가지고서 텍스트에 접근한다. 다시 말해, 텍스트란 무엇인가? 누가 이것을 생산했는가? 이것의 의미는 어떻게 결정되는가? 이것은 어떻게 유포되었는가? 누가 이것을 해석하는가? 해석의 수혜자는 누구인가? 텍스트를 생산한 환경은 어떠했는가? 텍스트는 어떤 의미를 갖는가? 의미가 있다면, 어떠한 종류의 의미인가? 하는 물음을 던진다. 탈식민주의 성서비평도 역사비평처럼 텍스트에 대한 철저한 비판적 읽기에 전념한다. 그러나 중요한 차이가 있다. 주류 성서비평학과 탈식민주의 성서비평이 텍스트의 상황에 집중한다 할지라도, 한쪽은 텍스트의 역사와 신학, 종교적 세계에, 다른 한쪽은 텍스트가 출현했던 식민지적 환경인 정치와 경제, 문화에 좀 더 집중한다. 한쪽은 하느님 나라와 이 나라가 세상에 대해 갖는 의미를 계시하고자 하며, 다른 한쪽은 성서 시대 및 현대의 제국들과 이 제국들이 끼친 영향을 폭로하고자 한다. 한쪽은 개인의 믿음으로 의롭게 되는 것에, 다른 한쪽은 피식민 국가의 자유에 초점을 맞춘다. 한쪽은 타문화를 적대시하는 예언서를 높이며, 다른 한쪽은 여러 나라의 지혜로운 어록을 모아 놓은 잠언을 선호한다. 텍스트에 대해 질문을 제기할 때, 주류 성서비평학은 종교개혁 및 계몽주의의 의제에 따라 움직인다. 전적으로 서양의 문화적 규범에 따라 자랐다고만은 할 수 없는 사람들이 탈식민주의를 수용했을 때, 이들의 접근이 반드시 유럽의 교회나 유럽의 지적 의제에 따라 질문을 했다고 볼 순 없다. 본질적으로, 탈식민주의 성서비평이란 누가 이야기할 권리를 부여받았는지, 또한 누가 이야기를 해석할 권리를 지녔는지에 관한 탐구이다.

내 목표는 탈식민주의 이론을 둘러싼 긴장과 논의, 논쟁을 해결하고자 하거나 이 이론이 지니고 있는 관념과 의제, 개념을 좀 더 세련된 방식으로 표현하고자 하는 것이 아니다. 이러한 임무는 본서의 범위를 넘어서는 일이다. 고대와 현대의 식민주의를 비평하는 것만이 나의 목적은 아니다. 내 목표는 어떠한 종류의 해석학적 접근이 가능한지 제안하려는 것이고 나아가 정치가들과 비평가들이 새로운 제국의 등장을 언급하고 학자들의 글쓰기가 오리엔탈리즘적 실천으로 되돌아가고 있는 상황에서 그들을 어떻게 경계할 수 있는지 설명하는 데 있다. 본서가 바라는 바는 학문적 담론에 존재하는 식민주의의 흔적들을 확인하고, 기술하고, 분석할 뿐만 아니라 현재를 평가하고 경계하기 위해 과거를 이해하는 데 있다.

본서의 내용

1장 '탈식민주의: 논쟁적 담론을 통한 해석학적 여정'은 탈식민주의의 출현에 대한 간결한 역사를 제공하고자 한다. 이 밖에도, 탈식민주의의 주된 관심사 및 대위법적 읽기와 같은 읽기 방법들과 관련해 탈식민주의가 행한 혁신적 기여를 들려준다. 최근 식민주의의 형태들을 추적하고 기록할 뿐만 아니라 탈식민주의 이론이 시작된 이래로 어떻게 이 이론이 전개되어 왔는지 고찰한다.

2장 "'탈'의 때늦은 도착: 탈식민주의와 성서 연구'는 성서학에서 탈식민주의의 도래를 위해 길을 닦은 역사적 요소들에 대해 지도를 그리는 작업이다. 이 장은 탈식민주의 성서비평의 주요한 발자취와 추진력을 상세하게 설명한다. 또한 성서에 들어 있는 식민주의적 경향과 같은 불편한 질문들을 언급하고, 성서 연구와 식민주의 간의 불미스러운 제휴들에 얽힌 복잡한 이야기를 다룬다.

3장 '탈식민주의 성서 연구: 기원과 궤적'은 탈식민주의 영역에서 활동한 몇몇 주도적인 성서학자들과 이들이 행한 실천들, 이들이 활동한 시기에 쓴 중요한 텍스트들을 조사한다. 특별히 미국에서 이루어진 제국 연구의 상황과 내용, 탈식민주의와 페미니즘 간의 상호 관계를 조사한다. 이 장은 랠프 브로드벤트가 썼다.

4장 '지속되는 오리엔탈리즘: 성서 연구와 식민주의적 관례의 재탕'은 관련된 두 가지 목표를 겨냥한다. 첫째, 성서학이 동양학의 테두리 내에 존재해야 한다는 것이다. 이 장의 논지는 성서학이 다루는 지리적 대상과 문화, 텍스트를 고려하면 성서학이 동양학에 속하기에 안성맞춤이라는 점이다. 둘째, 이 장은 현재의 성서 연구, 특별히 사회과학 비평을 수행하는 사람들이 쓴 대중적인 책들이 주석학적 실천이라는 측면에서 신뢰할 수 없는 의심스러운 오리엔탈리즘적 특징을 어떻게 반복하고 있는지에 관한 예들을 제공한다.

5장 '탈식민주의의 계기들: 성서와 그리스도교를 탈중심화하기'는 평온했던 식민주의 시기에 발생한 두 가지 중요한 탈식민주의적 계기를 다룬다. 1879년부터 출간된 『동방성전』과 1893년 시카고에서 열린 세계 종교회의가 바로 그것이다. 이 두 사건은 그리스도교 신학과 성서해석에서 아주 깊은 의미를 지니고 있다. 이 장은 동양 종교의 경전을 출판한 일이 어떻게 성서의 독특한 믿음 체계에 도전을 가했는지 선명하게 드러낸다. 또한 서양의 도덕적 실패에 대해 서양을 비난하고 수치를 주기 위해 동양 사절단이 어떻게 이 세계종교회의를 이용했는지 돌아본다. 이들이 사용한 전략은 서양이 행한 오리엔탈리즘과 관련이 있다. 이 장은 식민주의 시기에 일어난 저항과, 이 저항과 대조되는 현재의 탈식민주의가 취하고 있는 입장 간의 차이를 다룬다.

6장 '되받아 주석하는 제국: 탈식민주의적 독해의 실제'는 탈식민주의적 관점에서 성서를 읽는 방법에 관한 여러 가지 예들을 제공한다. 첫 번째 예는 붓다와 예수의 탄생 설화를 읽기 위해 대위법적 방법을 사용한다. 이것은 방법 그 자체의 독특한 기여로 인해 탈식민주의와 연관을 맺게 된 방법론이다. 두 번째 예는 가장 흥미롭고 복잡한 두 명의 신약성서 저자인 바오로와 요한의 글을 이해하기 위해 에드워드 사이드의 '말년의 양식'을 사용한다. 에드워드 사이드가 자신의 생애 마지막에 제안한 방법인 말년의 양식은 작가들이나 예술가들이 자신들의 경력에서 초기와는 완전히 다른 입장에 도달했을 때 이들의 작품에서 발견할 수 있는 극적인 변화를 이해하는 일에 관한 것이다. 세 번째 예는 재현의 수사학에 관한 것이다. 사례 연구로서 부자와 거지 나자로에 대한 비유를 살펴보고, 이 비유에서 부자와 거지가 어떻게 재현되어 있는지, 이 비유에 대한 해석을 떠받치고 있는 이데올로기적 편견이 무엇인지 조사한다.

본서의 후기인 '탈식민주의 성서비평: 끝나지 않는 여행'은 탈식민주의가 어떤 미래를 지닐 수 있는지 혹은 여타의 비평적 실천들처럼 사라지고 말 것인지 물음으로써 마무리 짓는다. 이 장은 한 문화가 자신의 문화를 다른 문화보다 우월한 것으로 생각하는 한, 착취할 시장이 있는 한, 성스러운 텍스트들이 정복을 승인하는 한, 사람들이 하느님의 특별한 임무를 수행하기 위해 선택받았다고 전제하는 한 탈식민주의 비평적 실천의 역할은 끝나지 않을 것임을 보여 준다. 또한 이 장에서는 탈식민주의 성서비평이 다음 단계로 나아가기 위한 지침을 몇 가지 제안하고자 한다.

본서의 장점은 제국주의자들 및 선교사들의 결함과 실패를 담고 있다는 것에만 있지 않다. 민족주의자들이 수행한 해석학적 관행들 또한 기록하고 있다. 알다시피, 민족주의자들은 서양의 오리엔탈리즘에 있는 몇 가지 고전적 패턴들을 답습하기도 했고, 다양한 해석학적·정치적 필요들을 충족시키기 위한 편리한 무기로 바꾸기도 했다. 때때로 민족주의자들은 정체성을 회복하고 식민주의자와 선교사의 공격으로 파괴된 자신들의 문화를 복구하기 위해 매우 오리엔탈리즘적인 메시지를 자기 것으로 삼기도 했다. 어떤 경우에는 서양의 승인과 인정을 얻기 위한 방법으로 오리엔탈리즘이 가진 표준적 수사학을 그대로 모방하기도 했다.

남녀 포괄 용어(inclusive language)에 익숙한 독자라면 19세기와 20세기의 작가들에게서 취한 몇몇 인용이 불쾌하게 여겨질지도 모르겠다. 그 시대에 유행했던 사고의 유형을 지적하고자 그대로 두기로 했다.

미겔 시후코의 소설 『일루스트라도』에 나오는 크리스핀 살바도르의 말을 인용하면서 마치고자 한다. 이것은 필리핀의 맥락에서 나왔다. 하지만 필리핀을 인도나 중국 혹은 나이지리아로 대체해도 무방하다. 마찬가지로 타갈로그어 대신 산스크리트어나 중국어 혹은 스와힐리어를 집어넣어도 된다. 살바도르의 말은 탈식민주의 비평 및 이 비평과 관련을 맺고 있는 사람들에게 보내는 하나의 경고로서, 찬성하는 선언문으로서, 혹은 풍자로서 기능할 수 있다.

필리핀 사람들 작품이란 게 뭔가? 주변부 인생, 지나간 시대, 상실, 망명, 자기애적 불안, 탈식민주의적 신분 도용. 타갈로그어는 지방색으로 여기저기 흩어져 있고 색다르게 이탤릭체로 쓰여 있지. 우리 필리핀 사람들은 주술적인 리얼리즘 문장들을 계속 복제하고 있어. 남아메리카 사람들보다 훨씬 먼저 그렇게 해 왔다는 진술 뒤에 숨어서 말이야.[2]

I

탈식민주의

논쟁적 담론을 통한 해석학적 여정

> 과도한 이론과 충분하지 않은 문학. '테러'와 '식민지적 만남'에 대해 나는 무엇을 알고 있는 걸까?[1]
>
> 나는 이론에게 갔다. 왜냐하면 마음이 아팠고 … 다른 무엇보다 그 아픔이 사라지길 원했기 때문이다. 이론 속에서 치유의 장소를 보았다.[2]

영국 이민국은 최근 영국 시민권을 취득하기 원하는 사람이라면 필수적으로 읽어야 하는 『영국에서의 생활』이라는 소책자를 만들었다. 전향 지원자들이 어떻게 대영제국에 관한 정보를 받을 수 있는지 보여 주기 위해 이 소책자에 나오는 한 구절을 인용해 보자.

그러나 아프리카와 인도아대륙, 그 밖의 지역에 있는 많은 토착민들에게, 대영제국은 종종 많은 사람들이 자신들의 지배자 아래에서 혹은 유럽 이

외의 다른 외국의 지배자 아래에서 경험했던 것보다 좀 더 균형 있고, 수용할 만하며, 공평한 법률 체계와 질서를 제공해 주었다. 영어의 확산은 이질적인 부족들을 통합해 점차 자신들을 국민으로 여기게 하는 데 도움을 주었다. 일반인들에게는 공공 의료와 평화와 교육권이 정확히 자신들의 지배자가 누구인지를 아는 것보다 더 중요한 의미를 지닐 수 있다.[3]

식민지 역사가 평화적이고 진보적이었다는 이런 식의 가정은, 조만간 영국 시민이 될 사람들에게 제국주의의 또 다른 얼굴, 곧 제국주의가 저지를 잔혹 행위를 드러내지 못한다. 대서양의 노예무역을 악이라고 말하는 것과 달리, 이민국의 식민지 역사는 대영제국의 불미스러운 측면에 대해서는 침묵한다.

최근의 역사에서 지배적인 역할을 해 온 네 개의 포악한 '이즘들'이 있다. 그것은 바로 파시즘, 공산주의, 인종주의, 식민주의이다. 정복자의 역사 해석에 따르면, 두 개의 '이즘', 즉 파시즘과 공산주의는 극악무도한 범죄로 나타난다. 무자비한 정권을 패배시키고 히틀러와 스탈린의 잔악한 행위를 끝내는 데 주도적 역할을 한 것은 서양이기 때문에, 파시즘과 공산주의는 인간 역사에서 견줄 데 없이 비인간적인 것으로 간주되었다. 이 밖에도, 또 다른 폭군들인 중국의 마오쩌둥, 캄보디아의 폴포트, 북한의 김일성, 에티오피아의 멩기스투의 범죄가 추가된다. 그러나 식민주의에 관한 한, 고의적 기억상실과 도덕적 무지가 존재한다. 지난 세기 대부분, 아프리카와 아시아, 카리브해의 많은 나라들은 다른 나라에게 자신들의 자랑스러운 자유주의와 민주주의를 기필코 상기시키고자 했던 서양 여러 나라의 통치 아래에 있었다. 그러나 식민주의의 잔악함은 나치즘과 공산주의의 잔악함에 상응하는 주목을 받지 못했다. 나치즘 이데올로기를 추종한 사람들이 저지른 만행을 기록한 나치즘에 관한 많은 저서들이 있다. 그리고 일군의 유럽학자들은 공산당 치하에 살았던 사람들이 직면해야 했던 살인자, 고문 가해자, 초법적 살해, 국외 추방, 인위적 기근 등에 관한 목록들을 만들고자 했는데, 널리 호평을 받은 『공산주의 블랙리스트: 범죄와 테러, 억압』이 대표적이다. 진실과 화해 위원회의 보고서는 남아프리카의 인종차별정책 문제를 다룬다. 그러나 이따금씩 이루어지는 노예제에 대한 반감을 제외하면, 식민주의 전력을 종합적으로 다룬 어떠한 기록 문서나 비판도 존재하지 않았다. 작고한 에드워드 사이드가 제기한 질문은 여전히 타당하다. "우리는 홀로코스트가 우리 시대의 의식을 영구히 바꿔 놨다는 것을 당연하게 인정한다. 하지만 왜 지속되고 있는 식민주의와 오리엔탈리즘에는 이와 동일한 인식론적 변화가 허용되지 않고 있는가?"[4]

이민국 소책자로 다시 돌아오면, 시민권 취득 시험은 예전에 영국 식민지 일부 지역에 속했던 사람들뿐만 아니라 중국, 아프가니스탄, 이라크 및 소말리아에서 이루어진 영국의 제국주의 사업에 의해 영향을 받은 사람들도 치르는 것처럼 보인다. 이 소책자는 이 지역들에서 약탈을 자행한 영국 제국주의에 대해선 완전히 침묵한다. 다시 말해, 중국에 마약을 강요하고자 영국이 일으킨 아편전쟁, 영국이 자신들의 의지와 권위를 강요하려고 했던 세 차례의 아프가니스탄 전쟁, 1918년에서 1958년까지 영국의 메소포타미아(이라크) 점령과 여러 민족주의적 봉기에 대한 잔인한 진압, 소말리아의 데르비시 봉기를 폭력적으로 저지한 일에 대해선 침묵을 유지하고 있다는 점이다. 예를 들어 케냐의 마우마우단 봉기는 관타나모나 아부그라이브보다 잘 조직된 '영국 강제노동수용소'에서 수천 명의 억류자들이 굶주림, 고문, 탈진, 질병으로 죽는 결과를 낳았다. 그리고 이후에는 쿠르드족에 대한 영국의 독가스 공격과 근위보병 3연대가 자행한 말레이시아 공산당에 대한 학살이 있었다. 잔악한 정치적 행위 이외에도, 정치적·상업적 결정에 의해 고의적으로 일으킨 재앙들도 있었다. 예를 들어, 1876년과 1908년 사이에 인도에서는 수백만 명이 기근으로 죽었는데, 이를 두고 마이클 데이비스는 '빅토리아 홀로코스트'라고 칭하기도 했다. 기근은 날씨가 아닌 영국의 무관심과 자유시장 이데올로기가 합쳐져 일어난 불행이었다. 이러한 악행들이 대영제국에만 있는 일은 아니었다. 1900년대 초 벨기에 정부에 의해 강요된 노동과 대량 학살로 천만 명에 이르는 콩고인들이 죽었으며, 1960년대에는 알제리인들이 자신들의 독립을 위해 싸울 때 백만 명에 가까운 사람들이 프랑스 군대에 의해 죽임을 당했다.

　영국 이민성 소책자뿐만 아니라 현재의 평론가, 정치가, 역사가, 신학자 역시 철도와 법규, 교육 같은 근대 식민주의의 여파로 발생한 이익에 대해 말한다. 그러나 대영제국이 가져왔던 압제, 고문, 빈곤, 땅의 황폐화 및 문화 파괴는 편리하게 잊어버린다. 충돌이 맹렬하게 계속해서 일어나고 있는 수단, 이라크, 아프가니스탄, 카슈미르, 팔레스타인, 스리랑카 같은 지역을 면밀히 조사해 보면 갈등과 충돌의 원인이 식민주의의 그릇된 행정과 정책으로 거슬러 올라간다는 점이 드러날 것이다. 이것은 대영제국의 동조자들이 간과하기 좋아하는 대영제국의 문명화 사명이라는 달콤한 이야기에 놓인 오점이다. 현재 인도주의적 간섭을 지지하는 사람들도 이러한 식민주의의 잔악함에 대해서 자신들 편한 대로 서술하고 있다.

　또한 1930년대에 인도에서 일어난 '해방운동이나 자치정부운동'의 성장에 대해서는 지나가는 정도로 간단히 언급하고 있기는 하지만, 이 소책자는 제국에 대항한 '토착민'의 저항에 관해서는 어떠한 언급도 소개하지 않는다. 이 소책자는 영국이 인도에 그리스도교를 강요하지 않았다고 언급하고 있는데, "영국에 존재하는 다양한 민족문화들에 대한 영국인의 관용이 인도를 통치하던 영국의 제국주의 지배의 성격에도 영향을 끼쳤을 것"[5]이라는 논평을 은근슬쩍 유도해 낸다.

대영제국의 비행에 관한 이 같은 장황한 설명은 책임을 묻거나 죄책감을 유도하기 위해서가 아니라 건강, 교육, 수송, 법률, 의회민주주의 같은 선의에서 나온 대책들과 더불어 잔악함과 편협함이 있었다는 점을 상기시키기 위함이다. 이를 반복하는 목적은 현재의 가치로 이전 세대를 위압하거나 판단하려는 것이 아니라 과거는 문제투성이이며 따라서 깔끔한 버전으로 환원될 수 없다는 점을 인식하기 위해서다. 달리 표현하면, 제국이란 그 옹호자들이 묘사하고 싶은 것처럼 단순한 성공 이야기가 아니라 잔악함과 관대함이 복잡하게 빚어낸 앙상블이라는 점이다.

전체주의적 지식 생산 형태가 어떻게 작동하는지 보여 주고 비판적으로 돌아봐야 할 필요성 때문에 우선 이민국의 문서를 검토했다. 탈식민주의 비평은 이처럼 다시 읽기를 제공한다. 이 비평의 유용성 여부는 두 가지 형태의 식민주의적 발상에 대해 문제를 제기할 수 있는 능력에 달려 있다. 다시 말해, 식민주의가 경제적으로 착취하고 이익을 추구하는 구조라는 발상, 그리고 식민주의가 피식민자들에 대해 신뢰할 만한 지식을 체계적으로 수집하는 구조라는 발상에 대해 문제를 제기할 수 있는 능력에 달려 있다.

탈식민주의: 간략한 역사

본서는 주로 탈식민주의 성서비평에 관심이 있는 독자를 겨냥하고 있다. 논의를 시작하기 전에, 연구의 한 분야로서 탈식민주의의 현황에 대해 짧게나마 언급하고자 한다. 탈식민주의의 도래, 역사적 범위(식민주의는 어디에서 시작했는가? 콜럼버스의 항해?), 지리적 영역(호주와 같은 정착 식민도 포함해야 하는가?), 탈식민주의 개념의 진가에 대한 인정에서부터 적대감의 표현에 이르는 다양한 반응들에 대해 여러 책들이 잘 정리해 놓고 있다. 그러므로 여기에서 이것들을 다시 반복할 필요는 없다.[6] 이 장의 나머지 부분에서 제시하고자 하는 것은 성서 연구와 관련된 탈식민주의의 몇 가지 주된 사건들과 쟁점들을 상기하는 일이다. 탈식민주의 비평은 우선 인문학에서, 특히 1980년대에 영문학 분야에서 주로 영국과 미국의 대학들에 이름을 알렸으며, 논쟁을 불러일으킬 정도로 충격을 주었다. 탈식민주의 이론은 반식민주의적 저항 작품, 마르크시즘, 페미니즘, 심리 분석, 탈구조주의 같은 비판적 전통들과 역사적 경험들을 포함하는 다양한 자원들로부터 발전했다.

탈식민주의가 학계에서 시작된 것이 아니라는 점은 기억할 만한 가치가 있다. 탈식민주의가 서양 학계에서 영향력 있는 학문적 담론으로 부상하기 이전에 다양한 반식민주의적 실천이 있었으며 이 실천들이 현재 탈식민주의 비평으로 알려진 것과 연결되고 공명하는 담론 안으로 통합되었다. 탈식민주의는 식민주의가 공식적으로 종식된 지 20년이 지난 후 그 이름을 떨치기까지 매우 길고 다양하고 복잡한 역사를 갖고 있다. 식민주의에 대한 비판은 반식민 투쟁에 참가하고 이를 성찰한 활동가들과 창의적 저술가들에 의해 추진되었다. 현재의 탈식민주의 비평 이론들은 프란츠 파농, 에메 세제르, 앨버트 멤미, 시릴 라이어넬 로버트 제임스 같은 사람들에게 지적으로 빚을 지고 있다. 이들의 저항적 글쓰기와 전략은 식민주의적 인종주의와 마르크시즘적 사고를 통해 영향을 받았으며 또한 그 활력을 얻었다. 치누아 아체베, 월레 소잉카, 응구기와 티옹오 같은 소설가들은 자신들의 작품에서 아프리카인들과 관련한 식민지적 편견과 그리스도교가 아프리카에 소개됨으로써 일어난 문화적 대혼란을 탐구했다. 영국의 지배 아래에 있던 영연방 나라에 한정된 초기의 소설가들 이외에도, 탈식민주의가 확대되면서 스페인, 포르투갈,[7] 프랑스,[8] 현재의 초강대국인 미국[9]을 포함했을 때 또 다른 이론가들과 창의적인 사람들이 추가되었다. 백과사전에 가까울 정도로 탈식민주의 역사를 잘 다룬 저서에서 로버트 영은 초기 영문학에는 존재하지 않았던 아일랜드, 알제리, 네그리튀드, 범아프리카 해방운동들에서 역사적·이론적 중요성을 찾아냈다.[10]

　탈식민주의의 서막으로 흔히 인정받는 텍스트는 에드워드 사이드의 『오리엔탈리즘』이다. 이 책은 일군의 학제적 접근을 생산해 냈으며, 이 가운데는 탈식민주의와 식민 담론 분석이 있다. 평생에 걸친 문학 연구에서 에드워드 사이드가 연구의 한 양식으로서 탈식민주의라는 용어를 거의 사용하지 않았다는 점은 기억할 만한 필요가 있다. 한 대담에서 그는 탈식민주의를 '그릇된 호칭'이라고 불렀다. 그는 추상적 이론에 열광하지 않았다. 이 대담에서 그는 "항상 나의 글이 이론적 지지가 아니라 정치적 지지에 초점을 맞추고자 애썼다"[11]고 말했다. 체계적인 분석을 위해, 사이드가 선호했던 용어는 "세속적 비평"이었다. 그가 무시했던 것은 수준 높은 이론으로 통용되던 공허하고 현저하게 장황하며 가끔은 읽을 수도 없는 그런 것들이었으며, 이와 달리 자신의 인생에서 옹호했던 일종의 탈식민주의의 정치와 문화적 관심사에 대해선 그렇지 않았다. 사이드의 저서 이외에도 호미 바바[12]와 가야트리 스피박[13]의 저서를 추가할 수 있는데, 이들은 이론적이면서 가독성이 훨씬 떨어지는 틀을 제공했다는 데 어느 정도 책임이 있다.

접두사 '탈'(post)을 가진 비판 이론은 명확하게 정의하기가 쉽지 않다. 그래서 파악하기 쉽지 않아 그 의미가 불확실한 채로 남아 있다. 탈식민주의 역시 예외는 아니다. 하나의 용어로서 탈식민주의는 역사적이고 이론적인 미묘한 함의들을 지니고 있다. 어떤 점에서 탈식민주의는 하나의 표현으로서 서양의 영토제국주의의 공식적 쇠퇴를 표시한다. 하지만 다른 면에서는 하나의 이론으로서 여러 가지 기능을 갖는다. 첫째, 특별히 식민주의 이전과 이후의 민족, 종족, 인종, 젠더 같은 사회적·문화적·정치적 조건들을 조사하고 설명한다. 둘째, 국가와 문화, 민족과 관련해 종종 한쪽으로 치우친 역사를 심문한다. 셋째, '타자'의 재현 문제와 관련해 그 재현들을 비판적으로 수정하는 일에 관여한다.

탈식민주의는 일종의 지적·정치적 추구라고 할 수 있으며 단호하고 열성적인 입장을 지니고 있다. 다른 이론적 범주와 달리, 객관성과 중립성에 몰두하지 않는다. 탈식민주의는 토착적이고 디아스포라적인 상황으로부터 출현했다. 탈식민주의가 가지고 있는 비판적 입장은 반식민주의 및 신식민주의 투쟁에 관계했던 사람들로부터 나온 실천적 통찰과 폭넓은 다양한 분과로부터 나온 이론적 수단과 관점을 창의적으로 채택한 결과였다. 서구의 역사 기술학과 이것이 수행한 제국주의 지원이라는, 역사학과 제국주의 간의 공모적 성격을 밝혀야 한다는 입장에서 문학 이론, 문헌학, 심리학, 인류학, 정치학, 페미니즘 연구로부터 나온 충돌되고 모순되기까지 하는 목소리들을 결합하는 일을 수반한다. 이러한 점에서 탈식민주의는 학문이 가질 수 있는 때로는 편파적이고, 착취적이며, 공모적인 성격에 대한 탐구라고 할 수 있다.

탈식민주의는 처음부터 정치적 지침과 문학비평의 도구로 기능했다. 탈식민주의를 묘사하는 데 골칫거리를 최소화하는 방법들 가운데 하나는 존 맥러드의 말을 회상해 보는 일이다. 그에게 탈식민주의는 "일차적으론 식민주의와 그 결과라는 맥락에서 역사와 문화 간의 떼려야 뗄 수 없는 관계"[14]를 탐구하는 일이었다. 단순하게 말하면 개인과 공동체, 문화에 대해 서구의 식민화가 끼친 충격에 관한 것이다. 이론적 실천과 마찬가지로, 수년간 탈식민주의의 목적과 유용성은 변해 왔다. 초기 단계에서 이 이론을 형성하는 데 선두에 섰던 세 인물 중 하나인 호미 바바는 이렇게 말한다.

> 탈식민주의의 목적은 불균등한 발전과 종종 혜택도 받지 못한 채 차별을 겪는 국가들, 인종들, 공동체들, 민족들의 역사에 대해 패권적인 '정상성'을 부여하려는 근대의 이데올로기적 담론에 개입하는 데 있다. 이들은 근대를 합리화하는 과정들 안에는 서로 모순되고 양면적인 성격을 갖는 운동들이 있었음을 드러내기 위해서, 문화적 차이, 사회적 권위, 정치적 차별 같은 쟁점에 입각해 비판적 수정을 가한다.[15]

탈식민주의에 관한 정의는 초국가적 사회정의와 이것의 실천적 성격이라는 정치적 이상까지 수용하는 훨씬 더 큰 의제를 끌어냈다. 이 분야를 명확히 하는 데 중요한 역할을 담당했으며 심지어 '트리컨티넨탈리즘'이라는 새로운 용어를 만들어 낸 로버트 영은 탈식민주의를 "헤게모니를 장악하고 있는 현 상태의 경제 제국주의와 식민주의 및 제국주의의 역사를 공격하는 것만이 아니라, 마르크시즘이나 페미니즘과 같은 방식으로 긍정적인 정치적 입장에서 새로운 형태의 정치적 정체성을 지니고 능동적으로 참여할 것을 알리는" 이론적·정치적 입장으로 보았다.[16]

로버트 영이 가리키는 마르크시즘은 제국주의의 역사적 형태를 면밀히 조사하기 위해 개발된 비서구적 형태의 마르크시즘이며, 마찬가지로 영이 언급한 페미니즘 역시 제3세계 페미니즘의 목적과 실천을 포함하고 있다. 대부분의 학문적 분석처럼, 탈식민주의도 특정한 종류의 물음과 함께 텍스트에 접근하는데, 이 경우에는 식민주의 및 신식민주의의 역사와 경험이 물음에 담겨 있다. 이것은 제국주의가 몰고 온 여파와 신제국주의적 통제가 끼치고 있는 새로운 영향에 이의를 제기하고 대항하는 일에 관한 것이다.

관심 사안들

탈식민주의는 이질적인 글들의 집합이다. 그러므로 여러 해에 걸쳐 전개되면서 탈식민주의에 활기를 불어넣어 준 상호 연결된 주요 활동과 주제를 모아 보는 것도 도움이 될 것이다.

1. 개인과 토착 문화에 끼친 식민주의의 사회적·문화적·정치적 영향을 조사하기.
2. 제국을 건설하고 유지하려는 제국주의의 관심사와 때론 공모하고 때론 대항하기도 했던 역사 문서, 소설, 여행기, 번역 등 다양한 장르의 식민주의 기록물을 들춰 보기. 이러한 작업에는 문학적 생

산물을 다시 찾고 다시 읽으며 다시 번역하는 일과, 식민주의 혹은 민족주의 역사가 수정하거나 강화하고자 했던 일을 폭로하는 일이 포함된다.

3. 피지배자들의 저항을 발굴하기. 이는 식민주의 지배의 역학 관계뿐만 아니라 공개적으로 혹은 은밀히 저항한 피식민지인들의 능력을 살펴보는 일이다.

4. 이주, 디아스포라, 난민, 자국 내에서 추방된 사람들, 귀화로 인한 외국계 정체성 등 일련의 역사적·정치적·문화적 우발 사건으로 촉발된 탈식민주의적 조건들을 확인하기. 탈식민주의는 개인과 공동체에 대한 문화적 배제 과정과 영향 그리고 배제된 사람들이 자신들을 정의하고 방어한 방식을 연구한다.

5. 서양의 지식 분류 체계에 내포된 보편적이고 초역사적인 가치를 탈중심화하기. 이것은 계몽주의의 세 가지 핵심, 즉 객관성과 이성주의, 보편주의에 의문을 제기하는 일이다.

6. 흑백 대비의 사고방식을 위반하기. 이러한 이원론적 범주에는 식민주의자/피식민자, 중심/주변, 근대/전통, 정태적/진보적이라는 분류가 포함된다. 이원론적 사고에 의문을 제기하고, 비록 식민주의자와 피식민자 간의 역사와 지향점이 구분될지라도 서로 겹쳐지고 교차한다는 점을 보여 주기 위해 해체의 기술을 적용한다.

7. 식민지 시대와 현대의 '타자' 재현 관행과 이러한 지식 생산 뒤에 놓인 권력관계를 심문하기.

8. 가부장적 문화 안의 여성들을 헤아리기. 특히 제국주의적이고 가부장적인 이데올로기에 의해 식민화된 여성들이 직면했던 '이중적 식민화' 안에서 여성들을 헤아려 보기.

9. 인종과 계급 간의 상호의존성 및 다양한 방식으로 자행된 인종차별을 조사하기.
10. 다문화주의와 인종과 종교들의 뒤섞임에 관한 토론들을 조사하고, 이것들이 갖는 식민주의적 과거와의 연결들을 면밀하게 검토하기.
11. 지구화, 자유시장, 다국적기업, 미디어들처럼 신식민주의의 형태로 확장되고 구체화되는 끈질긴 식민주의 유산들을 연구하기.
12. 단일한 특권적 관점에서 세상을 묘사하는 지배적 지식 형태들을 탈중심화하기. 이러한 특권적 관점은 종교, 예술, 무용, 의례, 역사, 지리학을 포함해 식민주의자의 문화들은 드높이지만 피식민자의 문화들은 훼손한다.
13. 구비문학보다 기록문학에 부여된 특권을 문제 삼기.
14. 탈식민화 이후 자신들의 약속을 이행하고 달성하기를 실패한 민족주의자들의 운동에 대해, 특별히 이러한 민족주의자들이 달리트와 여성과 토착민들의 요구를 간과했던 방식에 주목하기.

지금까지 열거한 것들 이외에도 다른 관심사, 즉 환경 위기와 국제 전문기구들의 개발 정책을 덧붙일 수 있다. 현재의 땅과 산림, 강의 생태계 파괴는 부분적으로 식민주의적 약탈에 뿌리를 두고 있다. 요약하면, 탈식민주의는 본질적으로 개입하는 도구이다. 논쟁적이고 견제적인 특성으로 인해 탈식민주의는 기존의 경계들과 학문 분과들에 대해 도전한다.

변화하는 담론의 얼굴들

식민주의 담론 분석은 튀니지의 앨버트 멤미, 알제리의 프란츠 파농, 에드워드 사이드처럼 아랍 세계에서 식민주의를 연구했던 여러 이론가들과 함께 시작했다. 하지만 그 이후로, 식민주의 담론 분석은 여러 가지 변화를 겪었다.

첫째, 탈식민주의를 실천하는 방식이 바뀌었다. 사이드와 스피박, 바바를 따랐던 초기 단계의 탈식민주의는 스피박의 말로 표현하자면 "남아시아 모델"[17]에 기반해 있었고 영국의 제국주의적 사업에 국한된 영어 사용자의 일로 여겨졌다. 작금의 탈식민주의 연구는 이보다 더 전망을 넓혀 스페인, 포르투갈, 네덜란드, 벨기에, 프랑스와 같은 구유럽 제국들 및 일본과 같은 동아시아 제국들, 미국과 같은 최근의 제국들도 포함하고 있다. 이 밖에도 소련의 제국주의를 추가할 수 있는데, 이것은 모든 제국주의가 결코 서로 멀리 떨어져 있지 않았다는 것을 증명한다. 이러한 변화되고 넓혀진 관심사로 인해 스피박이 지적한 것처럼 "사르트르적 '파농'과 더불어 '인도'로 대표되던, 남아시아에서 유래한 오래된 모델은 도움이 될 수 없다. … 우리는 또 다른 모델 위에서 제국주의와 관련된 다양한 이질성을 다루는 중이다".[18] 또한 이것은 자신들의 시대에 모범적인 이론적 토대를 제공해 준 파농과 멤미, 카브랄의 초기 텍스트가 과거 식민주의 시기에 누렸던 것과 같은 구매력을 발휘하지 못할 수도 있다는 것을 의미한다. 제2차 세계대전 직후에 시작되었으나 곧바로 냉전과 전지구적 형태의 신제국주의에 휩싸여 버린 탈식민화 과정에서 터져 나온 다양한 요구들을 충족시키기 위해 새로운 텍스트들이 요구된다. 이러한 요구에 어울리는 예를 생각해 보면, 특별히 아시아에서 새로운 정치지리학과 신식민주의적 상황을 수용한 책으로 첸광싱의 『방법으로서의 아시아』[19]를 들 수 있다. 이 책에서 첸광싱은 일본의 군국주의 점령, 제2차 세계대전 이후의 미국의 제국주의, 영토적·경제적 초강대국으로 떠오른 중국도 고려하고 있다.

둘째, 식민주의의 본성이 바뀌었다. 구시대의 영토적 식민주의는 신식민주의의 기치하에 새로운 형태로 대체되었다. 한계를 알고 자신의 권력 구조를 식별할 줄 알았던 과거의 제국들과 달리, 신식민주의하의 제국은 경계와 범위를 특정하기 어렵다. 지금의 새로운 제국은 어떠한 영토적 구심점이나 명확하게 표현될 수 있는 한계를 갖고 있지 않다. 하트와 네그리가 말한 것처럼, 지금의 제국은 "개방되고 확대되고 있는 국경들 내에 점차적으로 전지구적 영역들을 통합하는 탈중심적이고 탈영토적인 하나의 장치다. … 세계 제국주의 지도의 독특한 국가적 색깔들이 제국의 전지구적 무지개로 합병되고 섞인다".[20] 이 장벽 없는 세계에서 권력을 휘두르는 것은 전통적 국민국가가 아니라 초국적 기구들인데 이것들은 "탈식민적 국가들과 종속된 지역들의 경제적·정치적 변화를 추동하는 근본적 동력"[21]이다.

이러한 국경 없는 제국은 환경식민주의다. 구식민주의자들이 그리스도교를 위해 야만인들을 구원하고자 했던 것처럼 신환경보호론자들은 지역민들이 아니라 다국적기업을 위해 천연자원을 아끼고자 시도한다. 겉보기에는 열대우림을 보전하는 이타적 동기를 지닌 것처럼 보이지만 실제로는 서양의 기업들이 자원으로 사들이고 있다. 오랫동안 토착민들이 살았던 땅은 목가적인 것으로 공표되고, 야생 보호 구역으로 바뀌었으며, 지역민들이 사냥하거나 나무를 자르거나 채석하는 일은 금지되었다. 국립공원을 만들기 위해 필리핀 팔라완섬의 원주민과 보츠와나의 부시맨을 쫓아낸 일은 녹색식민주의 유형에 속하는 악명 높은 예다.[22] 물리적 점령은 지나간 과거의 일일 수도 있으나 해저에 가스와 오일, 미네랄이 풍부한 남극대륙 같은 장소로 통치권을 넓히고자 하는 욕망은 여전히 남아 있다.

식민주의자의 책략들 역시 훨씬 더 교묘해졌다. 구식민주의자들은 그리스도교를 영혼을 구원하는 길이라고 설교했지만, 현재의 신식민주의자들은 자유시장경제를 찬성하는 나라로 만들기 위해 민주주의와 인권의 가치를 퍼뜨린다. 영국 일간지「가디언」의 칼럼니스트 사이먼 젠킨스에 따르면 민주주의가 새로운 그리스도교가 되었다.[23] '미션'이라는 용어가 '간섭'이라는 용어로 대체된 셈이다. 전임 영국 외무장관 데이비드 밀리밴드는 "소프트 파워나 하드 파워"[24]를 사용하여 민주주의를 촉진시킬 필요가 있는 서양의 새로운 임무로서 도덕적 간섭이라는 것을 요청한 바 있다. 구식민주의자들은 자신들을 주인으로 간주했고 자신들의 목적을 달성하기 위해 야만적 힘을 사용했다. 그러나 신식민주의자들은 여전히 폭력적임에도 자신들을 해방자로 투사하거나 라인홀드 니버의 말을 빌린다면 "인류를 완성으로 이끄는 순례 길의 교사"[25]로 보고 있다.

셋째, 지정학적 상황에서 발생한 놀라운 변화가 있다. 북반구에서는 소비에트연방의 붕괴로 인해 냉전 시대에 경계를 구획하던 옛 방식은 더 이상 정치적으로 유지할 수 없게 되었다. 남반구에서는 신흥 시장들이 개발 및 저개발 세계라는 이전의 낡은 분류를 바꿔 놨다. 세계 무대에서 새로운 경제 세력으로서 중국과 인도, 브라질의 등장은 서양이 전통적으로 가지고 있던 경제 장악력을 불안하게 하고 있다. 급속한 지구화와 자유시장경제는 무엇이 지역적이고 토착적인지에 대한 의문을 낳았다. 그러나 세계의 구조는 예전에 그랬던 것만큼 엄격하진 않다. 식민주의자/피식민자, 동/서, 억압자/피억압자, 제1세계/제3세계라는 구식의 엄격한 대립적 구분은 서서히 이데올로기적 지반을 잃어버렸다. 세계는 점점 더 일극적 단일 체제로 변하고 있으며, 점점 더 미묘한 차이를 나타내면서 서로 연결되어 가고 있다.

    넷째, 정치적 준거틀 및 문학 분석 도구로 시작한 비판적 실천이 일반적 이론화를 넘어 더욱 구체적이고 심도 있는 실천적 참여의 단계로 나아가고 있다. 최근의 몇몇 문학작품들은 탈식민주의가 특별한 주제들을 다루고 있음을 보여 주는데, 이 주제들은 초기의 다양한 선집이나 편찬에서는 평가절하되었던 다양한 분야들을 다시 전면에 등장시키는 효과를 낳았다. 몇 가지 예를 들자면, 법률 연구, 장애,[26] 개발,[27] 국제적 테러리즘,[28] 환경주의,[29] 영화, 관광, 대중음악, 춤,[30] 서적 생산의 역사[31]가 있다. 이러한 연구들은 이론적인 풍부함을 표현하는 단계들을 넘어 탈식민주의 이론의 논쟁과 관심의 범위를 더욱 확장시켰다. 더욱 중요하게는, 이러한 노력들이 탈식민주의란 순수 이론이며 고급 문학과 문화, 철학으로 기울어져 있다는 이전의 고발에 응답할 뿐만 아니라 음악과 영화, 스포츠 같은 대중적 문화 형태들을 탈식민주의 안으로 도입했다는 점이다.

    흥미롭게도, 인문주의 전통에 뿌리를 둔 이론적 실천이 지금에 와서는 종교에 대한 도전적 성찰을 제공해 주는 유용한 도구가 되었다. 힌두교,[32] 불교,[33] 이슬람,[34] 성서,[35] 그리스도교 신학[36]을 연구하기 위해 탈식민주의의 통찰을 이용하는 책들이 있다. 이러한 책들은 제국의 이데올로기가 어떻게 동양 종교들을 구성했는지 말해 줄 뿐만 아니라 동양 종교들 스스로가 어떻게 식민지 지배에 대해 저항했는지 보여 준다.

    한편, 탈식민주의는 일반적으로 탈식민주의 연구에 귀를 기울이지 않던 폭넓고 다양한 개별 학문 분야들을 끌어안게 되었다. 이제 탈식민주의는 장애학에서 퀴어 연구에 이르기까지 모든 형태의 억압과 종속을 포함하는 것으로 확대되었다. 얼핏 보기에는 어떠한 탈식민주의적 관심도 표명하지 않을 것같이 보였던 고전학[37] 및 중세학 같은 분과로도 조만간 확대될 수 있다.『고전학과 식민주의』의 편집자인 바바라 고프가 말한 것처럼, "대영제국의 출현을 인정하지 않고서 영국 낭만주의를 설명하는 일은 더 이상 타당하지 않다".[38]

민감한 독자라면 위의 목록에서 페미니즘이 부재한다는 점을 주목할 것이다. 탈식민주의와 페미니즘은 거의 같은 시기에 발전했으며 이론적으로나 정치적으로나 상당한 유사점을 공유하고 있었지만 서로 간에 연결점은 거의 없었다. 최근에서야 서로 간에 관심이 뚜렷하게 생겼으며 상호 간에 비평을 주고받기도 했다. 탈식민주의가 서구 페미니즘이 안고 있는 인종적·젠더적 편견들을 드러낸다면 페미니즘은 탈식민주의에 내재한 가부장적 경향들을 폭로한다. 양쪽의 이론적 실천들을 둘러싸고 전개된 간결한 토론과 주도적인 페미니즘 실천가들의 발췌문이 필요하다면 애쉬크로프트와 그리핀, 티핀이 편집한 책을 보라.[39]

다섯째, 탈식민적 조건의 성격이 근본적으로 눈에 띄게 바뀌었다. 초기 단계에서 탈식민적 조건이란 서양 국가들이 실제로 퇴각한 직후 이전 피식민 국가들이 누리게 된 일종의 새로 획득한 영토적 자유를 의미했다. 곧이어, 강압적·자발적 이주로 인한 디아스포라적 상황이 하나의 새로운 탈식민주의적 상황이 되었다. 고향에 대한 갈망과 문화적 정신을 회복하는 일과 같이 경계를 가로지르는 데 수반되는 고통이 새로운 형태의 탈식민주의적 조건으로 다루어졌다. 이러한 혼란 때문에 대도시 사람들의 곤경과 쓰라림이 구체화되었고, 다른 한편 농촌의 가난한 사람들과 농부들의 물적 조건은 시골 경제에서 이루어진 국가 개발 정책과 농업자본주의, 식량 생산의 기술적 변화에 의해 달라졌다. 아킬 굽타에 따르면 시골의 물적 조건을 바꾼 것들이 가난한 사람들과 농부들에게 탈식민적 상황을 유발했다.[40] 탈식민성에 관한 정의는 이라크와 스리랑카, 발칸반도에서 일어난 최근의 전쟁들로 인해 더욱 혼란스러운 상황으로 치닫게 되었는데, 이 전쟁들은 자기 나라 안에 있으면서도 삶의 터전으로부터 추방당한 채 수용소나 구호시설에서 살도록 강요당하고 있는 수많은 사람들을 만들어 내고 있다.

여섯째, 초기 단계에서 탈식민주의가 다룬 서사들이 좀 더 새로운 거대 서사들에 길을 내주고 있다. 초기의 반식민주의적 작가들과 활동가들은 유럽의 팽창주의와 계몽주의적 가치, 신자유주의와 씨름하고 있었다. 그런데 지금은 '테러와의 전쟁', '인종 청소', '환경의 붕괴', '종교적 근본주의'가 메타 서사로 등장하고 있다. 초기 단계의 식민주의자들이 유포한 거대 서사들이 미개한 민족들을 파괴하거나 전멸시키는 결과를 낳았다면 새로 출현한 서사들은 불운한 희생자들을 위한 해방과 구원을 말한다.

일곱째, 좁고 제한된 이론적 한계와 아카데미의 환경을 넘어서 학문적 헌신과 적극적 참여 사이에 다리를 놓으려는 움직임이 있다. 이러한 새로운 분위기를 반영한 세 권의 책으로는 아킬 굽타의 『탈식민주의의 발전들』, 로버트 영의 『탈식민주의에 대한 간략한 소개』, 사이먼 피더스톤의 『탈식민주의 문화들』이 있다. 인도 알리푸르에 사는 농부들을 현지조사해서 쓴 굽타의 책은 탈식민적 상황을 획일적으로 이해한 것들에 도전하고 가난한 사람들의 저항과 사회변혁을 재현하거나 개념화하기 위해 탈식민주의 이론들이 어떻게 사용되었는지 탐구한다. 로버트 영은 위에서 아래로 내려가는 추상적 방식으로 이론을 검토하는 것이 아니라 아래로부터의 방식으로 이론을 검토하여, 그 이론을 다시 설명해 내려 하고 있다. 그는 알제리 라이 음악, 분서, 베일로 여성을 가리는 일, 탈식민주의적 페미니즘, 희망을 잃은 사람들이 처한 곤경, 환경운동 같은 몇 가지 예들을 사용하며 탈식민주의의 구성 요소를 평범한 사람들의 역사와 문화, 정치 내에 두고자 한다. 마찬가지로, 사이먼 피더스톤은 식민지 지리학에서 토착민과 침략자들의 땅에 관한 인식을 심도 있게 탐구한 사례 연구를 제공한다.[41] 이러한 책들은 사회적·정치적 기관이 이론의 핵심을 되찾도록 하며, 탈식민주의자들이 사변적이며 대중적인 참여와 정치적인 실천이 결핍되어 있다고 비난한 비판자들에게 답변한다.

마지막으로, 탈식민주의 비평의 유용성과 그 용도가 변화했다. 처음 출현했을 때, 탈식민주의 비평을 바라보는 관점은 "동과 서, 북과 남이라는 지정학적 구분 내에 존재하는 제3세계 국가들의 식민지적 증언이거나 소수자들의 담론"이었다.[42] 그러나 이제 탈식민 비평은 이러한 집단에 국한되지 않는다. 이 비평이 전개하는 접근과 입장, 특성은 차별적 관행에 직면하고 있는 모든 집단에게 확장된다. 폴 길로이의 말을 빌린다면, 주로 아프리카 노예의 후손들에게 전해졌을지라도, 반식민주의적이고 반인종주의적인 저항으로부터 얻은 통찰은 "사용할 준비가 된 모든 이들의 것이다. 고통과 저항과 반체제의 역사는 우리가 일군 지적 재산이 아니며, 그렇기에 우리는 문화와 경험으로부터 얻어 낸 저작권을 옹호하지 않는다."[43]

담론적 개입

에드워드 사이드가 이룩한 두 가지 혁신은 성서 연구에도 적합하다. 하나는 대위법적 방법이다. 이것은 식민주의자와 피식민자의 텍스트 간에 생겨날 수 있는 까다롭고 불편한 관계의 성격을 문제 삼는 읽기 양식이다. 대위법은 사이드가 고전음악의 세계에서 차용한 개념이다. 사이드에게 대위법적으로 읽는다는 것은 "식민 본국에서 서술된 역사와 식민주의 지배 담론이 금지한 그 밖의 다른 역사를 동시에 의식하면서 서구의 문화적 정전을 조사하는 수단"이다.[44] 그래서 사이드는 대위법적 음악에서처럼 "다양한 테마가 얽혀 서로 경쟁하게 되고", 그렇게 얽힌 개별 서사에 대해서는 "단지 일시적이고 잠정적인 특권만을 허락하는" 관계를 보여 준다고 지적한다.[45] 이러한 음악적 기법을 비판적 실천으로 변형하면서, 사이드는 서로의 담론 안으로 미끄러져 흘러 들어가는 텍스트들과 그 순간들을 심문하는 수단을 제공한다. 이것은 텍스트뿐만 아니라 "19세기 후반의 영국과 인도의 궁전에서 열린 대관식 의례"[46]와 같은 서로 양립할 수 없는 경험들을 숙고하고 해석하는 것을 의미할 수 있다. 주류와 변방의 작품을 서로 관련지을 때, 변방의 작품은 더 이상 소수의 전문가들에게만 가치를 지니는 흥미롭고 유익한 민족지학적 견본이 아니라 도전과 저항을 담은 하나의 대안으로 취급된다. 이 같은 읽기 행위는 모든 종류의 정치적·문화적 이유로 인해 부당하게 다루어졌던 텍스트들을 소수자의 지위에서 끄집어내어 전지구적 맥락에 위치시킨다. 사이드에 의해 만들어진 이러한 대위법적 방법은 성서학에서도 유용한 도구이다. 어떻게 이것이 성서 연구에 효과적인지 이해하고자 한다면 6장을 보라.

사이드가 주장한 또 하나의 비판적 실천인 문헌학 연구의 부활 역시 성서 연구에 적합하다. 그는 자신의 글에서 윌리엄 존스와 막스 뮐러 같은 주도적인 동양학자(오리엔탈리스트)들이 언어의 분류 및 비교문법 연구에 관여한 언어학 전문가였다는 점을 꾸준히 상기시켰다. 사이드에게 문헌학은 관련된 두 가지 기능을 갖는다. 하나는 단어를 본래의 문화적·정치적 맥락에 배치하고, 그 단어의 수용사를 기록하며, 단어 본래의 의미를 끈기 있게 추적하는 전통적 작업이다. 다른 하나는 단어에 덧붙여진 낙인찍기가 있다. 사이드가 말한 것처럼, "진정한 문헌학적 읽기는 능동적 활동이다. 문헌학적 읽기는 단어 안에 이미 진행되고 있는 언어의 과정으로 들어가서 우리 앞에 놓인 텍스트에 숨겨져 있거나, 불완전하거나 가면을 쓰고 있거나 혹은 왜곡되어 있을 수도 있는 것들을 폭로하는 일과 관련이 있다".[47] 의미가 단어에 어떻게 덧붙여지는지는 복잡한 문제이며 문화적·종교적·정치적 신비로 가려지기도 한다. 문헌학적 조사는 고대의 텍스트가 지니고 있는 의미를 해명할 뿐만 아니라 우리 시대의 공적 담론에서 낱말들이 어떻게 사용되고 있는지 해독해 낸다는 점에서도 중요하다. 예를 들어, 상처 입기 쉬운 위치에 놓여 있는 사람들에게 이름을 붙이는 일은 민감한 문제다. 그런데 그들을 '불법 이민자'와 '경제적 이주자', '이슬람 테러리스트'와 같은 이들로 묘사한다면, 그 말들은 이미 부정적 함의를 띠며, 논의를 분열시키고자 하는 의도를 담고 있는 표현이다. 마찬가지로, 어떠한 적극적 토론도 막아 버리는 정치적으로 경도된 언어적 구축물이 있다. 제1차 이라크 전쟁 동안 서양의 대중매체가 사용한 언어는 이러한 점을 설명하는 데 도움을 준다. "우리의" (서구) 군대는 "전문적"이고, "자신감에 차" 있으며, "위엄" 있고, "단호"하며, "용감"하다. 반면에 "그들의" (이라크) 군대는 "세뇌되어" 있고, "절망적"이며, "맹목적으로 복종"하고, "무자비"하며, "광신적"이다.[48] 사이드는 미국의 정치 담론에서 실제 현실을 감추기 위해 언어가 논쟁의 도구로 사용되는 예들을 제공한다. "우리의 삶의 방식에 대한 위협"과 "악의 축"과 같은 것들이 그 예다. 사이드의 견해에 따르면 이 같은 구절들은 "고된 해체, 분

I —— 탈식민주의   47

석, 기록, 반박이나 확인을 필요로 한다".⁴⁹ 성서 주석자의 임무는 '탈신비화와 심문하기'를 핵심 과제로 삼는 데 있다.

성서학이 사용하는 역사비평 방법은 대체로 단어 연구에 의존한다. 그러나 성서학자들의 저서는 원칙적으로는 무미건조하고 기술적으로는 세부 사항에 국한되어 있으며, 단어 연구란 어떠한 현대적 혹은 윤리적 결과도 갖지 않는 것처럼 쓰여 있다. 이들이 쓴 저서 대부분은 종교적 동기와 신앙고백적 관심으로 움직이며, 성서의 언어를 제공한 다양한 식민지적 상황을 주목하는 데에는 실패했다. 문헌학적 헌신은 고대의 사본을 차분히 연구하여 단어의 문자적 의미를 알아내는 문제일 뿐만 아니라 정치적으로 그릇된 정보로부터 보호해야 하는 전투적인 인문주의적 저항의 양식도 필연적으로 포함한다. 사이드가 말한 것처럼, 문헌학적 연구는 골치 아픈 문제를 유발하는 기술이 되어야 한다.

오해, 결점, 성취

탈식민주의 비평과 관련된 몇 가지 해석학적 쟁점과 우려를 언급함으로써 이 장을 끝내도록 하자. 첫째, 모든 저항이 반드시 탈식민주의적인 것만은 아니라는 점을 지적할 필요가 있다. 자신들의 보너스에 붙는 세금에 저항하는 투자은행 매니저들, 자신들의 특권을 보호하기 위해 항의하는 영국 농촌 연합(the Countryside Alliance) 회원들, 혹은 재정 억제와 낮은 세금, 작은 정부를 요구하는 미국의 꽤 부유한 티파티 운동 회원들은 이슈들을 단순화할 뿐만 아니라 경제적·정치적으로 불리한 상황에 놓인 사람들이 주장하는 대항적 입장을 비웃고 있다. 이들은 성공했고 연줄이 많으며 그렇기에 민중의 화난 목소리와는 상당한 격차가 있다. 이것을 단순히 항의나 저항으로 간주해 버린다면 악취미에 빠진 행동으로 해석될 수 있다. 탈식민주의의 저항을 돋보이게 만들고 구별해 주는 특징은 불평등한 문화적 상황과 왜곡된 재현에 대항할 줄 아는 분노이다.

탈식민주의 연구들은 디아스포라와 이주, 경계 넘기에 집착하는 경향이 있다. 이것들이 중요하긴 하지만, 제한된 가치만을 지닌다. 비록 인구의 거대한 이동이 진행되고 있을지라도, 아시아와 아프리카 대부분의 난민들은 계속해서 자기 나라에 머물러 있으며 따라서 이들은 디아스포라적 이주자들이 아니다. 디아스포라에 대한 집착은 탈식민주의가 정체성 문제를 국제통화기금 문제보다 더 중요한 것으로 간주하고, 따라서 주변성이나 소외에 대한 관심보다는 시장의 관심사에 의해 활성화되고 있다는 대중적 비판에 기름을 붓기도 했다. 탈식민주의 문헌에서 자본주의, 카스트제도, 토지권, 계급투쟁과 같은 용어들이 빠져 있다. 탈식민주의로 말미암아 대중화된 중요한 범주들인 '모방'과 '혼종성'은 이제 상투적인 표현이 되었다. 혼종성은 대도시적 이슈에만 사로잡혀 있다. 이것은 토착적이고 지역적인 전통 내에서 발생하고 있는 교차수정적인 혼합의 과정을 간과한다. 혼종성은 일방적 통행처럼 보인다. 이 혼종은 떠나온 문화와 새로운 정착지의 문화를 창의적으로 융합하는 이주자들과 관련이 있다. 그러나 이러한 문화적 뒤섞임은 대도시 지배자들이 정치적 차원에서 풀어내길 원하는 상호적 통합과 연결되지 않는다. 대부분의 유럽 정부들은 이민자들이 서양의 삶의 방식을 흡수하여 통합되기를 원한다. 스위스에서 이슬람 사원 첨탑을 새로 짓는 일을 반대한 투표와 프랑스에서 부르카를 공공장소에서 착용하는 것을 금하도록 제안한 일은 문화적 교환이 얼마나 일방적인지를 보여 주는 두드러진 예다. 혼종성이 수행하는 일은 지구화가 갖는 최면술적 효과를 전시하고 명확하게 표현하는 것이다. 이러한 과정에서, 초기 단계의 탈식민주의에서 주된 임무였던 '답변하기'와 '다시 듣기'는 잊혀졌다. 디아스포라적 세계에서, 탈식민주의는 더 이상 왜곡되고 훼손당한 역사와 상처의 회복에 관심을 두기보다는, 확장을 거듭하는 전지구적 시장의 문화적 생명을 재구성하고 복구하려는 노력처럼 보인다.

이해는 되지만 여전히 서양에 대한 쓸데없는 집착이 남아 있다. 가상적이고 허구적인 서양이 탈식민주의 담론에서 다양한 기능을 수행해 왔다. 첸광싱이 말한 것처럼, 서양은 "대립적 실체, 참조의 체계, 어딘가에서 배워야 하는 대상, 기준점, 따라잡아야 할 목표, 친밀한 적, 때로는 진지한 토론과 행동을 위한 구실이었다". 다시 말해, 서양은 지식 생산을 위한 모델과 내용, 형태였던 셈이다. 지금의 임무는 서양에 대한 엄중한 이데올로기적 비평을 제공하는 게 아니라 이러한 집착을 초월할 수 있는 길을 발견하는 일이다. 서양을 지역화하거나 지방화함으로써 서양을 또 다른 맥락을 가진 하나의 실체로 이해하도록 한다거나, 또는 서양에 대항하기 위해서 토착적인 자료에 의존하는 방식으로 서양을 해체하려고 시도했던 앞선 시도들을 피하면서, 첸광싱은 준거점 혹은 판단의 기준을 아시아로 바꾸기를 제안한다. 그의 주장은 아시아의 역사적 경험과 실천이 대안적 관점으로 간주될 수 있고 세계사를 다르게 이해할 수 있는 방법을 제공할 수 있다는 것이다. 아시아가 기준점이 되고 "아시아의 여러 사회들이 서로를 위한 참조점이 됨으로써, 자신에 대한 이해가 변혁되고 주체성 역시 다시 세워질 수 있게 된다".[50] 이 같은 변화의 추구는 서양에 대항하거나 아시아의 정수를 뽑아내기 위해서가 아니다. 서양에 대해 우리 자신이 갖고 있는 집착을 희석화하려는 것이며, 그렇게 함으로써 생산적이고 새로운 비판 작업으로 나아갈 수 있다고 보는 것이다. 대륙이 자신 안에서 참조점을 찾고자 하는 이러한 방법은 아프리카와 라틴아메리카, 오세아니아를 위한 잠재적 모델이 될 수 있다.

탈식민주의는 또한 자신만의 정경을 구성하고, 특정한 텍스트들을 특권화하고, 몇몇 이론가들을 특별히 옹호한 잘못이 있다. 탈식민주의는 서구 대학들과 출판사들 바깥에 존재하는 다른 목소리들을 모색하고 드러낼 필요가 있다. 마지막 장에서 이에 대해 살펴볼 것이다. 확실히 탈식민주의는 자신이 이룩한 작은 성취에 걸맞은 타당한 몫이 있다. 이것은 해방적이고 건설적인 기획으로 보인다. 탈식민주의는 해방을 위한 하나의 모험으로서 시야를 확보해서 서양의 학문적 담론 안으로 진입할 수 있는 지점을 제공해 주었다.

역사에 대한 믿음을 상실한 시대에, 탈식민주의가 해야 할 일은 피식민자들을 이상화하고 미화하는 게 아니라 피식민자들의 서사가 복잡하며 논란의 여지가 있다는 점을 짚고 넘어가기 위해 식민주의 시대의 토착민들과 현재의 신제국주의 정책의 희생자들에 관한 이야기를 다시 들려줘야 한다는 점이다. 그렇게 하는 목적은 토착 서사들이 지금까지 생각했던 것보다 훨씬 다양하고 또한 서로 간에 논쟁적이고 경쟁적이라는 점을 인식하면서 그 서사들을 다루어 보기 위함이다. 이러한 생각은 지금 유행하고 있는 몇 가지 이론들을 뒷받침하기 위해서 이러한 이야기들의 역사를 끌어들이려는 것이 아니다. 오히려 더욱 존중하는 자세를 가지고 토착 서사들의 역사를 바라보고 이해하려는 것이다. 부정적으로 말하면, 하나의 참조 틀인 탈식민주의는 모든 문화적·민족적 차이들을 없애는 데 공헌해 왔다고 비판할 수 있다.

탈식민주의가 자주 받는 질문은, 과연 무엇을 바꾸고 있는가 하는 것이다. 답변하기 쉬운 질문은 아니다. 솔직히 어느 누가 알겠는가? 이러한 질문에는 거만함이 깔려 있다. 탈식민주의 비평은 질문을 약간 다르게 제기하고 반드시 산뜻한 대답을 생각해 낼 것을 권하지 않는다. 탈식민주의는 식민주의가 계속 진행되고 있음을 생생하게 강조하는 데 도움을 주었다. 탈식민주의는 전통이나 정체성, 문명이 통째로 회복될 수 있는 시대로 돌아갈 수 있다고 가르치지 않는다. 탈식민주의가 하고자 하는 일은 권력을 가진 자들의 애국심에 물음을 던지도록 자신감을 제공하는 일이다. 탈식민주의는 지난 세대가 연구하고, 처신하고, 행동하고, 생각하는 데 끼친 열심과 성실이 무엇이든지 간에 지금은 잘못되었으며 언어도단인 것처럼 보인다는 불쾌한 진실을 깨닫도록 해 주었다. 탈식민주의는 학자들에게 자신들이 생산하고 유포하는 지식의 형태를 의식하도록 해 주었다. 탈식민주의는 주류 해석학이 작동하는 방식에 대해 건전한 이해를 제공해 주었다. 탈식민주의는 '타자'를 새롭게 다루도록 격려하는 데 도움을 주었으며 식민주의자와 민족주의자의 서사가 우리를 가둬 두려고 했던 표준화된 대비적 사유 방식, 즉 서양과 동양, 순수한 토착민과 오염된 침입자라는 구분을 넘어서려고 노력해 왔다. 겸손하게 말하면, 이것은 우리에게 지배적 담론이 교묘하게 가동해 온 방식들을 잊어버리고 지배적 담론들과 대면하는 법을 다시 배우고 다시 형성하도록 도와주었다. 당면한 목적을 위해, 레이먼드 윌리엄스의 말을 비틀어 보면, 주류 해설가들이 어디에서 출발했건 간에, 탈식민주의의 도래와 함께 이들은 다른 입장에서 출발한 타자들에게 귀를 기울일 수밖에 없게 되었다.[51]

2

'탈'의 때늦은 도착

탈식민주의와 성서 연구

식민화는 성서적 근거가 있다.[1]
… 그리고 그러한 식민화의 역사는 비서구인의 목소리를 통해서 들어야 한다.[2]

이 장에선 그리 복잡하지 않은 몇 가지 소망을 피력하고자 한다. 주된 목적은 성서학에서 탈식민주의 비평의 등장을 예견하는 역사적 지점들을 설명하고, 성서학이 자신의 담론에 몇 가지 탈식민주의 비평의 원칙들을 도입하고 이용해 왔던 방식들을 조사하는 데 있다. 이 밖에도 또 다른 소망이 있다. 하나는 성서가 단순한 영적 텍스트가 아니라 영적인 동시에 영토적 정복도 조장할 수 있는 능력이 있다는 것을 증명하는 일이다. 다른 하나는 성서학과 식민주의의 밀접한 관계를 보여 주는 다소 복잡한 이야기를 조사하는 일이다. 그리고 몇 가지 비판적 성찰로 이 장을 마무

53

리하고자 한다.

식민화하는 경향들

그리스도교 성서는 관용이나 연민과 같은 세련된 신학적 이상을 담고 있지만, 영적·물리적 정복을 뒷받침하는 억압적이고 약탈적인 요소도 포함하고 있다. 성서의 이런 요소는 다른 민족의 땅을 침략하고 비그리스도인을 교회로 끌어들일 수 있도록 자신감과 정당성을 제공해 준다. 따라서 위에 인용한 "식민화는 성서적 근거가 있다"는 구절은, "정복은 성서적 근거가 있다"는 말로 바꿀 수 있다. 성서는 정복과 침략의 예를 기록하고 있다. 잘 알려진 경우는, 이스라엘이 자신에게 속하지 않았던 땅인 가나안을 정복한 이야기다. 이 이야기는 근대의 식민주의자들이 자신들을 현대판 이스라엘로 생각할 수 있는 단서를 제공할 뿐만 아니라 다른 민족의 땅을 정복할 수 있는 권한을 부여하는 일종의 헌장 구실을 한다. 성서를 이런 식으로 사용한 고전적 예로, 1649년 올리버 크롬웰이 아일랜드에서 일으킨 전투를 꼽을 수 있다. 아일랜드 사람이었던 로버트 캐럴은 말했다. "아일랜드의 드로이다와 웩스퍼드 마을 대학살에서 크롬웰은 가나안인으로 상상된 아일랜드인에 대항해 성서에 나오는 여호수아 흉내를 냈다. 크롬웰은 마을 주민들에게 항복하도록 요구했으며 침략하는 영국 군대에 항복하기를 거절하자 마을 주민들을 몰살해 버렸다."[3] 가나안인들을 대량으로 학살하고 마을들을 파괴한 성서의 여호수아 이야기는 크롬웰에게 토착 아일랜드인을 군사적으로 말살하는 전략을 뒷받침해 주는 정당성을 제공해 주었다.

세상 종말의 징표로서 이교인들이 복음을 들어야 한다는 개념은 성서의 여러 곳에 깊이 각인되어 있다. 크리스토퍼 콜럼버스와 바르톨로메 데 라스 카사스 같은 초기의 많은 식민지 개척자들은 다른 민족들의 땅에 대한 정복을 정당화하는 방법으로 이러한 성서적 개념을 사용했다. 부의 추구가 크리스토퍼 콜룸버스의 모험 여행의 동기였다고 말하는 통속적 설명이 있다. 하지만 이것은 부분적으로만 진실일 뿐이다. 그는 예루살렘 회복과 이교인들의 개종이라는 당시의 두 가지 종말론적 목표로 크게 고무되었다. 그리스도인들은 세상 종말의 징표로 여겨지는 이 두 가지 임무를 그리스도가 재림하기 전에 성취할 수 있기를 바랐다.

콜럼버스는 세 번째와 네 번째 항해 중간에 카르투시오회 수도승 가스파르 고르치오의 도움으로 당시 스페인 국왕과 왕비인 페르디난드와 이사벨라에게 헌정할 예정으로 예언서를 편찬했다. 이 책은 이사야 예언서와 고대와 중세 신학자들의 글에서 주로 따온 200개 이상의 예언 모음집이었는데, 서인도제도 및 모든 민족과 국가를 개종시키는 선교와 시온 산 거룩한 도성의 회복을 지지하는 내용들이었다.

콜럼버스가 펴낸 이 책에는, 드물지만 신약성서 구절도 등장하는데 내용은 마찬가지다. 다시 말해, 성서의 주된 메시지는 자신들의 구원을 끈기 있게 기다리는 이교도들에게 복음을 전하는 예언자적 사명을 수행하라는 것이다. 콜럼버스는 이렇게 썼다. "인도(서인도제도)를 향한 항해를 위해 내게 필요했던 것은 지성도 수학도 세계지도도 아니었다. 정말 필요했던 것은 이사야 예언의 성취였다고 내가 이미 말한 바 있다."[4] 이사야에게 의존하는 것이 나무랄 데 없는 일임을 확신시키기 위해, 콜럼버스는 이사야를 "매우 드높인" 히에로니무스나 아우구스티누스 같은 초기 교부들의 권위를 끌어들였는데, 이사야는 "모든 이들에게" 존경을 받는 그러한 예언자였다. 콜럼버스의 견해에 의하면, 이사야는 "단순한 예언자가 아니라 미래를 그려 주면서 모든 민족을 신성한 가톨릭 신앙으로 초대하기 위해 모든 노력을 다한 복음 전도사"[5]였다. 콜럼버스는 자신이 이러한 영감을 어디서 얻었는지 분명히 말하고 있다.

> 나는 나의 항해 인생, 도처의 여러 종교에서 온 많은 이들과 했던 토론의 경험, 그리고 내가 이전에 언급한 바 있는 여러 학문이나 텍스트에 의지하지 않을 것이다. 나는 내가 말하고자 하는 바의 근거를 단지 신성하고 거룩한 경전에만 둘 것이며 또한 신적 계시를 통해 이 주제에 관해서 말했던 성인들의 예언에만 둘 것이다.[6]

영국 성공회 신부 리처드 해클루트 역시 종말이 오기 전에 복음을 전하라는 성서의 명령에 자극을 받았다. 여왕 엘리자베스 1세에게 북아메리카를 식민지화할 것을 설득하기 위해 쓴 소책자 『서양의 식민지화에 관한 글』에서 그는 이교인들을 전도하는 일은 군주의 임무이며 외국 땅을 획득하는 이득도 있다고 거듭해서 말하고 있다. 아메리카에서 로마 가톨릭의 성공에 자극을 받아서, 그는 영국 교회가 앞장서서 이끄는 개신교도들도 이교도의 개종을 위해 이와 유사한 역할을 행하기를 원했다. 그는 복음을 들을 기회를 얻지 못한 사람들에게 복음을 전할 필요성을 말하는 로마서 10장 14절을 사용했다. "그런데 그들이 믿지 않는 분을 어떻게 부를 수 있겠습니까? 또 그들이 들어 보지도 못한 분을 어떻게 믿을 수 있겠습니까? 또 선포하는 이들이 없으면 어떻게 들을 수 있겠습니까?"[7] 그리고 엘리자베스 1세에게 영국의 여왕과 왕은 신앙의 수호자로서 그리스도 신앙을 지지하고 유지할 뿐만 아니라 신앙을 확장하고 진전시킬 책임이 있다고 상기시켰다. 또한, 해클루트는 마케도니아인들이 바오로에게 자신들에게 건너와서 도와달라고 요청하는 사도행전의 구절들을 영국이 와서 자신들을 도와줄 것을 간절히 바라고 있는 여러 나라들이 있음을 알려 주는 표지로 이용하였다. 그의 견해에 따르면 이러한 임무는 모든 명령 중 가장 '중요한 최고의' 명령이다.

식민주의 사상을 부채질한 또 다른 요소는 하느님의 뜻을 수행하기 위해 선택을 받은 선민이라는 성서적 개념이다. 선교사 문헌들에는 유럽과 아메리카가 이러한 특별한 명분을 수행하기 위해 선택을 받았음을 강조하는 인용구들로 가득 차 있다. 인도에서 선교사가 아닌 교육자로 일한 조지 스미스(1833-1919)는 이렇게 썼다.

> 이 과정을 푸는 데 미국의 그리스도인들은 대영제국의 그리스도인들과 대등한 조건으로 제휴하고 협력한다. 유럽과 아메리카에서 같은 기원, 같은 역사, 같은 언어, 같은 문학, 같은 신앙, 같은 그리스도가 명한 임무와 대담한 희망을 안고서 힘을 합친 1억의 막강한 우리들은 하느님의 섭리 가운데 3억의 인도인들에 맞서게 되었다.[8]

스미스에 따르면, 우랄알타이족이 물러나고 셈족이 자리를 차지했듯이, 이제는 하느님의 섭리 아래 아리아인들 혹은 인도유럽인들이 이러한 역할을 맡을 차례다. "하느님의 섭리는 서양에서 영어를 말하는 민족들이 자신들의 역사에서 가장 위대한 일, 즉 인도와 미개한 종족들을 그리스도교화하는 일에 알맞도록 준비시켰다."[9] 서양이 하느님의 선택을 받은 도구라는 이러한 생각은 식민주의자들에게만 국한되지 않았다. 피식민자들 가운데에도 그 생각은 만연해 있었다. '토착민들'은 침입자들이 자신들을 계몽하러 온 하느님의 선택된 그릇이라는 개념을 내면화했다. 케슙 찬드라 센 역시 이렇게 말했다.

> 인도가 우상숭배와 미신의 수렁에 빠져 있을 때, 무슬림의 억압과 실정이 토착 인도인들의 마음에서 마지막 희망의 불씨마저 꺼 버렸을 때, 한때 순수한 일신교 체계였던 힌두교가 가장 진저리 나고 추악한 우상숭배와 다신교의 체계로 퇴화했을 때, 사제들이 극도로 강력해지고 인류애를 짓밟는 승리를 한껏 구가할 때, 자비로운 주님이 인도를 구하기 위해 영국을 보냈다.[10]

또한 그는 "의심할 여지 없이, 보살피시는 하느님의 섭리가 내 나라를 헤아릴 수 없는 자비 가운데 있도록 해 준 것은 대체로 영국의 활기와 진취성, 온정주의 정치의 노력 덕분이다"[11]라고 말하기도 했다. 찬드라 센에게 영국은 하느님의 일을 수행하는 하느님의 도구였던 셈이다.[12]

열등한 민족들의 운명을 개선하기 위해 우월한 민족이 부름을 받았다는 개념도 이와 유사하다. 실론의 식민지 장관 제임스 에머슨 테넌트는 유대인 사도들, 즉 로마와 그리스보다 낮은 수준의 문화에서 살았던 최초의 복음 전도사들과 달리 현대의 복음주의자들은 질적으로 더 나은 사람들이라는 놀라운 주장을 했다. 그는 "이와 반대로 현대의 선교사는 가장 미개한 사람들을 계몽하기 위해 가장 계몽된 지역에서 출발한다. 자신이 만나게 될 선교 대상과 밀도 있는 관계를 맺을지라도 이러한 선교사의 우월성은 선교라는 주된 목표와 구별할 수 없이 하나가 되어 있는 또 다른 독특한 임무를 암시한다. 그래서 선교가 성공하는 곳에서는 어디서든지 일정하게 문명화와 그리스도교는 동의어로 취급되어 왔다"[13]고 평했다.

식민주의적 미사여구가 지닌 또 다른 특징은 정복당한 사람들의 문화와 역사, 신앙을 폄훼하고 부끄럽게 여기도록 만드는 일과 관련이 있다. 실론에 대해 테넌트가 썼던 글은 다른 비서양 문화에도 마찬가지로 통한다. 즉, "이들의 나라에는 어떠한 예술적 자취도, 이들의 문학에는 어떠한 정신의 성취도 보이지 않으며", 이들의 방대한 역사적 서사는 "이들 국가의 파란만장한 미신"과 논에 물을 대는 데 수고한 노동을 제외하고선 "어떠한 사건도 연대순으로 기록되어 있지 않다"14는 식이다. 영국이 주둔한 것에 대해 태도가 모호했던 람 모한 로이는 다양한 침략자들이 정복한 적에 대해 어떻게 부정적으로 묘사했는지 관찰했다. 무굴인들은 "힌두인들의 종교의식에 매우 적대적"이었다. 힌두스탄 서쪽 지역을 침략했을 때, 신의 존재를 믿지 않았고 "예절 방식이 야생의 짐승과도 같았던" 징기스칸의 장군들은 "인도의 토착민들이 보여 준 다양한 신과 미래상을 예외 없이 조롱했다". 우상을 숭배하고 비도덕적 생활을 일삼았던 그리스인과 로마인들은 "유일신 신앙에 헌신했던 유대인들의 종교와 그들의 행동을 비웃곤 했다". 영국의 선교사들도 다르지 않았다. 인도를 정복했을 때, 그들은 "(인도) 토착민들의 종교를 풍자하고 조롱했다". 로이가 내린 결론은 "한 국가가 다른 국가를 정복하는 데 성공하면, 정복한 국가의 종교가 우스꽝스러울지라도 정복당한 국가의 종교와 예절을 비웃고 경멸하는 일은 당연한 것처럼 보인다"15는 점이었다.

이러한 식의 피정복자의 종교 문화에 대한 "비하적" 묘사는 식민주의자가 인류의 진보를 그리스도교적 비전의 형식으로 소개할 수 있게 만들어 주고, 나아가 그들이 신의 역할을 하며 신처럼 행동하도록 도와준다. 도미니코 수도회 수사 두아르테 누네스는 이렇게 썼다.

고아 소재 섬에 있는 힌두교 사원들을 파괴하고 이 사원들을 성인들의 교회로 대체한다면 이것이야말로 하느님께 드리는 예배일 것이다. 이 섬에서 살기를 소망하는 사람이라면 그리스도인이 되어야 하고, 이럴 경우에만 땅과 집을 현재 소유하고 있는 그대로 보유할 수 있을 것이다. 그러나 그렇게 하지 않는다면, 이 섬을 떠나게 할 것이다. … 아마도 이런 사람들은 선한 그리스도인이 되려 하지 않을지도 모른다. 하지만 이들의 아이들은 그렇지 않을 수 있다. … 그렇게 해서 하느님은 섬김을 받게 될 것이고, 왕께서도 잃어버린 영혼들의 구원을 일으킨 분이 되어 섬김을 받게 될 것이다.[16]

기존의 문화에 대한 어떠한 의미 부여도 거부하면서, 그 땅은 이미 폐허가 되었다고 선언하는 것은 "땅은 아직 꼴을 갖추지 못하고 어둠이 심연을 덮고 있었다"(창세 1,2)는 성서의 창조 기사와 공명한다. 한때 하느님이 옛 세상을 만드셨던 것처럼 식민지 개척의 영웅들은 신처럼 행동했으며 자신들을 새로운 세계의 창조자로 간주했다.

가장 중요한 식민화적 수사학의 흔적은 남성 유일신을 투사한 경우다. 유일신 프레임을 가진 성서적 비전은 많은 제국들에게 추동력을 제공해 왔다. 성서적 비전에 의해 추동된 제국들은 유일신적이고 메시아적인 야망들을 통해 자신을 정당화하고 또한 강화하고 있는 최근의 제국인 미국뿐만 아니라 고대와 현대의 많은 제국들을 포함한다. 아찔할 정도로 수많은 남신과 여신이 진열해 있는 상황에 직면했을 때, 선교 현장의 선교사들은 두 종류의 성서적 유일신론을 창안했는데, 하나는 강성한 유일신론이고 다른 하나는 온건한 유일신론이다. 강성 유일신론은 신학적 담론 안에 진정한 종교와 거짓된 종교라는 개념 그리고 선택받은 백성과 선택받지 못한 백성이라는 사상을 도입했다. 이러한 강경한 유일신론의 논리는 하나와 다수 중에서 선택하도록 강요한다. '강경한' 유일신론적 이상에 내재해 있는 종교적 불관용은 다신교 체제 내에서 종교적 열망들을 표현하고 다수의 남신들과 여신들을 숭배했던 식민지의 종교들에게 파괴적인 영향을 끼쳤다. 선교사들이 주로 의지했던 온건한 유일신론은 유일신이 지닌 강압적이고 거친 특성들을 사람들에게 강요하지 않고 점진적으로 지지를 얻고자 노력하는 방식이었다. 이러한 견해에 따르면, 성서의 유일신이란 지역 신들을 훼손하거나 제거하는 신이 아니라, 국가의 연합에 필요한 세력들을 모으는 결집의 계기가 되는 신이다. 인도인들과 스리랑카인들이 국가 해방을 강력히 주장했을 당시, 성서의 신은 이질적인 사람들을 단합시키는 분으로 제시되었다. 스리랑카에서 침례교 선교사로 일한 헨리 라팜은 다신교가 국가적 붕괴와 정치적 붕괴로 이끈다고 보았다.[17] 그의 견해에 따르면, 인도인들을 갈라놓고 "통일에 대한 열망을 저해하고 있는 것은 이들의 정신에 만연해 있는 다신교였다".[18] 자신의 해석학적 전략을 달성하고자, 라팜은 국가의 통합을 증진하려는 목적으로 히브리 성서를 다시 읽었다. 중심적인 예배 장소를 세우고 흩어져 있는 신전들을 인정하지 말라는 신명기계 명령과 베텔 및 다른 장소에서 이루어진 송아지 숭배를 반대한 일은 우상숭배에 대한 저항이 아니라 "국가의 통합을 저해"[19]하는 것에 대한 저항으로 제시되었다. 그의 메시지는 많은 다양한 신들을 숭배하는 일로 인해 국가의 통합이 방해받지 않아야 한다는 점이었다. 그는 "만물 위에 계시는 하느님" 개념을 진척시켰으며, 따라서 그에게 신이란 다름 아닌 그분 앞에서 "모든 세상이 … 침묵해야 하는" 거룩한 성전에 계시는 야훼였다. 두 개의 유일신론이 가진 해석학적 전략은 다를 수 있겠지만 그 목적은 똑같다. 엉망진창이고, 불일치하며, 모순된 지역의 신들이 이질적인 사람들을 단결시키는 깔끔한 일신론적 원리로 대체된 것이다. 이것은 '전치와 편입'의 고전적 식민주의의 한 사례다.

인도인들 역시 유일신 관념에 손을 댔다. 하지만 이들의 목적은 선교사들의 목적과는 조금 달랐다. 자신들의 신앙을 다신교라고 조롱하는 선교사들의 비방에 직면해, 케슙 찬드라 센 같은 개혁가들은 최고신 관념에 대한 경전의 증거를 끌어내기 위해서 많은 노력을 기울이면서, 이렇게 말하고 있다. "인간의 정신으로는 상상할 수 없으나 인간 정신의 모든 사고를 가늠할 줄 아는 그런 신이야말로 진정한 신으로 간주되어야 한다. 사람들이 숭배하는 유한한 대상들은 진정한 신이 아니다."[20] 단일 인격신 관념에 관심을 갖게 된 또 다른 이유는 계몽주의가 불러일으킨 수치심과 죄책감 때문이었다. 센은 인도의 유일신 협회에 대해서 말하고 있다. 이 협회는 "돌, 나무 혹은 진흙에다 절하는 것은 자신들의 이해력에 대한 모독이요 양심의 수치"[21]라고 여겨서, 유일신에 대한 충성을 고백한 6천여 명의 교육받은 인도 청년들을 자신의 날개 아래 모이게 했던 단체였다. 하지만 이 협회의 태도는 선교사들과는 달랐다. 선교사들은 "모든 곳에서 심지어 다양한 신들을 섬기는 개인들과 나라들의 역사에서조차 식별할 수 있었던, 그리스도교의 신이 갖는 보편적 접근성"[22]을 주장했다. 하지만 보편주의적 이상에도 불구하고, 힌두 개혁가들은 세상의 운명을 관장하는 힌두 브라만을 강요하지는 않았다.

성서의 유일신론은 선택을 강요했다. 비성서적 종교들은 정당한 신앙 체계라기보다는 미신적 제의를 퍼뜨리고 있는 그리스도교의 '타자'인 이교로 묘사되었다. 더 적절하게 말하자면, 유일신 관념은, 다신교적 세계에 속해 있고 명확하게 다원주의적이며 끊임없이 복잡한 정체성을 넘나드는 사람들에게 도움을 주지 못한다. 유일신을 고수한다는 것은 아시아의 다양한 남신들과 여신들을 지워 버리거나 이러한 신들을 셈족 사고에서 기원하고 그리스도교 신학자들이 전유하고 재형성한 신에게로 통합시키는 것을 뜻한다.

마지막으로, 제국에 대한 성서의 태도는 복잡하다. 한편으로 제국은 하느님이 행하시는 해방의 도구로 간주된다. 그러나 다른 한편으로는 하느님의 비난의 표적으로 묘사된다. 그리스도교의 구약성서는 노예가 된 유대인들을 해방하는 데에 페르시아의 임금 키루스가 어떻게 하느님의 종복이 되었는지 들려준다. 같은 경전이 무절제한 야망과 오만이라는 이유로 또 다른 제국인 아시리아를 비난한다. 제국에 대한 이러한 지지와 비난은 신학적 목적을 성취하기 위한 것으로 보인다. 마찬가지로, 로마의 식민지적 맥락을 배경으로 하는 신약성서에서도 제국에 대한 분명한 그림이 나타나지 않는다. 예수와 그의 추종자들이 억압적인 제국 아래에 살았으나 예수가 공개적으로 로마 권력에 도전했다는 증거는 없다. 그가 한 말로 종종 인용되는 "카이사르의 것은 카이사르에게"라는 말은 너무나 불가사의해서 판독할 수 없다. 신약성서의 서간들도 도움이 되지 않으며 충돌하는 메시지만을 제공할 뿐이다. 로마서에서 바오로는 통치자들에게 복종해야 한다고 적었으나 에페소서 저자는 독자들에게 우리의 투쟁은 어떤 개인이 아니라 지배자들과 권세와 권력을 대상으로 한다(에페 6,12)고 가르친다.

성서 연구와 식민주의적 연관성

19세기의 가장 주목할 만한 해석상의 두 가지 성취는 근대 식민주의의 절정기에 일어났다. 하나는 역사적 예수에 관한 탐구이고, 다른 하나는 고등비평과 저등비평의 이름으로 수행된 텍스트 비평이었다. 오늘날에 와서는, 유럽의 역사적 예수에 관한 연구가 종족주의적이고 민족주의적인 이해관계들로 인해서 오염되고 왜곡되었다는 것이 드러나고 있다. 『민족주의를 넘어선 예수』라는 최근의 논문 모음집은 역사적 예수에 관한 탐구 및 본문비평이 유럽 사회가 정체성 위기에 빠져 있던 시기에 착수된 연구라는 점을 보여 준다. 이 위기의 핵심에 놓여 있는 것은 국가와 민족성과 종족성의 관념들이다. 그리고 이런 관념들이 연구자들로 하여금 예수를 훨씬 더 예리하고 강렬하게 표현하도록 도왔다. 이 모음집 서문에서 편집자가 말한 바처럼, 역사적 예수 연구라는 이름으로 진행된 방대한 문헌들은 "정체성의 성격과 역할에 관해 지배 문화의 전제들을 재현하거나 나타내거나 혹은 지지하는 경향"[23]을 보여 준다. 여기서 언급된 지배 문화의 전제들이란 제국과 식민주의 사상을 포함한다. 이 시기의 역사적 예수 연구들은 미묘하고 종종 서로 뒤얽힌 교리적·교회론적·그리스도론적 공식들로부터 벗어나서, 당대의 문화적·국가적·인종적 요구와 타협하고 있는 상상의 예수, 곧 시대가 요구하는 모범적 인물상을 만들어 냈다.

19세기의 주목할 만한 또다른 업적은 고등비평이었는데, 성서 텍스트들에 관해서 진정성 있는 측면과 진정성이 의심되는 측면들을 구별할 수 있는 도구들을 제공해 주었다. 이 고등비평은 그리스도교를 전파하는 데 치명적인 동지가 되었다. 이 비평이 사용한 도구는 힌두교와 불교의 종교 텍스트에 대한 존경과 신뢰를 떨어뜨리기 위한 도구로 효과적으로 사용되었다. 성서의 문자적 진리성 그리고 성서의 계시적 성격이라는 토대 위에서 성장해 온 선교사들이 힌두교와 불교의 매우 다양한 텍스트들을 만나게 되었을 때, 그 텍스트들의 진정성과 역사성을 허물기 위해 고등비평의 도구들을 이용하였다. 진정한 것과 그렇지 못한 것을 구별하는 이러한 착상은 모세오경에 고등비평을 성공적으로 적용한 존 콜렌소(1814-1883, 남아프리카에서 활동한 영국의 선교사 주교)에게서 볼 수 있는데, 그는 고등비평을 활용하여 다음과 같은 세 가지 주장을 논증한다. 첫째, 오경에 기록된 사건들과 설명들은 역사적으로 진실하지 않다는 점이었다. 둘째, 오경의 모세와 레위기 법전이 제시하고 있는 몇 가지 교훈들은 도덕적으로 매우 혐오스럽다는 것이다. 콜렌소는 노예는 주인의 소유물이기 때문에 주인이 때린 노예가 하루나 이틀 살아 있다면 주인이 처벌받지 않도록 한 것과 같은 법에 충격을 받았다. 그리고 안식일에 막대기를 주워 모은 것 때문에 사람을 돌로 쳐 죽이는 것을 허용한 법도 마찬가지였다. 셋째, 성서의 기적은 합리적으로 입증될 수 없다는 점이었다. 콜렌소는 태양과 달이 멈춰 서고 홍해의 물이 갈라지는 것과 같은 성서의 몇 가지 기적 사건들을 수용할 마음이 나지 않았다.

  힌두교와 불교의 다양한 텍스트에 직면했을 때, 선교사들(대부분 복음주의 선교사들)은 "인도의 종교와 관련해서 생각해 볼 때, 콜렌소 책의 출판이 가져다줄 수 있는 이득이 있다는 것을 알아차렸다".[24] 이들을 자극했던 것은 자신들을 불편하게 만든 콜렌소의 결론이 아니라 그가 사용한 분석 방법이었다. 다시 말해, 경전 텍스트들을 만드는 데 동원된 역사적이고 영적인 주장들을 일축해 버리는 방법론이었다. 지금은 스리랑카 지역인 실론에서 활동한 감리교 선교사이자 불교 텍스트에 대한 비교 연구에도 관여한 스펜서 하디(1814-1868)가 처음으로 콜렌소의 저서가 갖는 유용함을 알아차렸다. 그는 이렇게 말한다. "모세오경을 공격하는 데 콜렌소가 쓴 방법은 실패로 끝났다. 하지만 우리는 붓다의 장경이 지닌 비역사적 특징들을 노출하는 데 성공했다."[25] 콜렌소가 모세오경에서 충돌되는 진술과 모순을 발견했던 것처럼, 하디는 불교 문헌에 나타난 차이와 모순을 강조하기 위해 팔리어 경전을 무자비하게 조사했다. 모세오경의 문헌적 지위를 파괴하는 데 콜렌소가 일곱 권의 책을 써서 성취한 것을 하디는 얇은 책 한 권으로 이룩했다. 『역사 및 현대 과학과 비교해 본 불교의 성전들』이라는 저서에서 하디는 불교의 역사적·종교적 주장들을 효과적으로 뒤엎고 있다. 그는 여러 자료들에 나오는 붓다의 탄생에 관한 다양한 날짜가 역사적으로는 혼란스럽다는 점을 찾아냈다. 마찬가지로, 불교의 권위 있는 텍스트들이 제공하는 지리적·천문학적 정보도 "과학적 증명에 의하면 거짓이고, 토대가 없으며, 실재하지 않는 것으로" 입증될 뿐만 아니라 불교의 윤리와 추종자들의 도덕성 역시 비난받아 마땅한 것이라고 주장한다.[26] 이렇게 텍스트적 파괴 행위를 자행한 후, 하디는 매우 자랑스럽게 다음과 같이 주장할 수 있었다. "불교는 진리를 계시하지 않았으며, 그 창시자는 죄 많은 불완전한 교사였고, 오늘날 알려진 많은 것들에 대해 무지했으며, 그가 모든 것을 알고 있다는 추종자들의 주장은 사기이고 과시라는 점을 입증했다."[27]

그러나 모든 이들이 이런 식으로 파괴적 활동에 참여했던 것만은 아니다. 공무원이었다가 나중에 주도적인 불교학자가 된 리스 데이비스는 복잡한 미로와 같은 불교 기록물들의 진의를 파악하고자 "보다 최근의 체계 아래에 숨겨져 있는 더 오래된 옛 체계"[28]의 존재를 규명하기 위해 근대적 비평 방법을 사용했다. 역사비평이 자연스러운 진보적 과정을 전제로 작업을 수행하기 때문에 그는 역사비평이 타당하다고 보았다. 그러나 데이비스는 근대의 비평이 객관적 중립이 아니라 대체로 "개인적 소감에 근거해 있기에 타당성과 관련해선 논란의 여지가 많다"[29]는 점을 인정할 정도로 충분히 정직했다.

    논의를 요약하자면, 성서 연구의 가장 중요한 두 가지 성취가 식민주의 전성기에 발생했으며, 이 두 가지 모두 공범자라는 것이 입증되었다. 역사적 예수 연구는 민족주의적 열망에 적합한 예수를 지지하는 데 도움을 주었으며, 고등비평이라 일컬어지는 텍스트 비평은 그리스도교의 승리주의를 영속화하는 데 도움을 주었다. 자신들의 저서가 객관적이고 중립적이라는 해석자들의 확고부동한 주장이 이제는 거짓으로 보인다. 역사적 예수에 관한 19세기의 연구가 증명한 것처럼, 성서학은 그 시대의 넓은 국내적이고 국제적인 정치적 추세들 안에 확고한 자리를 차지하고 있었다.

탈식민주의 성서비평의 도래를 촉진한 요소들

탈식민주의 성서비평은 1990년대에 처음으로 나타났으며 차츰 성서비평 분과 학문의 형성에 주된 역할을 하게 되었다. 탈식민주의 비평은 인문학에서 기원했지만, 여러 가지 요인들로 인해 성서 연구에 들어오게 되었다. 탈식민주의 비평이 성서학에 들어올 수 있도록 추진력을 제공했던 사람들은 식민주의의 결과로 인한 후유증을 앓고 있는 상황에서 피식민자의 역사와 식민주의자의 역사를 복구해 내기 위해서 노력하고 있었던 다양한 인문학 분과에 속한 사람들이었다. 이들의 접근법은 텍스트와 지식이 생산되고 해석되어 온 방식에 대항한 도전이었다. 그리스도교의 성서와 성서해석은 다음과 같은 두 가지 이유 때문에 자연스럽게 검토와 조사의 대상이 되었다. 첫째, 대부분의 성서의 서사들은 고대의 다양한 식민지적 상황에서 나왔으며 따라서 식민적 경향이 이 서사들 안에 이미 끼어들어와 있다. 둘째, 그리스도교 성서와 성서해석은 근대의 식민주의에서 핵심적 역할을 담당했다.

1980년대 인문학 분과들에서 일어난 달라진 풍경들은 성서 연구에도 영향을 끼쳤다. 이 시기는 인문학 분과들이 이념비평과 문화비평의 도래로 흔들리던 때였다. 페미니즘, 마르크시즘, 소수민족 연구와 같은 진보적 비평 세력들이 여성들의 위치와 계급과 인종의 의미에 관해서 기존의 연구들을 뒤흔드는 새로운 탐구들을 시도하고 있었으며, 이 과정에서 안일하게 만족하고 있던 인문학 세계를 위협하고 있었다. 이 시기는 개별 학문 분과가 누리던 자율성이 학제 간 연구의 시대를 맞아 길을 내준 지 10년이 되는 때였다. 학자들은 전문가로서 자신들이 누리던 아우라를 일부 잃게 되었으며 자신들만이 소유하고 있다고 여긴 전문적 지식에 대한 권리 주장도 힘을 잃었다. 영어학과 같은 전통적 학문 분과들이 역사, 종교, 영화와 서로 얽히게 되었으며 이러한 융합은 근대의 개별 학문 분과들을 대체해 버렸다.

인문학에서 일어난 이러한 변화들은 성서학에도 영향을 끼쳤다. 외부의 영향으로부터 고립된 채 자유를 누려 왔던 성서학도 이제는 다른 학문 분야에서 만들어진 비판 이론들과 방법론들의 침입에 직면하게 되었다. 1980년대에 성서학 안으로 들어온 두 가지 비평은 문학 혹은 서사비평과 사회과학비평이었다. 이 둘은 간접적으로 탈식민주의 성서비평을 위한 길을 닦았다. 이 두 비평에 관한 문헌은 방대하다(이 분야에 쉽게 다가

갈 수 있는 입문서로 포웰과 엘리엇의 책30을 보라). 당시 이 두 가지 비평 방법은 논쟁을 불허하는 역사비평 방법의 독재적 지배하에서 신음하고 있던 학문 분야를 바로잡기 위해서 반드시 필요한 비평으로 각광받았다.

문학비평은 텍스트를 원자화된 채 느슨하게 연결된 구성물이라기보다는 전체적으로 일관된 서사로 보아야 한다는 생각으로 시작했다. 문학비평은 19세기에 특정한 비평가들 사이에서 인기를 누리던, 다시 말해 성서를 문학으로 취급해야 한다는 생각을 재도입했으며 문학비평에서 종종 사용되었던 기술을 성서에 적용했다. 독자들은 텍스트 내에 있는 이야기의 줄거리와 배경, 성격 묘사, 말투, 아이러니, 상징, 내포 저자와 내포 독자를 조사하도록 권고받았다. 이와 같은 서사적 추구는 역사비평이 유행시킨 양식, 자료 그리고 단락, 저자, 본래의 의미에 대한 앞선 시대의 탐구들을 대치하였다. 문학비평가들이 독자들에게 말하려고 했던 것은, 텍스트들 안에 분명히 나타나는 역사적 저의나 흐름에 몰입하기보다는, 서사의 유혹적 설계나 디자인에 집중해야 한다는 것이었다. 이 방법은 텍스트들이 정치적으로 역사적으로 아무 잘못이 없다고 사실상 전제하고 있다. 이것은 맥락을 간과하고 있음을 의미하는데, 특별히 이 작품들이 출현한 식민적 상황을 간과하고 있다는 점이다.

1980년대에 출현한 또 다른 비평 범주는 사회과학비평이었다. 이 비평의 주된 임무는 사회과학이 제공한 모델들과 이론들을 사용해 텍스트를 문화적·사회적 맥락과 관련해 연구하는 것이었다. 이 분야에 관여했던 사람들은 고대 근동 문화를 이해하기 위해서 지중해 문화의 텍스트와 풍습, 공동체 행위라는 유형물을 통해 지중해 문화를 대변하고자 했으며 서양인들, 특히 미국 청중을 위해 지중해 문화의 신비를 단순하게 만들고자 애썼다. 이렇게 하는 도중에, 이 성서학자들은 본의 아니게 동양을 재

동양화했으며 오래된 고정관념을 반복했다.

　이 저서들을 대충 훑기만 해도 이 저자들이 일상적으로 품고 있는 두 가지 놀라운 전제가 드러난다. 첫째, 이들의 확신에 찬 일반화이다. 이 문헌들은 지중해 태생의 사람들은 "외부인에게는 맘껏 거짓말하고 속여도 처벌받지 않으며"[31] 중동인과 같은 내부 집단과 관련해서는 "각 집단은 다른 모든 집단들이 자기 집단에 대해 흉계를 꾸미고 있다고 의심하며, 마을의 아이들은 자기 가족의 비밀은 건드리지 않고 놔두지만 다른 가족들의 비밀은 몰래 조사하고 다니도록 훈련받는다"[32]는 진술을 남발한다.

　둘째, 이 저서들은 친숙한 미국과 낯선 중동이라는 관념 사이에서 차이점을 과장함으로써 난맥상을 보여 준다. '우리' 미국인들은 진보적이고, 이성적이고, 독립적이고, 관용적이고, 세속적이고, 평화적이며, 가족의 가치를 지지하는 반면에 '그들' 중동 사회는 이것들 중 그 어느 것도 지니고 있지 않다. 이러한 시각은 초기 오리엔탈리스트들이 상상했던 두 세계 간의 절대적 구분을 오늘날 재현한 것인데, 이는 지중해 지역과 그 문화들은 정태적이며 그 가치들은 절대적이라는 가정에 기초를 두고 있다. 지중해인들의 낯선 행동을 밝히려는 취지를 담고 있는 이 저서들은 미국인의 관점에서는 일탈적인 것이 중동인에게는 정상적인 것이라고 확고하게 말한다.

　한 가지 예를 들면, 예수의 부활 발현을 토론할 때, 존 필치는 지중해 문화라면 변환된 의식 상태를 통해 부활 현상을 경험하는 일은 정상적이고 흔하게 있을 수 있는 일이라고 평한다. 그런 다음 계속해서 그는 서구인들이 "자동차를 운전하고 비디오카세트 프로그램을 만지고 콤팩트디스크를 즐기는 법을 잘 아는 것처럼, 중동인들은 부활 현현 경험과 같은 인간 경험의 특별한 차원에 드나드는 방법을 잘 알고 있다"[33]고 주장한다. 영적인 일에 정통한 지중해인들과 기술에 정통한 북미인들 간의 대조가 어떻게 만들어지는지 주목해야 한다. 이런 식의 태도는 '타자'를 끼워 넣고 심사하고 전제해 버리는, 정치적으로 힘을 가진 문화임을 드러낸다. 따라서 구시대의 오리엔탈리스트들처럼 이러한 성서학자들도 아시아의 커다란 신비를 파고들어 붙잡고 씨름하여, 거기에 형태와 감각을 부여할 수 있다. 사회과학비평이 수행한 일은 오리엔탈리즘의 미사여구를 부지불식간에 되풀이하는 그러한 일이었던 셈이다. 이 문제에 관해서는 더 많은 예와 함께 4장에서 다시 논의할 것이다.

요약하자면, 문학비평에 존재하는 식민주의에 대한 인식 부재와 사회과학비평에서 행해진 과도한 오리엔탈리즘적 경향으로 인해 역설적으로 탈식민주의 성서비평이 이 분야에 진입할 수 있는 공간을 부여받게 되었다는 점이다.

탈식민주의 성서비평의 등장을 이끈 또 다른 요소는 라틴아메리카 해방적 해석학의 침체와 다문화주의라는 탈식민주의적 현실을 주목하지 못한 해방 해석학의 실패였다. 탈식민주의는 경제적 착취로 인해 희생된 자들을 이야기하는 것과 같은 해방 해석학의 일부 견해를 공유한다. 그러나 해방적 해석학은 경제적 의제에 자신을 가둬 놓았으며, 경제적 의제가 분명 중요하긴 하지만, 사람들이 간직해 온 다양한 종교적·문화적 전통들을 간과했다. 사회를 떠받치고 있는 경제적 구조에 대한 분석에 초점을 둠으로써 체제를 지탱하고 있던 문화와 제도에 주목하지 않았다. 가난과 약자성을 강조하는 성서 텍스트들에 대한 역사유물론적 읽기에 영향을 받은 해방 해석학적 작업은 권력관계를 통제하는 텍스트가 갖는 담론적 잠재력을 간과하고 있다. 해방적 해석학이 구원사적 모델과 예언자적 전통을 받아들였다고 해서 토착 문화나 다문화에 속한 사람들을 항상 호의적으로 대한 건 아니었다. 출애굽과 같은 성스러운 역사적 사건을 이용하는 일은, 이 사건이 성서의 가나안 사람들에게 해로운 사건이었던 것처럼, 토착민들에게 해로운 일이었다. 해방신학자들은 사회정의를 위한 예언자적 소명이라는 사상에 집착했다. 칭찬받을 일이긴 하지만 예언자적 이상은 부분적이고 제한적이었다. 히브리 예언자들은 종족적·문화적·종교적 다양성을 위해 시간을 낼 수 없었다. 이들은 다원성과 다양성에 해를 끼치는 단일 문화와 일신론적 이상을 신봉했다. 게다가 해방신학자들은 성서가 가지고 있는 권위주의적 역할과 해방적 역할에 지나치게 몰두하고 있었다. 따라서 이 두 역할이 드러낼 수 있는 좋지 못한 측면들을 간과하고 말았다. 경제적 억압과 착취에 대항한 투쟁을 뒷받침할 수 있는 텍스트적 보증을 찾아내려고 하면서, 해방적 해석학은 성서의 여러 서사들 안에 들어와 자리 잡고 있는 제국과 제국의 가치들을 지지하고, 승인하고, 촉진하는 측면들을 간과하는 경향이 있었다.

마지막으로, 특별히 교육과정과 지지하고 참여하는 층의 변화라는 측면에서, 학계의 변모는 탈식민주의 성서비평을 받아들이는 데 매우 중요한 역할을 했다. 1990년대는 정체성 연구의 10년이었다. 이 시기는 아프리카계와 아시아계 그리고 히스패닉계 미국인들에 대한 연구와 관련된 강좌들이 급증했던 때였다. 이와 같은 변화의 추동력은 서양, 특히 북미에 현존하고 있던 아시아, 아프리카, 라틴아메리카로부터 온 광범한 해석자 집단의 존재였다. 이들은 자신들이 새롭게 발견한 정치적 자유와 문화적 신념에 대해서 말해 주지 않는 지배적인 서구의 방법론에 대항해서 대안적 읽기 실천을 찾고 있던 사람들이었다.

탈식민주의 성서비평과 그 관심사들

탈식민주의 성서비평의 일차 목적은 제국과 제국의 관심사를 성서와 성서 연구의 중심에 배치하는 것이다. 이렇게 함으로써 탈식민주의 성서비평은 성서 연구에 새로운 해석학적 의제들을 많이 포함시켰다.

첫째, 탈식민주의 성서비평은 성서에 나오는 제국들의 중요성을 주목하도록 만들었는데, 아시리아, 이집트, 페르시아, 그리스, 로마와 같은 제국들은 성서의 여러 책들에서 중심적인 역할을 하고 있을 뿐만 아니라, 사회적·문화적·정치적 틀을 제공하고 있다. 종교개혁이 주도해 온 성서에 대한 유럽 중심적 태도는 제국의 존재에 대해서 주목하지도 언급하지도 않았다. 주로 유대계 그리스도인들이 회당에 참여하는 문제에 관한 갈등, 이방인 개종자들과 그들을 유대-그리스도교 세계 속으로 수용한 문제와 관련한 갈등, 혹은 율법과 은총과 같은 프로테스탄트 신학과 밀접한 문제 등 내부의 교회론적 문제와 관련된 주제에 모든 에너지를 쏟고 있었다. 주류 학자들이 성서 서사들의 신학적·영성적·역사적 측면에 국한되어 있었다면 탈식민주의 성서비평은 무시되어 왔던 제국과 제국주의 정치학을 포함시켰다. 이러한 점을 추구하면서, 탈식민주의 성서비평은 텍스트를 다양한 방식으로 심문했으며 다음과 같은 질문을 던졌다. 제국은 어떻게 묘사되어 왔는가? 다시 말해, 자애로운 모습인가, 악한 모습인가? 텍스트는 제국이 지녔던 제국주의적 의도들을 지지하는가? 즉, 제국의 의도들이 지속될 수 있도록 돕는가, 아니면 대항하여 투쟁하는가? 저자의 충성심은 어디에 있는가? 말하자면, 제국 권력의 편인가 아니면 제국의 지배를 받는 사람들 편인가? 저자는 점령당한 사람들을 희생자로 묘사하는가 아니면 수혜자로 묘사하는가? 텍스트는 지배받는 이들의 저항을 위한 공간을 제공하는가?

두 가지 예를 들어 보자. 요나서와 같은 텍스트를 읽을 때, 탈식민주의 성서비평은 이 텍스트를 예수의 이야기를 미리 보여 주는 예형론적 문헌으로 읽기보다는 이 텍스트 안에 현존하고 있는 아시리아 제국을 탐구하려 할 것이다. 마찬가지로, 성서학자들 사이에서 마태오복음서를 지역 유대인 집단이나 지역 회당과의 불화에 초점을 맞춘 문헌으로 보는 관행이 있었다. 하지만 탈식민주의 성서비평은 마태오의 복음서를 신학적 혹은 종교적 문헌일 뿐만 아니라 로마제국주의 지배 아래에서 생겨난 문헌으로 간주한다. 그리고 로마제국의 지배가 텍스트에 끼친 곤혹스러운 영향을 살펴보고자 한다. 간단히 말해, 탈식민주의 성서비평의 목적은 성서 저자들의 서사 세계와 제국의 상황이 맺고 있는 여러 가지 불편한 문제로 가득한 관계 안에 성서를 놓아두고 살펴보려는 것이다.

둘째, 탈식민주의 성서비평은 재현에 대한 경계를 늦추지 않으며, 따라서 성서에 대한 주해 작업과 문헌 연구 및 주석서들에서 성서해석자들이 어떻게 제국을 재현하고 있는지 묻는다. 이 해석자들은 서양의 권력들이 가지고 있는 제국주의적 관점 혹은 신식민주의적 충동을 반영하고 있는가? 그렇지 않으면 식민주의적 야망을 뒤흔들고 있는가? 이 해석자들은 땅을 어떻게 재현하는가? 그리고 성서가 땅을 빼앗긴 자들로 언급하고 있는 사람들을 또 어떻게 재현하고 있는가? 이 해석자들의 작품들 안에 어떠한 종류의 동양적 이미지가 나타나고 있는가? 그리고 소위 자유주의적 학자들은 자신들의 작품들 속에서 "게으르고 신뢰할 수 없는" 동양적 '타자'의 이미지들을 명시적으로든 암시적으로든 어떻게 재활용하고 있는가? 이 문제에 관해서는 제4장에서 보다 많은 예들을 가지고 다시 논의할 것이다.

셋째, 탈식민주의 성서비평은 회복의 해석학에 착수해 왔으며 세 가지 임무를 여기서 확인할 수 있다. 첫 번째 임무는 열외로 취급받고, 침묵 당하며, 배제되고, 종종 악의적으로 무시당한 성서의 인물들과 사건들을 복구하고 이들의 품위와 진정성을 복원하는 것이다. 이렇게 주변화된 인물 중 하나가 바로 막달라 마리아이다. 탈식민주의는 버려졌던 마리아 복음서를 사용해 한때 모범적 인물로 그려졌던 지도자가 후기의 남성 그리스도교 작가들에 의해 어떻게 회개하는 죄인으로 바뀌어 왔는지 보여 주고, 이를 통해 막달라 마리아 이야기를 재구성하고자 시도한다. 이러한 시도는 마리아를 여성 영웅이나 이상적 인물로 만들려는 것이 아니다. 초기 기독교 이야기를 구성하는 연속체의 한 부분을 차지하면서도, 공경받기도 하고 인격 훼손을 당하기도 했던 그녀와 같은 인물들이 있었다는 점을 밝히려는 것이다.

두 번째 임무는 한때 식민주의의 지배하에 있었던 사람들이 제국에 대항하면서 만들어 낸 상상 가득하고 기발한 방식들을 발굴해 내고, 선교사들이 부과하고자 했던 해석학적 강요에 대항해서 이들이 어떻게 저항했는지 찾아내는 일이다. 피식민자들이 저항과 응답의 과정에서 성서와 성서의 서사적 힘을 어떻게 활용하고 있는지 보여 주고, 나아가 성서 그 자체가 선교사들의 가르침과 반대되는 대항 서사를 가지고 있다는 사실을 피식민자들이 어떻게 드러낼 수 있었는지 보여 주어야 할 것이다. 이들의 이야기는 선교 문서고에 묻힌 채 썩도록 버려져 있었으며, 또 주류 성서학이 기술적 정교함이 부족하다는 이유로 조사할 만한 가치가 없는 것으로 취급하고 무시했던 이야기들이다. 이 이야기들은 희생자들이 자신들을 억압할 것으로 생각했던 바로 그 서사 안에 자신들의 자리를 어떻게 만들어 내고 있는지 말해 줄 뿐만 아니라, 억압자들에 대항해서 자신들의 불평등한 처지를 변화시키기 위해 어떻게 판세를 뒤집어 놓게 되는지 보여 준다. 성서적 관념인 구원사를 이용해, 식민주의의 희생자들은 식민주의 지배에 대한 저항과 폄하된 자신들의 문화를 방어하는 일을 정당화할 수 있었다. 그리고 그런 예들이 식민주의 시대 해석학을 가득 메우고 있다. 성서에서 인간이 평등하다는 것을 도출해 낸 자메이카의 침례교 집사 샘 샤프(1801-1831)는 노예 소유주들에 대항한 반란에서 침례교 선교사들을 노예들의 동맹자로 간주했다. 자신을 예수의 동생이라 선언한 홍수전(1814-1864)은 만주족인 청나라의 도덕적 부패를 정화하려는 계획을 세웠으며 성서의 가르침에 근거해 태평천국을 창설했다. 해방된 노예인 올라우다 에퀴아노(1745-1797)는 윌버포스가 주목받기 이전부터 노예 해방을 위해 쉬지 않고 일했으며, 노예제 찬성의 근거였던 바오로의 필레몬서를 자유를 지지하는 교본으로 사용했다. 미국 원주민 윌리엄 아페스(1798-1839)는 사람들을 지배하기 위한 수단으로 간주된 성서의 상징들과 이야기들을 비틀어 민중 해방을 위한 무기로 사용했다. 아프리카 독립 교회 개척자 이사야 솀베(1870-1935)는 선교사들에 의해 폄하된 반투족의 몇 가지 문화적 관습을 타당한 것으로 간주할 수 있는 근거를 구약에서 찾아냈다. 사회개혁가이자 활동가인 판디타 라마바이(1858-1922)는 대영성서공회가 산스크리트어와 페르시아어, 아랍어로 어수선하게 펴낸 성서들보다 지역어인 마라티어로 된 성서를 만드는 데 온 힘을 쏟았는데, 여성과 어린아이를 대상으로 삼았으며 읽기가 쉬웠다. 하지만 모든 저항이 그리스도교 성서에 기초해 일어났던 것만은 아니었다. K.M. 바네르지 같은 몇몇 개종자들은 선교사들이 폄하해 온 자신들의 경전 전통을 새롭게 계승할 수 있었다. 덕분에 이들은 자신들의 종교 전통에도 하느님이 현존한다는 것을 주목했을 뿐만 아니라 어떠한 경우에는 자신들의 경전에 있는 영적 통찰이 성서보다 훨씬 계몽적이라고 주장했다. 힌두교의 베다가 더 우수한 희생양 개념을 갖고 있다는 바네르지의 선언은 적절한 예다.

이러한 남성들과 여성들이 텍스트를 선택하고 해석했던 것을 살펴보면, 이들이 텍스트에 숙달했을 뿐만 아니라 텍스트를 뒤집고 자신들의 지배자들에 대항해 텍스트를 충격적으로 사용할 수 있었다는 점을 보여 준다. 이 같은 저항적 담론들은 피식민자들이 서양의 분파주의 및 문화 제국주의가 지닌 기득권적 이해관계로 인해 왜곡되어 온 '복음'을 순수하게 복구하고 회복할 수 있다는 점을 잘 상기시켜 주었다. 하지만 한편으로 이러한 잃어버린 목소리들의 해석학을 기념하고 기리면서도, 탈식민주의 성서비평은 소외당한 이들의 해석들 중 특별히 민족주의적·종파주의적·정체성적 지향이 강한 이미지들을 지지하고 정당화하기 위해 성서의 특정 본문들과 사건들과 인물들을 치켜세우는 해석들에 대해서는 불안과 우려를 가지고 있다.

세 번째 임무는 식민화 과정에 참여했으나 제국의 목적과 논리에 대해 양면적 평가를 하고 있던 선교사들과 유럽인 행정관들이 쓴 해석학 작업들을 찾아내는 일이다. 이들은 제국에 아주 가까이 있었으나 제국의 약탈적 성공을 공유하거나 제국의 어두운 행위에 대해 비난받아야 할 만큼 가까이 있지는 않았다. 이들은 제국의 또 다른 얼굴인 온정주의와 휴머니즘을 보여 주었다. 자기 동포와 의견을 달리하고 내가 반체제적 해석학이라 부른 것과 관계를 맺은 사람들이었다. 이들은 제국의 핵심적인 야망을 흔들어 불확실한 것으로 만들기 위해서, 자신들의 동료인 식민주의자들이 제국을 지지하기 위해 사용했던 것과 똑같은 성서를 사용하였다. 스페인의 도미니코 수도회 신부였던 바르톨로메 데 라스 카사스

(1484-1566)는 토착민들에 대항해 자기 민족이 행한 잔악한 행위에 진저리를 치면서도 성서에서 복음화 혹은 온화하고 친절한 전도 형태를 도출하려 했다. 침례교 선교사 윌리엄 닙(1803-1845)은 유럽의 농장 소유자들에게 맞섰기에 자메이카의 노예들 사이에서 인기가 있었다. 복음 전도회 소속 선교사 존 콜렌소(1814-1883)는 줄루족의 정치적 대의를 지지하고 열등한 것으로 취급되던 줄루족 문화에서 통찰을 얻어 로마서의 바오로와 관련한 몇 가지 수수께끼를 풀었다. 성공회 신부 제임스 롱(1814-1887)은 인도의 벵갈에 있는 교회선교협회를 위해 일했고, 인도 노동자들의 편을 들었으며, 농부들의 곤경을 강조한 『닐 다르판』*Nil Darpan*이라는 희곡을 번역한 일로 인해 감옥에 갔고, 복잡하고 추상적인 율법/은총이라는 바오로의 해석학에 대항했으며, 성서 세계에 입문할 수 있는 쉬운 방법으로 인도의 대중문학을 소개했다. 이들 중 그 누구도 완전한 독립을 찬성하진 않았다. 이들 모두는 그리스도교 메시지가 평화롭고 관용적인 방식으로 설교되는 한, 제국을 정당한 것으로 보았다.

넷째, 탈식민주의는 성서 번역에 개입하여 번역 과정에서 일어난 문화적·신학적 훼손 사례들을 바로잡을 수 있었다. 성서 번역 활동에는 서로 모순되는 두 가지가 있다. 긍정적으로 보면, 번역 활동은 많은 언어에 활력을 불어넣었으며 그 문법을 세련되게 하는 데 도움을 주었다. 하지만 부정적인 측면에서 보면, 그리스도교의 특정한 신학적 가치들을 내세우면서 자행한, 문화적으로 무감각하기 짝이 없는 신학적 주입 행위들은 지역 문화들이 품고 있던 매우 고유한 평등주의적 가치들을 무력화시키는 역할을 했다. 이에 해당하는 한 예로 선교사들이 번역한 쇼나족의 성서를 들 수 있는데, 성별 구분이 없는 쇼나족의 최고신이 남성 신으로 번역되고 말았다. 탈식민주의 번역은 또한 흠정역으로 알려져 있는 킹제임스 번역본(KJV)에도 주목했다. 다양한 서사들과 수많은 의미들로 넘쳐 나는 구전 문화 안에서, 성서를 토착어로 번역하거나, 텍스트들의 본래적이고 문자적인 의미와 같은 개념들을 도입하기 위해, 어떤 기준을 세워야 할 필요가 있는데, 이때 킹제임스 번역본은 이러한 기준들을 세우기 위한 척도로 사용되었다. 이 외에도 탈식민주의 번역은 지금은 기억하지 못하고 있지만 사실은 선교사들과 함께 자국어 성서 번역본을 만드는 데 결정적인 역할을 했던 토착 번역가들을 찾아내기 위한 노력도 한다.

마지막으로, 탈식민주의는 다이스포라, 이주, 다문화주의, 혼종성, 민족성같이 사람들의 이동으로 야기된 사안들을 활기차게 다루어 왔다. 이러한 사안들은 식민주의와 탈식민주의의 결과로 나타난 영향들이다. 서양과 특별히 북미에 상당수의 아시아인과 라틴아메리카인들이 존재한 탓에 오늘날 디아스포라 해석학으로 알려진 새로운 해석학이 탄생하게 되었다. 이와 같은 새로운 해석학적 기획에 참여하고 있는 사람들은 2세대 혹은 3세대 아시아계와 히스패닉계 미국인들과 새로 도착해 서양의 아카데미에 자리를 잡은 전문직 이주자들이다. 디아스포라 해석학은 폭넓은 다양한 종족적 경험들을 수용할 뿐만 아니라 성서에 대한 여러 가지 다른 관점들을 전해 준다. 따라서 이 해석학은 성서의 모든 가르침을 있는 그대로 받아들이는 일에서부터 삶을 고양하는 또 다른 자원인 아시아의 지혜 전통을 지지하기 위해 성서를 복잡하게 만들기도 하고 때로는 거부하기도 하는 일에 이르기까지 다양하다. 귀화 신분을 이용하면서, 이 해석자들은 성서의 서사들 속에 깊이 파묻혀 있던 성서 속 인물들을 새롭게 되살려 내는 읽기를 제안한다. 예를 들어, 판관기 19장에 나오는 이름 없는 첩이라든가, 히타이트 사람 우리야 같은 인물들이다. 미국에서는 이 두 사람이 정체성을 그려내기 위해 애쓰고 있는 급진적 외부자로서 묘사된다. 상상된 광대한 백인 공동체 바깥에 놓이거나 이와 대립하기도 하는 적대적 상황에서, 디아스포라인들의 이와 같은 해석학적 시도들은 자신들의 인종, 종족성 그리고 섹슈얼리티를 이해해 보려는 노력이라고 할 수 있다.

이 외에도, 직업화되고 전문화된 협회들과 집단들을 통해 이루어지고 있는 성서 연구의 공적 성격에 대해서 탈식민주의가 벌이고 있는 정밀한 조사와 검토를 언급할 수 있다. 이러한 연구 조직들은 어떻게 자신들을 구조화하는가? 이들은 누구의 이익에 이바지하는가? 이들은 어떠한 종교적 이데올로기들을 반영하는가? 이러한 학술 모임에서는 어떠한 종류의 비판적 이론들과 읽기의 실천들이 주목을 끄는가? 성서학의 제도화로 인해 성서학 분과가 유순해져서 기존 질서에 순응하고 있는 것 아닌가? 이러한 연구 집단들은 누구의 가치를 재현하는가? 연례적으로 열리는 만남과 모임에서 소수집단의 해석학에 어떤 공간과 시간을 허락하고 있는가?

맺음말

식민주의에 대해 서양의 조직신학자들과 성서학자들이 내보이는 반응은 애처롭다. 대체로 서양의 신학자들은 자유주의적 입장을 반영하고 있는데, 이들의 입장이란, 서양이 자행한 잔학 행위들에도 불구하고, 식민주의는 피식민자들이 처해 있던 후진적 상태보다는 더 낫고, 더 자비롭고, 더 계몽적인 대안을 제공했다는 생각이다. 직설적으로 말하자면, 성서학자들이 이제는 유럽의 제국주의적 충동들과 제국주의적 확장 과정에서 이루어진 성서학 분야의 성장과 공모에 대해서 반드시 말해야 한다.

탈식민주의 성서비평은 갑자기 무대에 등장한 것이 아니다. 이전의 해석학적 전략들로부터 자라난 것이다. 탈식민주의 성서비평은 '민족주의적', '해방운동적', '상황적' 읽기 방법들로부터 발전해 왔으며, 아시아와 아프리카, 라틴아메리카라는 구체적·지리학적 표지들과 밀접한 관련을 맺기도 했으며, '제3세계' 혹은 '3분의 2세계' 혹은 '제4세계' 같은 좀 더 큰 공간적 범주들과 연결되기도 했다. 탈식민주의는 이러한 해석학에서 제기된 사안들에 관여하고 논쟁을 확대해 식민주의뿐만 아니라 식민주의가 사람과 문화에 끼친 후유증도 포함시켰다. 탈식민주의의 독특함은 다른 사람들을 폄하하는 일방적으로 편향된 시각을 가지고 있는 식민주의 담론, 다시 말해 다른 사람들의 문화와 이야기와 텍스트를 관리 감독하는 데 관심을 가지고 있을 뿐만 아니라 마치 모든 권한을 수탁받은 사람처럼 행세하고 싶어 하는 식민주의 담론에 도전하고 그 담론을 바로잡는 데 있다. 또한 탈식민주의는 새로운 형태의 문화적·경제적 제국주의에 대항하는 파수꾼의 역할을 감당한다.

이쯤에서, 탈식민주의 성서비평에 관한 몇 가지 오해를 해명하는 게 적절한 것 같다.

첫째, 대중적 인식과 달리, 탈식민주의는 단순히 반-서양 혹은 반-선교적인 게 아니다. 이 장과 그 밖의 나의 저서에서 모범이 될 만한 선교사들과 식민주의자들의 예를 제공해 왔다. 이들은 자신의 동포들을 따르지 않고 토착민들의 정치적 명분을 지지했을 뿐만 아니라 대체로 승리주의에 도취한 선교사의 해석에 도전을 감행하도록 도와주는 해방적 성서 읽기를 제공해 주었다. 탈식민주의는 승리주의에 도취한 선교사의 유럽 중심주의와 민족주의자들의 토착주의적 수정주의 양쪽을 똑같이 비판하며, 특별히 이들 양쪽이 지식을 형성하고 생산하는 방식에 대해서도 매우 엄격한 비판을 가하고 있다. 그러나 탈식민주의는 자신들의 조상들이 행한 범죄를 이유로 현재의 서양인들이 죄책감을 갖게 만드는 일에는 관심이 없다. 사죄를 요구하는 일에도 관심을 갖고 있지 않다. 탈식민주의의 주된 관심은 '타자'를 폄하하는 서양의 재현과 민족주의 담론이 가지고 있는 고약한 측면들을 바로잡으려는 것이다. 「가디언」의 칼럼니스트 셰이머스 밀른의 말을 인용해 본다면, 또다시 제국주의로 빠져드는 것에 대항해 일종의 "예방접종을 수행하는" 일에 주된 관심을 두고 있다.

둘째, 아시아, 아프리카, 라틴아메리카, 카리브해, 태평양에서 나온 모든 성서해석학 — 혹은 희생자들을 옹호하고 있다고 주장하는 소수자 집단의 해석 — 이 탈식민주의적이지는 않다. 이 형태의 몇몇 저서는 주류의 습관과 전망을 채택하고 모방하며 구조적인 불평등이나 보상을 추구하는 데 관심을 두고 있지 않다.

셋째, 비록 대부분의 성서의 서사가 식민지적 맥락에서 나왔다 할지라도 성서에는 탈식민주의적 연구에 적합하지 않은 많은 자료들이 있다. 모든 성서의 이야기가 정치적 억압과 저항에 관심을 두고 있는 것은 아니다. 몇몇 성서 텍스트가 두고 있는 초점은 탈식민주의의 관심에서 벗어나 있다. 이 같은 한 가지 예로 솔로몬의 노래 아가에 나오는 이름이 밝혀지지 않은 연인들의 관능적 애정 관계를 들 수 있으며, 또 다른 예로 욥기에 나오는 창조의 놀라움에 관한 진술을 들 수 있다.

지난 장 마지막 부분에서 내가 제기한 질문, 즉 탈식민주의가 변화를 만들어 낸 내용이 있는가에 관한 질문은 탈식민주의 성서비평에 대해서도 똑같이 타당하다. 답변은 "그렇기도 하고, 그렇지 않기도 하다"이다. 다른 지역의 해석들은 판에 박힌 듯 아시아와 아프리카 혹은 중국이라는 수식을 달면서도 유럽이나 서양의 해석들은 문화적으로 아무런 조건을 달지 않고 언급하는 관행이 계속되고 있다. 소수집단, 종족 혹은 젠더 연구는 학계가 수용할 수 있는 적합한 자격을 얻으려면, 서양의 전통에서 발전된 규칙이나 범주에 순응해야 한다는 부당한 전제가 아직도 존재한다. 보편적(서양적이라고 읽을 것!)인 것으로 간주되지 않는 것들은 아직도 인류학적이고 원시적이며, 그리고/혹은 사회학적인 것으로 비난을 당한다. 토착민의 저항과 비판적 독립, 상상력은 토착적인 어떤 불쾌한 것이 터져 나오는 것처럼 여긴다. 말투의 변화가 눈에 띈다. 초기에 아시아와 아프리카의 해석을 '진기한', '이국적인', '환상적인', '황홀한' 것으로 묘사했던 서양인들의 생색내는 태도가 정치적 정당성을 추구하는 요즘 시대에서는 '자전적인', '감정적인', '신문 잡지 같은'처럼 좀 더 신중한 표현으로 대체되었다. 초기의 경멸적인 문화적 비난이 담론적 비평으로 바뀐 것이다. 다시 말해, 통제는 계속되고 있지만 귀에는 덜 거슬린다.

탈식민주의 성서비평이 수행한 해석학적 노력들에도 하나의 고정관념을 또 다른 고정관념으로 영구히 대체해 버릴 위험이 존재한다. 식민주의의 하느님을 탈식민주의의 하느님으로, 악한 제국주의자들을 선한 토착민들로, 토착 정보원을 디아스포라 지식인으로 대체해 버릴 위험성 말이다. 이 중에서 특히 마지막 부분은 서양 학계에서 해석학적 작업에 몰두하고 있는 디아스포라 지식인들에게 적절한데, 진부한 말을 사용해 표현해 본다면, 부지불식간에 동양을 재동양화할 수 있기 때문이다.

탈식민주의가 성서 연구에서 이루어 낸 성취는 식민주의와 제국, 제국주의 문제를 끈기 있게 밀어붙여 비판적·지적 토론의 중심을 차지하도록 만들었다는 점이다. 이것은 자유주의적이고 진보주의적이며 객관성과 휴머니즘의 미명하에 작업하는 해석자들도 부지불식간에 지배적 가치들을 강화하고 동양적 이미지들을 토해 내는 잘못을 저지를 수 있다는 것을 환기해 주었다. 탈식민주의 비평은 성서 텍스트와 성서해석과 성서해석자들이 무죄라는 흔한 전제를 노출시키는 데 성공했다. 성서해석은 문화적·정치적 과정의 일부로 이해되고 연구되어야 한다. 탈식민주의적 읽기는 서양의 성서해석이 '타자'에 대해 좀 더 책임 있게 그리고 더욱 민감해지도록 만들었다. 또한 탈식민주의적 읽기는 주류 성서학이 길러 온 사고 및 재현과는 다른 별도의 세계가 존재한다는 것을 상기시켜 주는 역할을 했다. 탈식민주의적 읽기가 성서학에 존재하는 몇 가지 오리엔탈리즘적인 경향들을 주제넘게 조사하고 노출했다고 해서 주류의 입장이 위협받진 않을 것이다. 그러나 적어도 이것은 몇몇 주류 해석자들과 이들의 해석이 서투르고, 오만하며, 둔감한 것으로 보이게 만들었다.

3

탈식민주의 성서 연구
기원과 궤적

랠프 브로드벤트

> 험프티 덤프티가 약간 깔보는 투로 "내가 탈식민주의라는 용어를 쓸 때, 그 단어는 내가 선택한 뜻만을 의미해. 그 이상도 그 이하도 아니야"라고 말했다.
> 앨리스는 "문제는 네가 단어에 그렇게 여러 가지 의미를 부여할 수 있느냐 하는 거지"라며 반박했다.
> 험프티 덤프티가 말했다. "문제는 누가 주인이냐 하는 거지. 그게 다야"라고 말이다.
>
> 『거울 나라의 앨리스』(루이스 캐럴에게 사과를 전하며)

이 장의 목적은 탈식민주의 성서비평의 기원과 주요 주제를 간략하게 개관하는 데 있다. 탈식민주의 성서비평은 최근에 대두한 성서 읽기 방법들 가운데 가장 흥미로운 방법론이다. 이 읽기 방법은 성서 텍스트와 주석에 대해 불과 몇 년 전만 해도 상상할 수 없었던 도전과 통찰, 새로운 사고방식을 제공해 주었다. 세속 학문 분야에서 탈식민주의 비평이 그러했던 것처럼, 탈식민주의 성서비평도 전통주의자들을 격분하게 하기도 했고, 아카데미 내에서 이뤄지던 기존의 일처리 방식을 문제 삼기도 했다. 2장 끝부분에서 언급한 것처럼 이 방법이 얼마나 성공적이었는가 하는 것은 또 다른 문제이다.

그렇다면, 탈식민주의 성서비평이란 정확히 무엇인가? 이 책의 처음 몇 장에서 루이스 캐럴의 소설 속 등장인물들이 직면했던 딜레마가 분명하게 드러날 것이다. '탈식민주의'라는 용어가 뜻하는 바는 정확히 무엇인가? 신학이나 성서 밖의 '세속적' 탈식민주의 논의에서도 다양한 변종들이 나타났던 것처럼 탈식민주의 성서비평에도 같은 현상이 나타난다. 어떤 경우에는 탈식민주의 성서비평이란 막연히 일종의 제3세계적 맥락에서 기원했다고 여겨지는 성서 주석을 의미한다. 이는 역사비평적인 비평 방법론이 비유럽 문화적인 외관을 거의 가지고 있지 않다고 말하는 것과 같은 형식이다.[1] 또 어떤 경우에는 탈식민이라는 것이, 학자들이 탈식민 이론의 난해한 측면을 이해하기 위해서 단지 이론적 정리 요약 작업에만 매달릴 수 있는 구실을 제공하기도 한다. 중세의 천사론에서 제기되는 복잡한 신학적 질문들이 명료함과 우아함과 밝음을 드러내는 모델이기나 한 것처럼 이론적 정리에만 집착하게 만드는 경우가 있다. 이와 관련해서는 "지금은 거울을 통해 어렴풋이 보지만, 그때에는 얼굴과 얼굴을 마주 대할 것"(1코린 13,12)이라는 바오로의 말이 적절한 충고가 될 것이다.

그러나 이런 둔감함과 모호함의 요소들이 탈식민주의 성서비평이 제기한 급진적 도전들을 숨기고 가리는 역할을 한다면, 그것은 매우 불행한 일이 될 것이다. 이 장에서는 탈식민주의 이론과 성서학이 어떻게 상호작용했는지 전체적으로 개관해 보게 될 것이다. 첫 부분은 (이론적 복잡함에도 불구하고) 이 이론을 사용한 초기의 시도들을 검토할 것이다. 그다음에는 등장했던 주요 주제들을 통찰할 수 있도록 (예를 들어 '탈식민주의와 페미니스트 주석'과 같은 제목으로) 주제별 논의가 이어질 것이다.

기원들

예상할 수 있는 바와 같이, 탈식민주의 성서비평에도 복수의 다양한 기원들과 선구자들이 있다. 그러나 연대기를 엄격히 따져 묻는다면, 성서학을 위한 성공 가능한 기획으로서 탈식민주의 성서비평학의 윤곽을 보여 준 최초의 체계적인 시도는 1996년 『아시아 신학 저널』에 수기르타라자가 게재한 글이었다.[2] 제국주의와 식민주의를 진지하게 다룬 다른 중요한 저서들 또한 이 시기에 나타났다. 필립 치아의 「주체를 명명하는 일에 관하여: 다니엘서 1장 탈식민적 읽기」, 키스 와이트럼의 『고대 이스라엘의 발명』, 마이클 프라이어의 『성서와 식민주의』, 리처드 홀슬리의 『바오로와 로마제국』이 이에 속한다.[3] 흥미롭게도, 홀슬리의 저서를 제외한 나머지 책들은 북미 바깥에서 나왔다. 아래에서 이 저서들을 탈식민주의 성서비평의 확산에 중요한 촉매 역할을 한 성서 학술지 『세메이아』 한 권과 더불어 다시 살펴볼 것이다. 그러나 출발점으로 앞에서 언급한 수기르타라자의 논문을 검토하여, 초기의 평가 기준이 되는 자료로 사용할 것이다. 먼저 수기르타라자가 이 글에서 어떤 제안을 하고 있는지 살펴보고, 이어서 이 장을 전개시켜 가면서, 그 이후 15년 정도에 걸쳐서 봇물 터지

듯 쏟아져 나온 자료들이 수기르타라자의 제안들을 어떻게 취급하고 어떻게 변화시키고 발전시키고 도전해 왔는지 살펴볼 것이다.

탈식민주의 성서 연구가 언제 그리고 어떻게 기원했는지 묻는 질문에 답해야 한다면, 적어도 한 가지 답변은, 지금은 없어졌지만 허드슨 서점으로 불린 버밍엄 서점에서 이루어진 수기르타라자와 에드워드 사이드의 저서 『오리엔탈리즘』 간의 우연한 만남이라고 해야 할 것이다. 이 만남이 최초의 글, 「오리엔탈리스트에서 탈-식민까지: 읽기의 실천에 관한 노트」를 쓸 수 있는 기초를 제공했다.

이 글은 이미 존재하고 있는 성서해석의 범주와 스타일들을 '오리엔탈리스트 해석', '앵글리시스트 해석' 그리고 '토착주의적 해석'이라는 세 가지로 강조해 보여 주면서, 이 셋의 경쟁적이면서도 한계에 갇힌 주장들을 넘어서 앞으로 나아갈 수 있는 한 가지 가능한 길, 곧 탈식민적 읽기를 대안으로 제시한다.

첫째, 오리엔탈리스트적인 읽기와 해석은 "힌두교의 베다 텍스트와 성서 이야기 간의 상호 연결성"[4]을 보여 주려고 노력한다. (사이드가 확인한 바와 같이) 제국주의 시기 동안 유럽의 오리엔탈리스트들이 주도한 동양학 전통 역시 고대 인도의 언어와 전통을 복구하려고 노력하였는데, 그들은 인도인들을 위해서 전통을 통제하여 형태를 부여해 주고, 나아가 그 전통들에 대해 (그리고 원주민들에 대해) 자신들이 권력을 행사해야 한다는 관점을 가지고 그렇게 하였다. 마찬가지로, 성서의 오리엔탈리스트적 해석이 가지고 있는 한 가지 중요한 목표도 브라만 전통을 복구하여 그와 같은 인도의 경전적 전통들이 ― 히브리 성서는 제쳐 놓은 채로 ― 신약성서의 기독교와 어떻게 연결되는지 보여 주는 것이다.

둘째, '앵글리시즘'anglicism은 이와 다른 접근을 취했다. 이 읽기 방법은 "역사비평이라는 형태를 가진 서구적 읽기 기술 … 신학적으로 하나로 통일된 전체, 곧 신학적 통일체로서 성서에 속하는 여러 주제들로 둘러싸인 위엄 가득한 성서신학 … 서사들은 이미 결정된 의미들을 가지고 있는 것이며, 그래서 텍스트의 바로 그 (이미 정해져 있는) 의미를 찾는 일에 참여해야 한다"[5]는 생각과 함께 인도에 수입되어 들어왔다. 그 결과는 (인도의 모든 글들을 다 합쳐 놓아도 책장 한 칸 분량의 서양 책 가치만 못하다고 했던 매콜리의 인용문이 말해 주듯이) 인도의 종교 텍스트는 가치 없는 단순한 신화나 우화라는 낙인찍기였다. 새로운 의미는 지속적인 이야기하기 혹은 이야기 바꾸기를 통해서 온다고 보았던, 매우 유동적이고 가변적인 인도의 이야기 전통은 이제 소위 객관성이라는 것에 의해서 대체되었고, 진리는 더 이상 인도와 인도 전통에서 발견될 수 없는 것이 되었으며, 인도가 아닌 다른 곳, 다시 말해 히브리와 헬라적 전통으로부터 와야 하는 것이 되었다. 수기르타라자가 지적한 것처럼, 대부분의 전통적인 서구 성서비평가들을 행복하게 할 수 있을 정도로 충분히 불트만이나 케제만 같은 이름들을 자주 보게 되는 인도의 학술 잡지 『바이블 바샤암』*Bible Bhashyam*에서는 아직도 이러한 앵글리시스트적 접근이 사용되고 있다.

셋째, '토착주의'는 조금 전에 살펴본 두 가지 접근에 대한 응답이다. 거창하고 박식한 산스크리트 이론과 밀도 높은 서양의 아카데미 이론에 식상한 사람들은 자신들만의 "공연 전통과 토착어로 된 텍스트 전통"[6]에 의존했다. 조금 후에 살펴볼 예정이지만 비록 단점이 있다 할지라도 토착주의는 해방적 접근으로 간주될 수 있다.

수기르타라자는 이러한 접근들에 대한 하나의 응답으로 탈식민주의적 접근을 제안한다. 이 새로운 접근은 "유럽의 보편주의적이고 전체주의적인 해석 형태들"에 도전한다. 이 접근은 다른 해석 양식들이 표방하고 있는 근대주의 가치들, 예를 들어 '객관성 및 중립성'을 "정치적·종교적·학문적 권력의 표현"으로 여긴다. "진리가 배치되고, 구성되고, 협상된다는 점을 지각"하게 됨으로써 근대주의적 가치들이 도전을 받게 되었다. 또한 이 접근은 숨겨진 혹은 눈에 보이지 않는 집단, 즉 "여성들, 소수자들, 불이익을 당하는 자들, 난민들"의 이야기와 말을 강조한다. 탈식민주의적 읽기가 갖는 다른 두 가지 특징은 "텍스트에서 대립되는 혹은 저항하는" 목소리들이 강조되고 그리스도교의 성스러운 텍스트가 힌두교와 불교, 유교의 성스러운 텍스트들과 나란히 놓인다는 점이다.[7]

수기르타라자의 이 짧은 글에 탈식민주의 성서해석의 최초 선언으로 명명될 수 있는 어떤 것이 담겨 있다. 이것은 서양의 전통적 주석에 일련의 도전을 제기한다. 진리는 텍스트에 한정되어 있지 않으며 하나가 아니라 많은 형태를 취할 수 있다. 그리스도교 이외의 성스러운 텍스트들은 그리스도교 텍스트만큼이나 중요하다. 성서 텍스트는 독특하거나 진리의 유일한 담지자가 아니다. 변방으로 밀려난 사람들의 목소리를 듣고 되찾아야 한다. 그러나 이 글에서는 서양적·근대적·앵글리시스트적 전통뿐만 아니라 낡아 빠진 동양학 전통과 좀 더 최근의 토착주의 전통에 대해서도 비판을 가한다. 동양이든 서양이든 모든 읽기가 비판에 놓인다. 서양적이며 주석이 과도하게 달렸다고 해서 반드시 진리를 담보하지 않는 것처럼 어떤 것이 '토착적'이기 때문에 좀 더 진실하거나 권위적인 것도 아니다. 조금 후에 알게 되겠지만, 이러한 주제들이 점차 발전되고 세련되어지지만 결정적인 것은 수기르타라자가 프로그램에 입각한 일종의 틀을 발전시켰다는 사실이다.

수기르타라자의 최초의 선언이 나왔던 바로 그해에, 키스 와이트럼의 책 『고대 이스라엘의 발명』이 '침묵당한 팔레스타인의 역사'라는 다소 논쟁의 여지가 있는 소제목과 함께 출판되었다. 탈식민주의 성서학의 발전 과정을 다루고 있는 다양한 해설들이 이 책을 언급하고 있지 않다는 점은 주목할 필요가 있다. 한편으로, 그렇게 된 것도 역사적 우연들 중 하나라고 생각해 버릴 수 있을 것이다. 하지만 다른 한편으로 보면, 탈식민주의 성서 연구에 참여한 학자들 대부분이 히브리 성서학자들이 아니라 신약성서 전문가들이었다는 점 때문일 수도 있고, 혹은 이 책의 전체 논의가 너무나 강렬해서 다루기 어려웠는지도 모른다. 이유야 어찌 되었든 와이트럼은 구약학에서 통용되고 있는 많은 것들이 이데올로적 편견에 물들어 있음을 길고 자세하게 묘사했다. 우리의 관점에 따르면, 중요한 것은 이 책이 에드워드 사이드의 탈식민주의 저서와 인도에 기반을 둔 서발턴 연구 집단의 저서를 상세히 참고하고 있다는 점이다.[8]

와이트럼은 약속의 땅 가나안에 이스라엘 백성이 도착한 일을 설명하기 위해 학자들이 제시한 세 가지 주된 고대 이스라엘 역사 모델 내지는 학파를 간략하게 설명한다. 그 세 가지 모델은 알트와 노트의 '평화적' 이주/침투, 올브라이트와 브라이트의 정복/침략 모델, 멘델홀과 갓월드의, 역사유물론적 읽기에 의해 추동된 내부적인 종교적 혁명 혹은 농부들의 반란 모델 등이다.[9] 와이트럼의 논점은 고대 이스라엘을 설명하는 이러한 그림들은 고고학적이든 텍스트적이든 증거에 근거한 학문적 연구 결과가 아니라 이데올로기적으로 추동된 구성물이라는 것이다. 그러므로 "고대 이스라엘은 유럽의 국민국가에 의해 발명되었다".[10] 와이트럼은 다음과 같이 주장한다.

성서 연구의 추동력은 고대 이스라엘을 서구 문명의 뿌리로 탐구할 필요성, 다시 말해 히브리 성서를 생산한 집단 속에 담긴 그리스도교 신학의 독특한 뿌리를 찾으려는 신학적 요구에 의해 강화되어 왔다. 이것은 현대 이스라엘 국가의 설립과 함께 다시 강화되어 깊은 과거 속에 파묻힌 이스라엘 민족의 정체성을 찾기 위한 이스라엘 학자들의 연구를 낳았다.[11]

주관적이고 무의식적인 요소들이 고대 이스라엘에 대한 상상된 과거를 구성하는 데 핵심적 역할을 했다는 것이 분명해지는 상황에서도, 객관적 학문의 아우라를 계속 발할 수 있었던 성서학의 담론적 힘 말이다.[12]

그러므로,

다윗 '제국'이라는 망상, 즉 현대 이스라엘 국가를 철기시대로 투입하는 것은 이 지역의 역사 재현을 완전히 왜곡하고 있다.[13]

와이트럼은, 이 모든 시도들 속에서, 유럽 식민주의의 이데올로기와 권력 그리고 역사를 이데올로기적으로 구성하는 능력에 관한 사이드의 연구와 맞는 매우 조심스럽게 만들어진 한 예를 제공하고 있다. 그리고 수몰된 고대 팔레스타인의 역사를 복구하려는 시도 속에서 (아래로부터의 역사를 말하는) 서발턴 연구 집단의 저서를 활용하고 있다. 와이트럼의 책이 출판되고 나서 몇 년이 지난 후 히브리 성서에 관한 또 다른 책으로 우리야 킴의 『요시야를 탈식민화하기』가 나왔는데, 와이트럼이 제공한 몇 가지 통찰에 근거하면서도 해석학적 도구로서 아시아계 미국인들의 상황을 사용하였고, 나아가 다른 많은 것들 가운데 특별히 역사 쓰기의 기술에 대해서 탈식민주의적 관점에서 파헤치고 있다.[14]

와이트럼의 책과 마찬가지로, 마이클 프라이어의 1997년 저서, 『성서와 식민주의』에는 '도덕적 비판'[15]이라는 중요한 소제목이 붙어 있다. 무어는 이 책 역시 "탈식민주의 성서비평에서 마땅히 받아야 할 관심을 제대로 받지 못한 책"[16]이라고 올바르게 지적한다. 사이드의 저서를 언급하고 있을지라도(그러나 흥미롭게도 『오리엔탈리즘』은 언급하지 않는다), 프라이어의 주된 관심은 히브리 성서의 몇 가지 핵심 주제, 다시 말해 신의 명령으로 이뤄진 것이라고 주장되는 '땅', '출애굽', '정복', '가나안 및 가나안 백성의 파괴'와 같은 몇 가지 핵심적 주제가 어떻게 현재 이스라엘/팔레스타인에서 일어나고 있는 사건을 지지하는 패러다임에 동원되었는지를 밝히는 데 있었다. 그리고 보다 앞서서는 이 주제가 라틴아메리카와 남아프리카에서 이뤄진 그리스도교 선교를 위한 패러다임으로 기능했다는 것을 폭로하고 있다.[17] 프라이어는 성서적으로 영감받은 주제들이 행사해 온 영향력과 세속적 인권법들이 끼친 영향력을 대조한다. 그러고는 성서비평가들이 성서 본문에 대한 비평을 피하고, 또 불의를 폭로하는 일에 적극적으로 참여하지 못한 자기 자신들에 대한 비판을 피하는 일이 어떻게 가능할 수 있는지 묻는다. 프라이어에게는 성서학자가 "동시대의 실제적인 문제들을 중요하게 다루기보다는 그것으로부터 학문적 거리를 유지해야 한다는 주장은 정당화"[18]될 수 없다. 여러 가지 면에서 무비판적으로 출애굽 패러다임을 자신들의 신학을 지지하는 기본적 토대로 채택한 해방신학자들의 경우에도 이와 비슷한 문제가 나타난다. 프라이어에게 성서는 의문의 여지 없이 제국주의자의 텍스트였다.

그는 이렇게 적고 있다.

우리가 지금까지 논의한 바와 같이 식민적 모험을 합법화하는 문서로 성서를 사용하면서, 성서 텍스트가 아무런 권위도 갖고 있지 않았던 사람들의 이익에 반해서 성서를 적용한다는 것은 어불성설이다. 그리스도인이나 유대인과 같은 외부자들이 성서가 어떤 권위적 위치도 갖지 않는 백성에게 성서의 세계관을 적용한다는 것, 그것이 바로 종교적·정치적 제국주의의 명백한 한 예다.[19]

그러나 프라이어는 단순히 그리스도교 성서만을 비판하지 않는다.

역사적 견지에서, 정의와 평화를 촉진하고 인권의 책무를 지지하기 위해 토라와 쿠란, 성서가 표방하는 가치들에 의존할 수 있는지 물어야 한다.[20]

여기서 프라이어는 중동의 문제들에 연루된 주요 종교 텍스트들의 복잡한 특징을 조사하고 특별히 일반적인 인권법이 갖는 강점과 유용성에 비추어 이 텍스트들의 유용성을 심문한다.

소개할 만한 세 번째 유명한 글은 홍콩 저널 『지엔다오』建道學刊에 처음 실렸던 것으로, 「주체를 명명하는 일에 관하여: 다니엘서 1장 탈식민적 읽기」라는 글이다.[21] 이 글은 1997년 7월 1일 홍콩이 대영제국의 식민통치에서 중국 신제국주의의 지배로 넘어가는 날에 나왔으며 이 사건의 영향을 받았다. 치아는 이렇게 쓰고 있다.

백 년 이상 동안 영국 국민으로 명명되었다가, 홍콩의 통치권이 중국으로 귀속될 때엔 이름이 다시 바뀌고, 그리고 영국의 식민지 여권을 소유한 중국 국민으로 귀속될 때엔 혼종의 정체성을 지닌 국민으로 개명될 홍콩을 기억하며 이 글을 헌정한다.[22]

치아는 프란츠 파농의 저서들 가운데 『대지의 저주받은 자들』과 『검은 피부, 하얀 가면』, 이렇게 두 작품을 언급한다. 파농의 통찰을 빌려, 치아는 홍콩이 신식민주의의 대상이 될 때 다니엘서 1장이 홍콩에게 탈식민주의의 교훈을 안겨 줄 것이라고 주장한다. 다니엘이라는 인물은 "식민주의자들의 지배 권력"에 저항하도록 해 준다.[23]

다니엘서 1장을 상세히 주석하면서, 치아는 애써 다니엘의 저항 이야기를 찾아낸다. 첫 몇 구절에 피식민자들의 목소리를 듣도록 해 주고 "우월한 주체로서의 피식민자들의 정체성"을 분명히 해 주는 장면이 설정되어 있다.[24] 이러한 탈식민주의적 읽기에서는 네부카드네자르의 식민화 전략이 드러난다. 이것은 엘리트와 백성을 분리함으로써 시작하는 기획, 다시 말해 분할과 지배의 식민주의 전략이다. 이 소규모의 엘리트들은 칼데아어를 배우고 칼데아 문화에서 교육받도록 요구받을 것이다(인도의 엘리트들이 영국의 지배 동안 영어로 가르침을 받고, 파농이 글을 쓸 당시 알제리의 엘리트들이 프랑스어로 가르침을 받았듯이). 이것이 노리는 효과는 토착 문화를 억압하거나 그렇지 않다면 완전히 열등한 것이라고 딱지를 붙이는 반면에 제국의 문화는 강화하고 우월한 것으로 명명하는 데 있다. 게다가 이런 식으로 교육을 받은 사람들은 칼데아 이름을 부여받거나 받아들이도록 요구받는다. 그리고 이를 통해 식민주의자들은 의미를 통제하는 권력을 얻는다.[25] 이로 인해 피식민자들은 결국 혼종의 정체성을 갖게 될 것이다.

그러나 피식민자들에게도 저항은 가능하다. 다니엘과 그의 친구들은 왕이 제공한 기름진 음식과 술을 평범한 채소와 물로 교체해 버린다. 그래서 이들의 건강과 외모는 당시의 칼데아 사람들보다 눈에 띄게 더 좋아졌다.[26] 결국 이는 성공적 저항으로 이어진다. 다니엘과 친구들이 왕에게 온갖 질문을 받았을 때, 이들은 토착 칼데아인들보다 더 지혜로운

것으로 드러났기 때문이다.[27]

네 번째로 소개할 만한 텍스트는 리처드 홀슬리가 편집해 모은 『바오로와 로마제국』이다. 이 책은 중요하다.[28] 왜냐하면 이것은 '제국 연구'로 알려지게 된 것의 시작을 나타내기 때문이다. 그리스도교를 전적으로 유대교와 비교해 읽는 대신, 그리스도교 역사는 이제 로마제국의 역사와 비교해 읽을 수 있는 것으로 간주된다. 이러한 종류의 탈식민주의 성서 연구는 적절한 때에 다시 논의할 것이다. 우선, 홀슬리의 서문에서 가져온 아래의 인용문은 무엇이 제기되고 있는지에 대한 맛보기를 선사한다.

> 그리스도교는 제국의 산물이었다. 역사의 큰 아이러니는 기존의 제국의 종교가 되어 버린 그리스도교가 처음에는 반제국 운동으로 시작했다는 점이다. 몇몇은 여전히 예수를 위험하지 않는 종교 교사로 간주했을지라도 점차 많은 사람들에게 그가 이스라엘 쇄신 운동, 즉 예루살렘 사제 귀족들뿐만 아니라 로마의 지배에 대항한 운동을 촉진했다는 점이 명확해지고 있다. 몇몇은 여전히 루터신학이라는 렌즈를 통해 바오로를 읽을지라도, 그리스도가 재림할 때에 '이 악한 세대'가 근절될 것이라는 기대 속에 바오로는 테살로니카와 필리피, 코린토와 같은 도시의 공식 '의회들'의 대안 격인 에클레시아(교회)를 열방들 가운데 사력을 다해 세우고 있었음이 점차 분명해지고 있다. 갈라티아서 3장 28절에서 바오로가 인용하는 세례 예식문에 표현되어 있는 것처럼, "지나가 버리는 … 이 세상"(1코린 7,29.31)의 주요한 사회적 분열은 이제 막 발생하고 있는 이 같은 대안적 사회 공동체들에서는 극복될 것이다.[29]

홀슬리가 제안하고 있는 것은 초기의 바오로 그리스도교 공동체가 어느 정도 반제국주의적 성격을 띤 저항 집단이었다는 점이다. 이런 식의 사고는 분명히 크로산과 같은 인물들이 앞서 발표한 복음서에 관한 초기 저작을 발판으로 삼고 있다.

　탈식민주의 성서비평의 기원을 논하는 이 대목에서 내가 언급하고 싶은 마지막 텍스트는 학술지『세메이아』제75권으로 로라 도널드슨이 편집한「탈식민주의와 경전 읽기」이다. 이 책은 종종 탈식민주의 성서 연구를 위한 기원 격에 해당하는 텍스트로 간주되며 또한 이 책이 인쇄된 시기(1996)가 그러하다는 점을 시사한다. 그러나 특별한 잡지 시리즈가 갖는 성격이 그렇듯, 연대기적으로 이것은 이미 언급된 몇몇 저서들보다 좀 더 나중인 1998년 2월까지도 공식적으로 등장하지 못했다.[30] 그러나 연대기야 어떠하든 간에 이 책은 성서와 탈식민주의에 대한 다양한 글을 담고 있다. (흥미롭게도 아이오와대학교에서 주류 성서 연구가 아니라 영어, 여성 연구, 아메리카 인디언/토착민 연구를 가르치는) 이 책의 편집자는 수록된 글들이 "비판의 초점을 제국주의와 신식민주의, 유럽 중심주의"에 두고 있다는 점에서, 그리고 사이드의『오리엔탈리즘』에 영향을 받아 그런 주제들이 "문헌적 · 신학적 형태들 속에 어떻게 구체화되었는지" 조사한다는 점에서 서로 연결되어 있는 것으로 보았다.[31] 프라이어처럼, 그녀도 출애굽 전통이 해방에 적합한지 의문을 제기하고(그녀 자신이 토착 아메리카 전통을 물려받았다는 점, 그리고 출애굽 전통이 유럽의 북아메리카 식민화를 정당화하기 위해 어떻게 사용되어 왔는지 고려하면 예상하지 못할 바는 아니다)[32] 식민주의와 관련해 많은 열정을 지닌 여성학자들의 "근시안적 생각"을 지적했으며,[33] 대위임명령(마태 28,19-20)과 이것이 제국주의 정복과 맺고 있는 관계를 조사할 것을 요구했다.[34]

　『세메이아』제75권에 실린 존 버키스트의 글은 해결하기 어려운 성서의 성격을 한층 더 깊이 보여 주는 데 이바지했다.[35] 버키스트는 '제2성전' 시기(유배기 이후 예루살렘 성전을 재건설하는 시기)에 관한 글을 쓰면서, 종종 학자들은 유다가 페르시아제국의 통제를 받았을지라도 유대교는 여전히 종교적 자유를 누렸다는 식으로 가정해 왔다고 비판한다. 그러나 우리가 사이드의 통찰(특히 그의 『문화와 제국주의』)을 진지하게 다룬다면, 그와 같은 '종교적' 자유가 존재했을 것 같지 않다. 종교를 포함한 모든 것이 이데올로기적이며 제국의 권력에 의해 통제된다. 그러므로 이 시기에 권위 있는 구약 경전을 만들고자 했던 최초의 움직임은 키루스와 그의 제국에 권력을 부여하기 위해 고안된 제국주의적 행동, 다시 말해 식민화 기획이었다.[36] 버키스트가 말한 것처럼, "경전은 권력, 특히 제국주의 권력의 기능이자 표현이다".[37]

이 글의 또 다른 곳에서, 버키스트는 탈식민주의가 "오늘날 세계에서 식민화가 끼친 영향을 기술해 내는 학문적 작업이나 탈식민화라는 윤리적 목표를 성취하고자 한다면 신중한 계급 분석의 도움을 받을" 필요가 있다고 주장한다.[38] 이 대목에서 버키스트가 취한 언어는 명확히 그람시와 알튀세르와 같은 사상가들을 분명하게 반영하고 있다(예를 들면, '사회적 생산력', '이데올로기적 상부구조').[39] 성서 정경을 완전히 재평가하기를 강력히 요청하면서 버키스트는 자신의 글의 결론을 맺고 있는데, 다음과 같이 몇몇 대목은 인용할 만한 가치가 있다.

> 정경을 탈식민 문학으로 이해하고자 한다면 발전 중인 정경을 절대시하는 주장들을 포기하는 일이 먼저 수반되어야 한다. 더 이상 우리는 유다의 종교적 헌신이 사회 내에 존재했던 궁극적 힘이었다고 주장할 수 없다. … 마찬가지로 유배기 이후의 회복이라는 허구도 거부되어야 한다. … 유배 갔

던 어떠한 사람도 돌아오지 않았다. 이들의 몇몇 자녀들과 손자들이 에후드에 식민주의자로 돌아왔을지라도 말이다. 마스터플랜은 없었다. 다만 식민주의적 충동이 있었으니, 그것은 여러 면에서 페르시아 제국주의가 다른 이웃 지역에서 시행했던 것과 똑같은 양태를 취했다.[40]

보다시피, 경전의 권위, 일반적으로 인정되는 구약의 역사성, 이데올로기의 역할, 성서학자의 역할을 질문하고 탐구하고 있기에 버키스트의 글은 탈식민주의의 전망을 이어 가며 발전시킨다.

식민주의와 관련해 여성학자들이 '근시안적인 생각'에 빠져 있다는 도널드슨의 비난에서 자유로운 여성학자가 한 사람 있다면 보츠와나 출신의 무사 두베를 꼽겠다. 「탈식민화를 위한 읽기」라는 그녀의 글은 요한복음서에 나오는 사마리아 여성에 관한 이야기를 분석한다. 이 글에서 사이드를 언급하면서 두베는 요한복음서가 사마리아 여성을 식민화될 필요가 있는 텅 빈 어떤 것으로 묘사한다고 주장했다. 이것은 유럽의 역사에서 식민화가 절정이던 시기에 제국주의 권력이 식민화된 땅을 묘사하기 위해 사용한 용어였다. 다시 말해, 땅은 텅 비어 있었으며 그 땅에 살던 소수의 토착민들은 제국주의 권력자들에게 도와달라고 간청했다는 것이다. 물론 탈식민주의 비평은 식민화된 민족들을 바라보는 이러한 시각이 제국주의적 확장을 뒷받침하기 위한 이데올로기적 구성물이라는 점을 보여 주었다. 그러나 여기에는 아이러니가 존재한다. "요한계 공동체 역시 팽창 이데올로기를 받아들이고 있다는 것이다. 그들 자신이 제국주의적 팽창의 희생자들이며 해방을 위해 투쟁하고 있다는 사실에도 불구하고 말이다."[41] 다시 말해, 요한계 공동체는 로마에 의해 식민화되었음에도 사마리아 공동체의 식민화를 기뻐한다는 점이다.

나아가 요한의 복음서에 간직된 이러한 식민화 패러다임은, 나중에 "그리스도교 제자들/독자들/신자들이, 공개적으로 제국주의적 가치를 쫓는 문학적 유행을 따라서, 그리스도교 국가들을 위해, 다른 외국의 땅으로 여행하고, 들어가고, 교육하고, 수확하는 일을 할 수 있는 성서적 권위를 제공해 주었다"고 무사 두베는 주장한다.[42] 그녀는 사마리아 여성에 관한 이야기(요한 4장)를 다음과 같이 분석함으로써 이러한 주장을 뒷받침한다.

사마리아 여자는 무지한 토착민(10절)이자 도움을 필요로 하는 사람(10절)으로 묘사되어 있다. 그녀는 도덕적·종교적으로 결핍된 인물로 그려진다. 다시 말해, 그녀는 다섯 명의 남편과 살았고, 지금 살고 있는 이도 자신의 남편이 아니며(17-18절), 무엇에 예배해야 할지도 모른다(22절). 이와 반대로, 뛰어난 여행자인 예수는 아는 것이 많고(10.22절), 막강하며(14.25.42절), 그녀의 과거에 대해 모든 것을 알고 있으며(17-18.29절), 그녀의 사회를 잘 알고 그에 따라 답을 제공해 준다(21-26절). 그리고 그녀와 그녀의 사람들을 가르친다(21-23절). 사마리아 여자의 무지는 한심하다. … 여기서 여성 젠더를 사용함으로써 무지는 더욱 심화된다.[43]

최종적으로 두베는 중요한 논점 하나, 즉 "요한의 예수는 세상의 구원자로서 황제의 칭호를 표방하며 부상한다"라고 썼다.[44] 요한 공동체는 로마 황제를 대체하기 위해 새로운 황제를 취임시켰다. 이 주제는 탈식민주의 주석의 핵심이 될 것이다.

이 책에 실린 다른 글들은 탈식민주의 주석과 해방신학의 관계와 관련해 여러 가지 의문을 제기했다. 헥터 아발로스는 탈식민주의 문학은 구티에레즈, 세군도와 같은 해방신학자들의 저서나 카르데날의 시편을 포함해야 한다고 주장한다.[45] 킴벌리 레이 코너는 흑인 노예 영가 전통을 탈식민주의 전통에 속하는 것으로 간주한다. 노예들은 역사의 외부에 적혀 있으며, 그래서 역사에 결과적으로 어떤 영향도 끼치지 못하고 있다. 그러므로 영가는 "자신의 길을 역사 안으로 되돌려 놓을 수 있는 매우 어렵고도 복잡한 방도"를 보여 준다.[46] 피식민자들은 어떻게 저항할 수 있는가, 혹은 탈식민주의적 용어로 바꿔 본다면 서발턴은 어떻게 말할 수 있는가?

이 책의 마지막 부분은 이 책에 실린 글들에 대한 반응을 수록하고 있다. 특별히 주목할 점은 엘사 타메즈의 반응이다. 그녀는 객관성과 보편성을 믿는 식민주의자들의 성서 읽기와 계급, 인종, 혹은 젠더 때문에 차별을 겪은 사람들의 대중적 읽기 사이에는 차이가 있다고 말했다. 후자의 읽기는 객관적 읽기라는 식민주의적 신화에 도전할 뿐만 아니라, "반식민주의적 관점에서 읽힐 때에도 스스로를 성스러운 텍스트들"이라고 말하는 신화에 도전한다.

이것은 해석학적 전투가 지배적인 서양의 문화로 짜여 있기 때문이다. 일상의 경험과 다른 세계의 관점, 신에 대한 다양한 경험은 성서 읽기에서든 성서 텍스트 그 자체에서든 자기 자리를 찾지 못했다. 텍스트 재구축이라는 새로운 이론들이 적용될 때에는, 정경의 경계를 가로지르기, 다른 텍스트들을 찾아내기, 포괄적 범주들이 담긴 새로운 복음서 쓰기가 중요하다.[47]

여기서 타메즈는 적어도 부분적으로는 해방신학 주석과 탈식민주의 주석 간의 차이에 관한 질문에 하나의 답을 제공하고 있는지도 모른다. 해방신학 주석은 전통적 주석이 처한 어려움을 잘 인식하고 있으며 따라서 이러한 결함들을 고치려 할 뿐만 아니라 성서 텍스트를 구해 내려 애쓴다. 탈식민주의 주석은 주석이 유일한 문제가 아니라는 점을 깨닫고 있다. 실질적인 문제점은 성서 텍스트 그 자체가 많은 사람들의 필요와 경험에 응답하기란 충분하지 않다는 것이며 그렇기에 한쪽으로 제쳐 놓고 새로운 텍스트와 경전을 쓸 필요가 있는지도 모른다는 것이다. 경전을 구출하든 그렇지 않든, 경전에 대한 이러한 양면성은 때로는 명시적으로, 때로는 암묵적으로 탈식민주의 성서 연구에서 중요한 논쟁으로 나타날 것이다.

점진적 발전

앞서 약술한 초기 이후, 탈식민주의 성서비평은 더 깊이 뿌리를 내렸다. 수기르타라자는 자신의 저서와 편집한 책을 포함하여 일련의 저작을 계속 출판했다. 또한 이 분과에서 다른 목소리들, 특히 페르난도 세고비아의 목소리가 두드러졌다. 스티븐 무어와 무사 두베, 롤랜드 보어도 여기에 포함된다. 1998년부터 처음으로 쉐필드 아카데미 출판사가 『성서와 탈식민주의』라는 이름으로 총서를 발간했는데, 수기르타라자가 영입한 페르난드 세고비아, 곽퓨이란, 샤론 링, 랠프 브로드벤트, 마르셀라 알타우스 라이드가 편집위원이었다. 출간된 모든 서적을 간단히 요약하기 어렵기에 몇 가지 주요 주제를 중심으로 살펴보겠다.

1998년, 수기르타라자는 『아시아의 성서해석학과 탈식민주의: 해석들의 경쟁』이라는 책을 출판했다. 이 책의 각 장들은 탈식민주의 성서 연구를 위한 '선언'을 일목요연하게 보여 준 그의 초기의 시도들을 강화하는 데 이바지했다. 특별히 주목할 점은 19세기 식민주의 시기의 인도인들의 성서 읽기와 빅토리아시대 말엽에 쓰인 성서 주석들에 관한 장들이다. 이 장들은 식민주의 시대에 토착민의 주석과 선교사의 주석 간에 전개된 전투 양상들을 설명한다. 람 모한 로이는 하느님과 예수, 성서에 대한 선교사들의 묘사가 이교인들 때문에 손상되었으며 인도인들에게도 수용될 수 없었다고 주장했다. 그는 이렇게 말한다.

> 유감스럽지만 … 삼위일체 하느님관, 즉 신인神人 하느님, 그리고 비둘기의 모습으로 하느님이 나타나신다는 생각 혹은 속죄를 위해 하느님이 피를 흘리신다는 생각은 완전히 이교적이고 불합리한 것처럼 보인다.[48]

수기르타라자가 쓴 것처럼, 람 모한 로이는 "예수 자신이 아시아인이었으며 아시아인의 감정과 에토스를 보여 주기에 인도인들이 투사한 예수는 영국인이 아니었고 그들이 알렸던 그리스도교 메시지도 결코 영국인의 종교와 같지 않다는 점을 선교사들에게 상기시켜 주었다".[49]

이와 대조적으로, 오늘날의 국제 성서비평 주석서와 유사한 영향력을 누린 인도 교회의 주석서에 대한 수기르타라자의 탐구는 주류 선교사의 입장을 폭로한다. 힌두교는 그리스도교의 악마된 '타자'로 여겨졌으며 당연히 열등한 신앙이었다. 수기르타라자가 말한 것처럼, "그리스도교는 역사적·실천적·계시적 종교인 반면에 다른 신앙들은 의례적·우상숭배적·미신적인 것으로 투사되었다".[50]

탈식민주의적 언어를 사용해서 수기르타라자는 이 주석서들을 이렇게 요약한다.

놀랄 것도 없지만 이러한 주석들은 지속적으로 그리스도교와 이교, 신자와 불신자, '우리'와 '그들'이라는 이분법적 구분에 의존해 있다. 악마화된 '타자'를 구축하는 일은 그리스도교 신앙의 우월성을 입증하는 데 이바지한다. 힌두교 신자들의 종교적 관습과 결부된 낯선 풍경들과 소리들은 그리스도교와는 대조를 이루는 것으로 인식되고, 그래서 그리스도인들의 종교적 관습보다는 열등한 것으로 제시된다. 이 모든 것들은 영국의 지배를 확립하고, 제국의 간섭을 도덕적으로 지지할 명분을 제공하며, 이교도 땅에서 영국이 존재하는 것을 연장하는 데 영향을 끼친다.[51]

이러한 모든 것은 제국주의화하는 서구 그리스도교에 대한 저항이라는 문제를 제기하고, 나아가 토착민들이 제국주의자들에게 되받아서 말할 수 있었음을 분명히 보여 준다.

토착민들이 제국주의적 그리스도교를 되받아치기도 하고 또한 경쟁하기도 했던 이러한 일은 다른 식민지 시대 텍스트들 안에도 기록되어 있다. 짐바브웨의 쇼나족이 식민화를 겪게 됨에 따라 이들의 신인 므와리도 식민화되었다. 므와리가 성서의 신과 동일시되자마자, 므와리를 따를 수 있는 유일한 현실적 방법은 서양화되어 쇼나족의 정체성을 버리는 것뿐이었다.[52] 그러나 이러한 고전적 식민화 운동이 항상 성공했던 것만은 아니었다. 헤프지바 이스라엘은 19세기 초 타밀어로 번역된 성서를 연구하면서 타밀족 개신교인들이 식민주의 선교사들과 이 선교사들이 번역한 성서에 휘둘리지 않고 "자기들 방식대로 성서를 다루고 번역"했다는 점을 보여 주었다.[53]

때때로 저항이 가능했겠지만, 식민주의자들의 성서 번역이 끼친 힘 역시 과소평가되지 않아야 한다. 식민주의자들의 번역은 식민주의자들 사이에서 식민주의적 태도와 자신감을 강화하는 데 이바지했다. 그 결과, 우화를 포함하고 있는 인도의 텍스트들은 부정한 것이 되었으며 따라서 정화될 필요가 있는 것으로 취급되었다. 토착 해석자들은 신뢰할 수 없으며 그렇기에 "토착민들을 대신해 식민주의자만이 설명하고 말할 수 있는 그런 양도할 수 없는 권리를 가진" 것으로 여겨졌다.[54] 그러므로 "식민주의 성서 번역은 식민주의자의 문명화 선교를 정당화했으며 식민주의자의 문화가 근본적으로 우월하다고 규정했다".[55] 게다가 인도의 해석학적 전통에도 중대한 결과가 일어났다. 성서를 토착어로 번역하는 일은 다른 종교 전통들에도 영향을 주었다.[56] 번역으로 인해 "종교 공동체의 객관적 지표로 기능하는 고정된 성스러운 텍스트"라는 개념이 도입되었다. 이것은 힌두교인들이 바가바드기타와 베다, 우파니샤드 같은 경전들을 자신들만의 고정된 텍스트로 제시하도록 만들었다. 또한 "정확성과 진정성, 원래의 텍스트에 대한 충실성에 (인위적으로) 관심을 두는 일"이 소개되었다. 하지만 "인도인들은 문헌적 정확성보다는 미학적 취향에 좀 더 관심을 두었다". 텍스트를 다른 식으로 들려주고, 변경하고, 바꾸는 것이 인도인들에게 정상적인 일이었다.[57]

고정된 전통 대 유동하는 전통이라는 관념은 예수를 묘사하는 일에도 영향을 끼쳤다. 수기르타라자는 "추상적이고, 반역사적이며, 제국주의적인 그리스도 이미지를 정정하는 데 큰 도움을 준" 버메스, 크로산, 보그, 홀슬리와 같은 최근의 학자들이 주장한 예수에 대한 다양한 묘사를 환영한다. 그러나 유럽 중심주의적 학문은 항상 "그리스는 지적이고 철학적인 뿌리를 가졌으나 유대교는 종교적 뿌리를 가졌던 것"으로 보아 왔기에, 이러한 새로운 묘사들도 "동양의 종교적 사고가 예수의 삶과 사상에 영향을 주었을 가능성에 대해선 침묵하고 삭제해 버렸다".[58]

그러나 예수를 떠돌아다니는 설교자로 간주하는 것은 이스라엘의 예언자적 전통보다는 불교적 전통에 좀 더 적합하다고 말하는 것도 가능하다. 마찬가지로, 복음서에 나오는 예수의 어록 자료(Q)가 몇몇 종류의 불교 텍스트를 채택했을 수도 있으며, 요한복음서의 사고 패턴이 유대적 혹은 헬레니즘적 범주보다는 불교에 좀 더 가까울 수도 있다.[59] 수기르타라자의 입장에선, 이러한 식의 종교 간의 교차 수정 혹은 상호 교배를 인식함으로써 모든 종교 전통의 추종자들이 "어떠한 종교도 스스로 발전한 것이 아니라 다른 종교와 상호작용하는 가운데 자랐으며 기존의 요소들을 새롭게 결합해 적어도 몇 가지 독특성을 만들어 냈다는 것"을 상기시키는 데 기여할 수 있다고 본다. 또한 이것은 신앙들 간의 대화를 위한 출발점으로 기능할 수 있다. 다시 말해, 종교 간의 유사점과 차이점을 분류할 뿐만 아니라 "이데올로기적·문화적으로 그리스도교와 다른 종교 전통들 양쪽 모두를 비판하는 데 관여하고 이것들이 지닌 해로운 측면들을 드러낼 수 있다"는 점이다.[60] 여기서도 앞서 보여 준 것과 마찬가지로 탈식민주의 성서비평이 전통적인 역사-비평 방법보다 좀 더 폭이 넓다는 것을 알 수 있다.

이처럼 수기르타라자는 다른 책에서도 '동양'의 전통과 역사에 대해 서양의 학자들이 관심 부족을 검토하고 있다. 그는 교회의 확장을 서술하고 있는 사도행전의 인위적 구조에 주목한다. 사도행전에 나타난 바오로의 선교 여행은 제국주의 시대의 발명품이다. 이레네우스와 히에로니무스 같은 고대 그리스도교 저자들과 에라스무스와 칼뱅 같은 후대의 저자들은 사도행전의 선교 여정을 찾아내지 못했다.[61] 사실, "사도행전의 저자는 유프라테스 동쪽과 페르시아제국 전역에서 발흥했던 교회의 설립에 관한 또 다른 역사를 기록하는 일에 실패했는데, 이 지역의 교회들은 자신들의 관할지를 인도 국경까지 넓혔다".[62] 신약성서에 끼쳤을 법한 동양의 영향들 또한 잘 알려져 있다. 코린토 1서에 나오는, 내 몸을 불사르게 내준다는 바오로의 말과 실크로드에 위치한 에데사에서 기원했을 수도 있는 마태오 특수 자료(M), 예수의 어린 시절에 관한 이야기들이 그러하다.[63] 그러므로 탈식민주의적 읽기는 "종교 이야기들의 혼종적이고 절충적인 성격을 오히려 찬양하고", "종교제일주의자들이나 보존주의자들이 반드시 지켜야 할 원칙이라고 말하는 것에 의한 제약을 거부하며", "텍스트에 유동성을 부여해야 할 것이다".[64]

텍스트의 유동성은 1998년 무사 두베가 요한의 복음서에 관한 글에서 검토했던 주제였다. 그녀는 (아프리카 맥락에서) 식민화하는 혹은 식민화하기 위한 성서 본문들의 읽기를 폭로하고, 그 대신에 자신이 "해방하는 독립"이라고 칭한 것을 이룩하기 위해 성서를 읽어 낼 필요가 있음을 지각했다. 이렇게 성서는 해방을 위해 읽혀질 수 있다. 그러나 또한 그녀는 "성서와 예수를 의심할 여지 없이 중요한 문화로 강조한 읽기들을 찾아낼 필요가 있다고 언급한다. 물론 이러한 읽기는 성서와 예수를 '모든 것들 위에' 존재하는 게 아니라 세상의 많은 중요 문화들 가운데 존재하는 것으로 여기는" 읽기이다.[65]

이쯤에서 또한 페르난도 세고비아의 저서를 주목해 볼 필요가 있다. 내슈빌에 있는 밴더빌트대학을 기반으로 세고비아는 특별히 미국에서 탈식민주의 성서비평의 발전을 주도한 중심인물이었다. 이 분과의 기초적 텍스트에 속하는「성서비평과 탈식민 연구들: 탈식민적 시선을 향하여」에서 세고비아는 몇 가지 생각을 개진했다.[66]

세고비아는 개인적으로 자신이 변방 출신으로, 중심부에 거주하며, "해방과 탈식민화를 위한 투쟁에" 헌신해 왔기에 탈식민주의가 자신에게는 안성맞춤인 분과라고 언급한다.⁶⁷ 그는 세 가지 중요한 요점을 끄집어냈다. 첫째, 고대의 유대교와 그리스도교 텍스트들은 다양한 제국주의적 상황들을 필연적으로 반영한다. 이 제국들의 실재는 "제국들 각각의 문헌적 생산물을 포함해 직접적이든 간접적이든 중심과 변방, 즉 지배자와 서발턴이 만들어 낸 전체 예술 생산품에 필연적으로 영향을 끼치고 물들일 만큼 강력하다".⁶⁸ 둘째, 지난 오백 년간의 서양의 제국들을 고려할 필요가 있다. 다시 말해, "고대의 텍스트를 근대적으로 읽는 일에 드리워진 제국의 그림자 또한 강조되어야 한다"는 점이다.⁶⁹ 셋째, 의미와 해석의 건설에 영향을 끼친 근대의 역사적 경향들 — 탈식민과 신식민 — 을 고려하는 것이 중요하다.⁷⁰ 이러한 미묘한 주장들은 제국주의와 제국이 매우 다양하다는 중요한 논점을 제시했다. 하지만 불행하게도, 스스로 탈식민적이라고 주장하지만, 그 탈식민이라는 것이 계속되는 희생자 의식을 위한 일종의 암호 그 이상이 아닌 여러 저작들 안에서는 그와 같은 다양성이 주목받지 못하고 있다.

이후의 글에서, 세고비아는 탈식민주의 연구에 대한 다양한 이론적 접근들을 비판적으로 개관했다. 그는 이 분과에 존재하는 많고도 다양한 차이점들과 개념 정의의 어려움들을 주목했다. 또한 그는 이 분야에서 명확하게 누락된 어떤 것들이 있다는 것도 파악했다. 예를 들어, 영국의 제국주의는 제국주의로 정의되고 있으나 고대 세계, 라틴아메리카, 소비에트연방, 미국의 제국주의는 간과되고 있다는 것이다. 바로 이 점을 우선시함으로써, 그는 "탈식민주의"를 "제국-식민주의"로 대체했는데, 그가 보기에는 "제국-식민주의"가 훨씬 문화횡단적(transcultural)이고 역사횡단적(transhistorical)인 토론을 가능하게 해 준다.⁷¹

이러한 논의는 수기르타라자가 2001년과 2002년에 출판한 두 권의 중요한 책, 『성서와 제3세계: 식민주의 이전, 식민주의, 그리고 식민주의 이후의 만남들』과 『탈식민 비평과 성서해석』에서도 계속되었다. 이 두 책은 주의 깊게 연구할 가치가 있으며 새롭고 깊은 통찰을 담고 있다. 여기서 탈식민주의 성서비평이 앞으로 나아갈 수 있도록 하는 몇 가지 중요한 주제를 살펴보도록 하자.

첫 번째 책은 전반적으로 "유럽 문화의 바탕을 이루고 있는 근본 텍스트라고 할 수 있는 그리스도교 성서가 어떻게 … 제3세계 사람들에 의해 전파되고, 수용되고, 전유되고, 심지어 전복되어 왔는지" 추적하는 데 목적을 두고 있다.[72] 중요한 첫 장은 특히 식민주의 이전 시기에 동아시아에서 이루어진 성서 전파의 다양한 면모들을 추적한다. 이 장의 제목, 즉 '제국 이전: 변방 및 소수집단의 텍스트로서의 성서'는 이미 그러한 기조를 드러낸다. 수기르타라자는 서양의 정경과 다른 네스토리우스파의 시리아어역 성서 페쉬타의 중요성에 관심을 갖게 한다.[73] 이 동방 성서는 확실히 서양의 성서보다 훨씬 더 소수집단의 텍스트였다. 예를 들어, 인도에서 이 시리아 성서는 인도 그리스도인들에게도 대체로 이해 불가한 것이었으며, 따라서 인도의 그리스도교는 성서가 아니라 동시리아 의례인 사도 아다이와 마리의 전례 때문에 살아남았다. 이 상황은 경전이 라틴어였고 영어 번역본에 대한 요구가 거의 없던 중세 영국과 마찬가지였다. 수기르타라자의 주장의 핵심은 "성서에 기초한 영성이라는 관념은 최근의 일이며 그 기원과 방향이 개신교적"이라는 점이다.[74]

성서가 동양에서 번역될 때조차 정확한 번역에 대한 강박관념은 없었다. 중국의 네스토리우스파 그리스도인들은,

그리스도교 성서를 고정시키는 닻이 아니라 하나의 도약판으로 사용했다.

문헌들은 번역이 이들에겐 독자적인 창조 행위, 다시 말해 자유의 경험이 었음을 보여 준다. 통제를 전제하는 방식인 정확한 문헌학적 등가물에 대한 식민주의적 집착과 달리, 네스토리우스파 그리스도인들은 중국 문화에 어울리는 유사한 표현들을 찾고 있었다.[75]

이 책의 중심을 이루고 있는 장들은 초기의 저서에서 스케치해 놓았던 그림을 완성해 가는 방식으로 식민주의 시기의 성서와 성서해석에 관해 좀 더 상세히 탐구한다. 마지막 장은 수기르타라자의 저서에서 핵심적인 두 가지 중요한 주장을 전개한다. 7장은 해방신학의 해석학과 탈식민주의 해석학의 연결 혹은 겹침을 상세히 탐구한다. 해방신학의 해석학과 관련해 수기르타라자는 이것의 결함을 다음과 같이 분명하게 지적한다.

> 해방신학이 나타났을 때, 이것은 신학 자체를 행하는 방식을 고치고 급진적인 변화의 시대로 인도하는 데 큰 힘이 될 것이라는 인상을 주었다. 슬프게도 이것은 실현되지 못했다. 해석을 제안하는 데에 해방신학은 내내 보수적이었다. 성서를 전유하고, 해석하고, 그리스도 중심적 해석학에 집착한다는 점에서 이것은 전통적인 형태 안에 머물러 있었다. … 해방신학은 기본적인 신학적 개념들에 대한 전면적 재검토에 관여하지 않았으며 재구성도 바라지 않았다. 진행 중인 하느님의 역사에 참여하는 새로운 대리인이 되고, 그래서 진정한 해방적 해석학이 되는 대신에 해방신학의 해석학은 성서적 해방이라는 주제를 성찰하는 데서 끝나고 말았다.[76]

여기서 수기르타라자는 (비록 배타적으로 라틴아메리카 해방신학만을 겨냥한 것은 아니지만) 특별히 라틴아메리카식의 해방신학과 관련해서 매우 중요한 한 가지를 지적하고 있다. 가능하다면 문화 연구들 안에서 발전해 온 이데올로기 연구를 이용해서, 수기르타라자의 해방신학 비판을 더욱 깊이 해명해 보는 것도 좋을 것이다. 그람시나 알튀세르, 스튜어트 홀의 연구는, 비록 수기르타라자의 결론을 크게 변경시키지는 못할지라도, 해방신학의 '보수주의' 내에서 작동하고 있는 이데올로기적 힘들을 더욱 깊이 이해하는 데 도움이 될 것이다.

이 책의 마지막 장에서, 수기르타라자는 자신이 생각하기에 탈식민적 읽기가 포함해야 할 내용이라고 간주하는 것에 대해서 분명히 설명한다. 이 설명이 말하고자 하는 바는 성서 텍스트와 교회의 문헌에 국한된 범위를 넘어서 나아가야 한다는 것이다.[77] 이는 탈식민주의 성서비평은 반드시 그리스도교 전통을 버려야 할 것이라는 말이 아니다. 오히려 "특정한 종교적 원천"에 스스로를 묶어 두지 않아야 할 것이라는 뜻이다.[78] 그렇다면 이 지점에서, 탈식민주의 '성서'비평이 약간 잘못된 명칭은 아닌지 물을 수 있다. 그러나 수기르타라자는 이렇게 말한다.

> 탈식민 공간은 어느 특정 종교의 입장을 최종적이고 궁극적인 것으로 강요하기를 거부한다. 하나의 진입점으로서 각각의 해석자들은 자신들만의 신학적·고백적·교파적 입장을 지니고 있을 수 있다. 하지만 그 자체가 각각의 해석자들이 다양한 종교적 진리-주장들을 조사하고 생각해 보는 것을 막지 못한다. 탈식민주의에 에너지와 활력을 주는 것은 바로 탈식민주의적 기획이 가지고 있는 다학제적 성격이다. 탈식민주의 성서비평은 계시를 끊임없이 지속되는 한 과정이라고 본다. 그리고 이 과정은 성서와 전통과 교회뿐만 아니라, 다른 성스러운 텍스트와 우리 시대의 세속적 사건들까지 포괄하는 과정으로 이해한다.[79]

수기르타라자의 두 번째 책, 『탈식민주의 비평과 성서해석』도 이러한 기획을 계속해서 진척시키고 있다. 이 책 역시 탈식민주의 교과과정에 반드시 포함되어야 할 것으로 보인다. 그러나 여기서 우리는 특정한 측면에 집중할 것이다. 탈식민주의 비평이란 구체적으로 보면 기성 질서 혹은 현 상황에 도전하는 것으로 나타난다. 탈식민주의 비평은 "부인되었던 권리들을 주장하고 중심을 흔들기 위해 가능성을 유발하고 창조하며, 비판적 힘들, 다종족적·다종교적·다문화적인 목소리들을 가능한 한 폭넓게 수렴할 수 있는 기반을 제공한다".[80] 또한 수기르타라자는 성서학자들이 탈식민주의의 이러한 폭넓은 의제에 어떻게 참여할 수 있는지 더욱 분명하게 설명했다. 주의 깊게 고려해야 할 주제로 "다원성, 혼종성, 탈식민주의"뿐만 아니라 "인종, 국가, 번역, 선교, 텍스트성, 영성, 재현"과 함께 "노예, 성노동자, 동성애 차별, 혼혈인종" 또한 포함시킨다.[81] 이러한 과제들을 수행할 때, 탈식민주의 성서비평은 "그리스도교 왕국 혹은 그리스도교 세계의 모델을 넘어 비선교적이고 비호교론적인 맥락 안에" 성서학을 위치시키고자 애쓴다.[82] 그러나 초기의 책에서처럼, 수기르타라자는 "탈식민주의는 성서 그 자체가 탈근대/탈식민 세계의 모든 병을 치료하는 만병통치약이라기보다는 난제의 일부이고 … 안전하지 않으며 문제가 있는 텍스트라는 것"을 나타내는 일이라는 점을 인식하고 있다.[83]

이 책은 경전들의 상대성에 대해 다음과 같은 최종적 진술로 끝을 맺는다.

> 경전들은 단지 가리키는 손가락에 불과한 것이지 그 자체가 목적은 아니다. 텍스트와 교리와 신경들은 실재에 접근할 수 있는 유일한 통로가 아니다. 텍스트를 수용할 뿐만 아니라 최후에는 던져 버리기도 하는, 즉 텍스트

에 대한 애착과 분리 양쪽을 지지하는 인용문과 함께 글을 맺고자 한다. 이 인용문은 고대 인도 텍스트인 『우파니샤드』에서 가져왔다. 이것은 분명 신성모독적인 생각을 포함하고 있다. "읽어라. 공부하라. 그리고 끊임없이 경전들을 숙고하라. 그러나 일단 빛이 네 안에 비추인다면, 너의 불을 붙이기 위해 사용했던 나뭇조각을 버리는 것처럼 이것들을 던져 버려라."[84]

경전의 위치에 대한 이러한 쟁점은 요즘 유행하는 표현을 빌린다면, "방 안에 들어와 있는 코끼리", 즉 모두가 알고 있지만 아무도 말하지 않는 그런 문제다. 이 문제는, 고대 세계가 종교 전통들의 기원을 무엇으로 규정했든지 상관없이, 텍스트에 근거를 둔 모든 종교 전통에 적용되는 문제다. 모든 종교 전통에 존재하는 근본주의자들은 진짜 고대의 텍스트로 돌아가자고 큰 소리로 외친다. 하지만 둥근 원이 정사각형이 될 수는 없는 노릇이다. 그래서 탈식민주의는 이러한 어려움을 인지하고 있으며 앞으로 나아가기 위한 길을 제안한다. 아래에서 성서와 관련해 원을 사각형으로 만들고자 했던 시도들에 대해 간략하게 개관할 것이다.

탈식민주의와 근대 제국: 혹은 미국 성서 연구가 「웨스트 윙」을 만나다

탈식민주의 성서 연구의 한 부분인 '제국 연구'가 TV 시리즈 「웨스트 윙」에 나오는 진보적인(하지만 슬프게도 허구적인) 미국 대통령 조시아 바틀렛과 그의 참모인 레오, 토비, 씨제이, 조쉬, 샘, 도나와 똑같은 시기에 출현했다는 점은 우연의 일치가 아니다. 이러한 허구적 인물들이 미국 정치 체제를 우파의 광기로부터 구출하고자 노력했던 것과 똑같이 '제국 연구'에 참여한 학자들도 예수와 바오로, 성서 텍스트를 우파 근본주의로부터 구출하고자 애썼다.

이러한 유형의 탈식민주의 비평을 옹호한 주도적 인물은 앞서 언급한 리처드 홀슬리다. 그의 저서는 탈식민주의 연구와는 별개로 나타났는데, 초기 단계에 속한 해방신학의 제1세계 유형으로 묘사되어야 할 것 같다. 그러나 시간이 지나면서, 이 두 가지 경향이 서로 교류하고 영향을 끼침에 따라 탈식민주의 성서 연구와 합쳐지게 되었다. 홀슬리의 여러 저서들을 이렇게 요약할 수 있다. "예수는 … 억압적인 로마제국의 지배에 대한 저항으로 공동체적 우애와 정의라는 전통적 모세의 계약 원칙을 부흥시키면서, 갈릴래아와 다른 마을들에서 이스라엘을 쇄신하고자 하는 예언자 운동을 이끌었다."[85] 그 밖의 다른 곳에서 홀슬리는 마르코복음의 서사가 인도의 서발턴 연구 그룹이 생산한 아래로부터의 역사와 유사하다고 주장한다.

> 마르코복음은 외국의 제국주의 지배뿐만 아니라 지역의 '식민주의' 귀족 가운데 존재했던 제국주의 동조자들도 강하게 반대했다. … 마르코복음은 대안적인 사회질서를 구현하기 위해 제국의 질서에 저항하는 토착 민중운동을 강력히 권고한다. … 루카-사도행전과 대조적으로 … 마르코복음은 이 운동의 청자/독자를 갈릴래아 마을로 돌아가도록 권한다(예수의 직무에서 시작된 프로젝트가 지속되길 바란 듯하다: 마르 14,28; 16,7). 예수와 그의 운동은 예루살렘의 성전-국가에 대항하는 적극적이고 강경한 입장을 취했다.[86]

서사가 출현하는 것을 허용하거나 막아 버리는 권력의 주체에 관해 에드워드 사이드를 인용하면서, 홀슬리는 제도화된 그리스도교가 (급진적인) 마르코복음서를 흡수했으며, 따라서 서양의 성서 연구는, 지금은 수면 아래 가라앉아 있는 그리스도교의 급진적 시작에 관한 진짜 이야기가 되살아 올라오는 것을 방해해 왔다고 주장한다.[87]

나아가 홀슬리는 바오로 또한 반제국주의 저항운동의 일부였다고 주장한다. "탈식민주의 관점에서 읽어라. … 바오로는 중요한 측면에서 최근의 반식민주의 지도자들이나 탈식민주의 지식인들을 좀 더 닮은 것처럼 보인다."[88] 로마제국의 질서에 대한 바오로의 타협하지 않는 단호한 저항과 일종의 국제적인 반제국주의적 대안 사회로서 그가 형성한 공동체는 현행의 탈식민주의 맥락 안에서도 성찰을 위한 주요 계기들이 될 수 있다.[89]

이러한 탈식민주의 성서비평의 흐름 가운데 이와 유사한 견해가 마태오복음서에 집중했던 워렌 카터에 의해 제안된 바 있다. 독창적인 대작, 『마태오와 변방인들』에서 그는 마태오복음서를 '대항 서사'로 묘사한다.[90] 카터에게 "이 복음서의 청중은 로마제국의 가치들과 약속들, 의제들에 저항한다".[91] 나아가 이들은 "대안적 사회를 건설한다. 이들은 제국의 주장들에 저항한다. 그리고 세상이 제국의 주장을 따라 정해져야 한다는 것을 인정하길 거부한다. 예수 안에 표명된 하느님을 중심에 두는 세계와 인간존재라는 대안적 이해를 제공한다. 나아가 대안적 공동체를 창조하고 반제국주의적 실천을 형성한다".[92] 몇 년이 지난 후(2007) 글을 쓰면서, 카터는 여전히 마태오에 대해 이와 동일한 견해를 취했다. 그러나 그의 생각은 발전했으며, 따라서 마태오 안에 있는 한계들에 주목한다. 카터에 따르면, '모든 권위'를 예수에게 귀속시키면서, "그 복음서는 절대 권위의 체계를 반영하고 있을 뿐만 아니라, 하나의 절대 권위 체계를 또 다른 절대 권위 체계로 대치하고 있다".[93] 그러므로 이제 마태오복음서는 복잡하고 접전이 벌어지는 텍스트가 되었다. 한편으로, "로마의 부당함과 로마의 지배가 가져온 파괴적 영향력을 노출한 점은 칭찬할 만하다". 그러나 다른 한편으로, "이 복음서가 제국주의의 관행들과 사고방식을 모방하고 있는 점에서는 그렇지 않다".[94] 마찬가지로 카터는 이 복음서의 배타적 주장들이 안고 있는 협소한 특징을 인식하고 있고, 모든 이들 가운데 그리고 비성서적 텍스트들 안에서도 일하고 계시는 하느님을 찾아야 할 필요성을 보고 있으며, 나아가 "제국/통치/하느님 나라"라는 언어를 넘어설 필요성을 깨닫고 있다.[95]

물론 탈식민주의 성서 연구의 한 측면인 '제국 연구'가 초래한 문제들이 있다. 첫째, 이것들 대부분이 공화당이 정치적으로 헤게모니를 잡고 있던 시절의 미국에서 기원했기에 부질없는 기대 아닌가 하는 의문을 낳는다. 예를 들어, 몇몇 학자들은 마르코복음서가 결단코 제국에 대항하는 텍스트가 아니라고 주장한다.[96] 수기르타라자는 "성서가 제국에 대항하는 문서"라고 믿는 일에 빠져드는 위험에 대해 경고했다.[97] 롤랜드 보어도 이와 비슷한 주장을 했다. 하지만 그는 좀 더 심도 있는 질문을 제기하고 있다.

> 점차 방대해지고 있는 '제국'과 신약성서에 관한 문헌은 바오로와 진실로 신약성서 전체가 로마제국에 저항한다고 애써 주장해 왔다. 성서 텍스트에서 독성을 제거하고 한 번 더 텍스트를 구출해 보려는 이 같은 노력(매우 고백적인 노력)에 대한 나의 염려와는 별도로, 이러한 노력은 기대에 미치지 못했다.[98]

보어는 수기르타라자가 말한 것처럼 성서가 "전쟁, 식민주의, 문화의 전멸, 땅 병합, 인종차별, 제국의 의제를 비준하기 위해 사용되어" 온 문헌이라는 점을 생각할 때, 우리가 성서 텍스트를 구출하려고 시도해야 하는지에 대해 중요한 논점을 제기한다.[99] 성서 텍스트를 구출하는 일과 관련한 또 다른 어려움은 이것이 하나의 텍스트에만 권위를 부여하고 (카터가 경고한 바 있지만) 성서 이외의 다른 경전과 문헌은 배제할지도 모른다는 점이다.

내 생각에도, 미국의 특수한 환경 때문에, 또 미국의 공적 생활에서 성서 텍스트들이 갖는 역할 때문에, 탈식민주의의 변종이라고 할 수 있는 '제국 연구'가 성서 텍스트를 특별히 강조하면서 등장하게 된 것은 북미 상황에서 그럴 수밖에 없는 일이었다고 주장할 수 있을 것 같다. 세계의 도덕적 재무장을 위해서 "하느님에 의해서 선택된 민족으로서 미국"이라고 하는 우익 근본주의 입장에 대항할 수 있는 균형자를 제공해 보겠다는 것이 바로 제국 연구의 목적이었다. 하지만 그 제국 연구가 탈식민주의 기획의 급진적 성격을 일시적으로 흔들어서, 탈식민적 기획을 단일한 전통의 좁은 한계 안으로 되돌려 놓게 되는 경우가 될 수 있었다. 그러나 이러한 우려에도, 제국 연구는 계속적인 진전을 이루어 냈고, 그래서 여기에서는 제국 연구의 몇 가지 예들을 살펴보려고 한다.

탈식민주의 신약성서 주석

2007년 세고비아와 수기르타라자가 편집을 주도해 만든 『탈식민주의 신약성서 주석』이 출간되었다. 이미 앞에서 이 저서에 대해 몇 차례 언급한 바 있다. 그러나 여기에서는 탈식민주의가 다룬 폭넓은 관심사에 대해 어느 정도 파악할 수 있도록, 이 저서가 담고 있는 몇몇 주석의 예를 보여주려고 한다. 사실은 이 책의 모든 페이지가 주의 깊은 연구와 심사숙고할 만한 가치가 있는 내용이다.

예를 들어, 리우의 마르코복음서 주석은 앞서 소개된 홀슬리의 것과는 매우 다른 입장을 취한다. 리우의 주석은 "마르코복음서는 식민주의자들의 제국주의 이데올로기를 확실히 내면화했다"[100]고 주장했던, 마르코복음서에 관해서 그가 이전에 발표했던 논문에 기반을 두고 있다. 리우는 "더 강력한 권력으로 권력을 무찌름으로써, 마르코복음서는 결국 식민주의와 제국주의와 다양한 형태의 고통과 억압을 낳았던, '힘이 곧 옳은 것'이라는 이데올로기와 별반 다르지 않다고 언급한다. 마르코복음서의 예수는 '사악한' 유대-로마 권력을 대체했을지도 모른다. 그러나 전제적이고, 배타적이며, 강압적인 정치학은 계속되고 있다."[101]

리우가 자신의 주석에서 밝힌 또 다른 난제는 인간(식민주의 시기의 수동적 토착민들 같은)이 행동하는 주체이기보다는 수동적 대상이라는 점이다. 오직 진정한 행위자는 하느님과 사탄이며, 세상에 대한 사탄의 지배는 강력하다. 그래서 하느님은 파루시아(현존/재림)를 통한 직접적이고 폭력적인 간섭만이 이 문제를 해결할 수 있다고 결심한다. 다시 말해, "이러한 중재로 인해 어떤 이들에게는 구원이, 다른 이들에게는 파멸이 있을 것이다. 어느 쪽이든, 인간은 행위의 주체가 아니라 대상으로 남아 있다".[102] 게다가 리우는 마르코복음서를 구제불능일 정도로 가부장적이라고 간주한다. 여성들은 가사의 영역에서만 유일하게 주체적이고 "남자와 가족의 필요에 항상 종속되어 있다".[103] 이 모든 결과에 비추어, 리우는 "마르코가 정당화하거나 배제하는 행동과 태도를 무시간적 진리로 생각할 것이 아니라 조심스럽게 살펴보고 평가해야 한다"[104]고 느낀다. 다시 말해, 마르코복음서가 더 이상 권위 있는 텍스트가 아니라는 것이다.

놀랄 일도 아니지만 복음서에 등장하는 황제 같은 그리스도의 모습은 서간들을 주석하는 사람들에게도 몇 가지 어려움을 일으켰다. 콜로새서를 주석한 이들은 필리핀의 맥락을 참조해서 쓰고 있다. 필리핀에서는 콜로새서가 토착 전통들을 통제하기 위해 이용해 온 텍스트였다.

> 콜로새서 저자는 다른 모든 종교적·정치적 권리를 주장하는 이들을 뛰어넘는 그리스도의 우월성과 절대성을 강력히 주장한다(1,13-20; 2,8-3,4). 콜로새서의 이 텍스트들은 식민주의 선교 사업의 역사에서 하나의 강력한 도구, 즉 피식민자들 및 개종자들의 토착 의례들과 관습들, 신념들을 거부하기 위해 사용된 무기였다. 필리핀의, 특히 농촌 지역에서는, 전통적이고 토착적인 의례가 계속되는 것을 어떻게든 막아 보려고 하는 사목자들이 지금도 이 텍스트들을 사용하고 있다. 특별히, 이와 같은 텍스트들은 땅에 기초한 토착민들의 영성을 겨냥했으며 토착 종교 직무자들을 완전히 무력화하는 역할을 해 왔다.[105]

이것이 바로 토착 문화를 파괴하고자 했던 고전적인 '앵글리시스트'의 입장이다. 그러나 이것은 또한 이 같은 일들이 오래전에 상실된 '식민주의적' 과거가 아니라 현재에도 그러하다는 점을 상기시켜 준다.

다른 신약성서 텍스트들은 이 주석서에 참여한 해석자들에게 그나마 마음에 들었던 것처럼 보인다. 샤론 린지는 해방신학자들이 가장 좋아하는 서간이었던 야고보서에 관해 썼다. 서양의 주석자들은, 이 서간에 나오는 부자들과 가난한 자들에 대한 이야기를 가난의 고통스러운 실재에 관한 이야기이기보다는 영적으로 가난한 자와 부유한 자에 관한 이야기라고 말함으로써, 이 이야기를 고분고분한 이야기로 길들여 왔다고 본다. 린지에게 야고보서는 일종의 내면화된 혹은 영성화된 종교라기보다는 구체적인 "제국의 현실에 대해" 대응과 응답을 요청하는 '탈식민적 목소리'이다. 구체적인 제국의 실재에 대한 그와 같은 응답은 오늘날에도 여전히 요구되고 있으며, 야고보서에서 그 응답은 로마 시대나 그 이후 시대나 제국의 도전에 끈질기게 저항할 수 있게 해 주었던 — 평등성, 공동체성, 삶의 통합성과 일관성 같은 — 기존 질서를 흔들 수 있는 복음의 고유한 가치에 대한 그 저자의 확신에 기초하고 있다.[106]

이 책에는 수많은 다른 통찰들이 있다. 그러나 제니퍼 버드의 에페소서 주석에 주목하는 것으로 탈식민주의 신약성서 주석에 관한 지금까지의 논의를 마치고자 한다. 그녀는 "그리스도의 현양 과정에서, 예수는 자신을 인간이 되도록 해 준 것들을 상실해 버렸으며 그의 추종자들은 한 지배자를 또 다른 지배자로 간단하게 바꾸고 말았다"고 언급했다.[107] 그러나 이것이 끼친 실질적 효과는, 그리스도인들은 "진정한 시민권을 천상의 제국에서 갖게 되는 것으로 여기고, 따라서 지상의 문제를 가지고 씨름할 일이 없게 되고, 평화를 위해 혹은 박해를 피하기 위해서는 이 세상 제국의 지배자에게 복종하는 것이 지극히 합리적"이라는 것이다.[108] 버드의 마지막 논평들 가운데 하나는 아마도 탈식민주의 맥락에 관여한 논의들 가운데 가장 충격적일지도 모른다. 에페소인들에게 보낸 편지와 관련해, 그녀는 "이들의 반제국 혹은 대항 제국을 사람들이 이해할 수 있도록 만들기 위해서는, 지상의 제국은 유지되어야만 했다"고 말한다.[109] 그녀가 이러한 주장을 더 이상 밀고 나아가지는 않았으나 이 단순한 문장은 교리적 공식들 안에 있는 제국의 언어가 사라진다면 그리스도교가 어떻게 생존할 수 있을지 묻도록 만든다. 이것은 또한 미국의 신식민주의가 끝날 때 북미에서 그리스도교가 어떠한 형태를 취할지 아주 흥미로운 물음을 제기한다.

탈식민주의와 페미니즘

어떠한 학자든지 간에 탈식민주의와 페미니즘과 같은, 확실한 형태가 없는 두 용어 간의 관계를 정확하게 정의하기란 언제나 어려운 일이다. 곽퓨이란은 2005년에 처음으로 발표한 「연결하기: 탈식민주의 연구와 페미니즘 성서해석」에서 한 가지 좋은 시도를 했다. 그녀는 이 두 분과가 우리의 "역사적·도덕적 상상력에 활기를 불어넣기 위해 식민주의와 반식민주의 상황에서 살았던 여성들을 기억"할 수 있는 '공간'을 만들어 내고 있다고 보았다.[110] 전통적인 남성 중심의 역사-비평학의 입장에선 '도덕적 상상력'이라는 관념은 부적절한 것처럼 보일지도 모른다. 그러나 여기서 와이트름의 논지를 기억할 필요가 있다. 그에 따르면 전통적인 학문에서 말하는 고대 이스라엘이란 "주관적"이고 "상상된" 것일 뿐만 아니라 "미드라쉬적 역사 기술"에 불과하다.[111] 마찬가지로, 성서해석을 자유롭게 행한 교부들의 전통들도 엄격한 역사-비평적 해석은 최근의 발명품이라는 점을 독자들에게 상기시켜 준다.

계속해서 곽퓨이란은 탈식민주의 성서비평 내에서 특별히 남성 비평가들은 젠더 의제에 거의 주의를 기울이지 않았다고 말한다.[112] 그녀는 채택된 방법론적 도구가 무엇이든지 간에 특정한 몇몇 주제들이 탈식민주의 페미니즘 연구에서 중심을 차지한다고 주장한다. 첫째, 탈식민주의 페미니즘 학자들은 "텍스트에 나타난 여성에 대한 상징화와 젠더의 배치가 계급 이해, 생산양식, 국가권력의 집중, 식민주의 지배와 어떻게 연관을 맺고 있는지 조사하기를 원한다".[113] 둘째, 곽퓨이란은 성서 이야기에서 '접촉 지대'에 놓여 있는 여성들에게 특별한 주의를 기울여야 한다고 주장한다. 그녀는 접촉 지대를 "다양한 지리적·역사적 배경을 가진 사람들이 서로 접촉하는 식민지적 만남의 공간으로 정의한다. 물론 이러한 접촉은 대체로 불평등 및 갈등을 일으키는 관계들에 의해 형성된다. 이 같은 인물에 해당하는 여성이 매춘 여성 라합이다".[114] 셋째, 탈식민주의 페미니즘 비평가들은 "중심부 메트로폴리탄의 해석들"을 의심한다.[115] 또한 이 중심부의 학자들은 종종 "텍스트에 존재하는 선교 이데올로기에 의문을 제기하지 못할 뿐만 아니라 성서 전통들이 모든 문화에 보편적으로 타당하다고 계속해서 가정한다".[116]

넷째, 곽퓨이란은 탈식민주의 페미니즘 비평가들이 "평범한 독자들의 역할과 기여"를 강조하고 '해석 공동체'를 확대해서 '아카데미 엘리트들'이 종종 무시했던 평범한 독자들의 억눌린 지식들을 전면에 내세워야 할 것이라고 주장한다.[117] 곽퓨이란의 마지막 논점 역시 이와 관련이 있다. 그녀는 성서학자 메리 앤 톨버트가 명명한 '위치의 정치학과 시학'을 상기시킨다. 곽퓨이란은 이것을 "젠더와 인종, 성적 지향같이 한 사람이 처한 사회적 배경이 갖는 복잡성뿐만 아니라 누가 말하고 누가 들을 것인지 결정하는, 소위 한 사람이 처한 국가적·제도적 맥락과 경제적·교육적 지위"로 해석한다.[118] 곽퓨이란이 약술한 주제는 다른 많은 탈식민주의 페미니즘 읽기에서도 나타난다. 예를 들어, 로라 도널드슨의 「오르파의 몸짓: 토착민의 눈으로 룻기 읽기」 역시 '접촉 지대'를 구체적으로 언급하고 있다.[119]

탈식민주의 페미니즘 학자들이 채택한 또 다른 접근은 여성이 포함된 특별한 성서 구절들을 끄집어내어 의심의 해석학뿐만 아니라 탈식민주의 비평이 제공하는 도구와 주제를 사용해서 주석을 시도해 보는 일이다. 위에서 이미 언급한 바와 같이, 제니퍼 버드의 에페소서 주석은 제국주의 이데올로기에 대한 예리한 인식을 보여 준다. 그녀의 읽기 전략에는 의심해 보기를 촉구하는 구체적인 네 가지 측면이 있다. "첫째, 제국주의적 선전 방법들과 공명하는 것들, 둘째, 대항하려 했지만 제국의 질서에 결국 제국의 질서를 다시 새기는 형상들, 셋째, 제국주의 질서를 나타내는 많은 징후들 중 하나인, 남성에 대한 여성의 종속을 영구화하는 젠더 역할의 구축, 넷째, 저자 자신이 구축한 것을 해방적으로 전복할 수 있는 어렴풋한 잠재적 희망의 빛."[120] 이러한 관심을 가지고서 그녀가 에페소서를 읽었을 때, 그리스도교는 사회적 순응과 불평등을 지지하는 도구가 되었다. 이와 유사하게, 도라 음부와에상고는 신명기에 나오는 가나안 여성과 이스라엘 여성 양쪽이 맡은 역할에 대해 논의한다. 자기 글의 부제가 알려 주듯 그녀는 이 역할이 아마도 "성차별과 제국주의의 교차점"에 놓여 있는 것일 수 있다고 말한다.[121] 신명기 법전은 "남성을 재산의 소유주로 표준화한다. 일반적으로 여성 그리고 특별히 여성의 성은 남성의 재산으로 전제되어 취급된다".[122] 알다시피 지금 이것은 의심할 여지가 없다. 그래서 무슨 말을 더 하겠다는 말인가? 신명기는 분명히 성차별적이고, 제국주의적이며, 식민주의적인 그런 텍스트다. 그렇다면 이 텍스트를 넘어서 가야 한다거나 혹은 여성 평등을 보장해야 하는 관점에서 본다면, 다음 단계는 무엇인가? 아직 이에 대해 우리는 답을 듣지 못했다.

이러한 딜레마를 해결할 수 있는 한 가지 가능한 대답은 카렌 킹의 「정경화와 주변화: 막달라 마리아」라는 글이다.[123] 페미니즘의 맥락에서 글을 쓰면서, 킹은 막달라 마리아의 중요성을 올바로 평가하고자 한다면

"역사적 재구성뿐만 아니라 신학적 반성을 위한 출발점"으로 반드시 정경을 문제 삼아야 한다고 주장한다. 다시 말해, 정경화의 과정은 "정통주의"로 나아가는 운동의 일부였는데, 여성을 지도자에서 배제하고, 진지하게 여성을 지도자로 취급한 누군가를 이단이라고 비난하기 위한 것이었다.[124] 여기서 우리는 성서의 권위 문제가 다시 제기되고 있는 것을 알 수 있다.

탈식민주의 성서비평: 몇 가지 비판적 목소리들

물론 이러한 탈식민주의적 접근은 위험을 자초하기도 하며 비판에 대해서도 열려 있다. 이것은 학계와 교계 양쪽에 존재하는 많은 '정통주의' 입장들에 대해 도전하기 때문에, 다른 곳에서도 지적받았던 것처럼, 성서 연구를 여전히 전통적 방식으로 추구하는 사람들에게는 다루기 아주 어려운 문제다.[125] 또한 이론적 집착에 빠질 위험도 있다. 수기르타라자가 『탈식민주의 성서 독자』 서문에서 지적한 것처럼, 만약 이 책이 '독본'으로서 성공을 거두고자 한다면,

> 탈식민주의 이론을 옹호하거나 반박할 것이 아니라 정치 행위 분야에서 가능한 응답이 무엇이든 그 응답을 육성하는 일일 것이다. 궁극적으로는, 작고한 에드워드 사이드가 자신의 저서에서 분명히 밝힌 것처럼, 정치적 책임을 이론적 참여보다 중요하게 고려해야 한다.[126]

다른 학자들은 탈식민주의 성서 연구에 마르크스주의적 관점이 결여되

어 있다는 것을 주목해 왔다(비록 인도의 서발턴 연구 그룹의 저서가 마르크스주의 이론에 영향을 받았을지라도). 이러한 주장을 펼치는 학자들 가운데에는 롤랜드 보어[127]와 데이비드 조블링,[128] 제럴드 웨스트[129]가 있다. 이 학자들은 탈식민주의가 너무 단조롭거나 이론에만 관심을 두고 있어서 저항적이지 못하게 되었다고 우려한다. 문화 연구에서도 아주 유사한 비판을 발견할 수 있다. 원래 문화 연구는 역사 서술을 비판하고 표준적인 해석들 안에 존재해 있는 이데올로기적 편견들을 드러내기 위해 마르크스주의 통찰들을 사용했다. 그러나 문화 연구가 점차 주류가 됨에 따라, 문화 연구의 날카로움 혹은 비판적 통렬함은 무뎌지게 되었다. 탈식민주의 성서 연구에도 똑같은 위험이 존재한다.

이 장에 관해 짧게 결론을 내린다면, 탈식민주의 성서 연구가 성서 본문에 대해 그리고 학술적 주석과 대중적 주석 양쪽이 가진 결함에 대해 몇 가지 주목할 만한 통찰을 생산해 냈다는 점은 분명해 보인다. 확실히 종교적이든 세속적이든 비성서적 전통들 및 비성서적 텍스트들과 관련을 맺는 일은 아직도 잘 이루어지지 않고 있다. 성서 연구의 미래를 위해 이것이 의미하는 바는 여전히 대답되어야 할 질문이라는 점이다. 우리가 탈식민주의 성서 연구의 다양한 측면들을 조사했을 때, 텍스트를 지키고 재해석하려는 입장과 텍스트를 포기하려는(혹은 적어도 다른 고대의 전통들을 성서 텍스트와 나란히 두려는) 입장 사이에는 긴장이 있었다는 것을 알 수 있다. 또한 탈식민주의는 모든 종교 전통들에 있는 소위 '교리적 정통성'이라는 것에 대해 폭넓게 도전한다. 이 도전이 많은 이들에게는 여전히 너무 다루기 힘든 일일지도 모르겠다.

4

지속되는 오리엔탈리즘
성서 연구와 식민주의적 관례의 재탕

> 나는 오리엔탈리스트들에게 응답하는 한 명의 동양인이다. 그들은 그렇게 오랜 세월 동안 우리의 침묵에 근거해 번성해 왔다.[1]
>
> 동양은 우리의 것이고, 우리는 동양의 상속자들이며, 따라서 유산 상속에 있어서 우리가 받아야 할 정당한 몫을 요구한다.[2]

식민주의 담론 분석이 갖는 중요한 한 가지 측면은 오리엔탈리즘이라는 관념이다. 에드워드 사이드의 『오리엔탈리즘』은 식민주의 담론 분석의 기폭제 역할을 했으며 기념비적인 텍스트가 된 책이다. 사이드에 따르면, "지금까지 나는 '오리엔탈리즘'이라고 하는 말을 동양에 대한 서양의 접근을 묘사하기 위한 포괄적 용어로 사용했다. 그러니까 오리엔탈리즘이란, 서양이 동양을 배움과 발견과 관습의 주제로 삼고 동양에 조직적으로 접근할 때 도구처럼 사용해 온 학문 분과이다."[3] 기본적으로 오리엔탈리즘은 어떻게 유럽이 동양이라는 관념을 발명했으며 어떻게 이 관념이 '타자'를 통제하고 복속시키는 무기로 사용되었는지에 관한 것이다. 이러한 점에서, 오리엔탈리즘은 미심쩍고 의심스러운 사고 유형이다.

동-서 관계들: 초기의 시도들

오리엔탈리즘은 동양에 대한 텍스트적 구성물이며 막강한 담론적 도구이다. 사실에 입각한 보고서(공식 회의록, 여행기), 상상 문학(식민주의 소설), 종교적 소책자(성스러운 텍스트, 의례들), 역사적 문헌, 인류학적 발견물 들로 구성되어 느슨하게 연결되는 서양인의 글에서 오리엔탈리즘의 흔적을 모아 볼 수 있다. 사이드가 윤곽을 그린 것처럼, 오리엔탈리즘은 많은 것들을 나타낸다. 우리의 목적을 위해 다음과 같이 좁혀 볼 수 있다. 첫째, "이것은 동양을 취급하기 위한 ― 동양에 관하여 진술하거나, 동양에 관한 견해에 권위를 부여하거나, 동양을 묘사하거나, 달래거나, 통치하기 위한 ― 집단적 관습으로 볼 수 있다. 간단히 말하자면, 오리엔탈리즘이란 동양을 지배하고 재구성하며 위압하기 위한 서양의 방식이다".[4] 둘째, 오리엔탈리즘은 권력관계에 관한 것이다. 즉 "오리엔탈리즘은 동양에 관하여 진실을 말하는 담론이라기보다는 동양을 지배하는 유럽-대서양적 권력의 표지라는 점에서 더욱 특별한 가치가 있다".[5] 이러한 권력관계에서 본다면, "서양은 행위자이고, 동양은 수동적 반응자이다. 서양은 동양의 모든 행동 양상의 구경꾼이요 심판관이며 배심원이다".[6] 셋째, 오리엔탈리즘은 "동양에 관한 어떤 본질적 관념을 만들어 내는 일에 관한 것이다. 그것은 동양은 관능적이고, 전체주의적 경향을 띠며, 이상한 정신 상태에 있고, 상습적인 부정확성을 보이며, 후진성을 갖고 있다는 관념을 분리하고 추출해서 하나의 확고한 논리적 정합체로 정제해 내는 일"[7]에 관한 것이다.

> 우리는 다른 문화들을 어떻게 '재현'할 수 있는가? '다른' 문화란 무엇인가? 하나의 분명한 문화(인종, 종교, 문명)라고 하는 개념은 유익한 것인가, 아니면 언제나 자기 찬양(자신의 문화를 논하는 경우)이 되거나 적대감과 공격(다른 문화를 논하는 경우)에 관여하는 것이 아닌가? … 관념들은 어떻게 '권위'와 '정상 상태'를 얻으며, 심지어 '당연한' 진리라고 하는 지위를 획득하는가?[8]

이러한 담론은 이 재현들이 동양에 관심을 두고 있다는 인상을 줄 수 있지만, 분명한 동기는 '타자'에 대한 통제를 확고히 하는 데 있다. 사이드의 책은 "비정치적인 학문이 가능하다는 주장뿐만 아니라 학자와 국가 간에 밀접한 관계를 맺는 것이 타당하다"는 주장에 대해서도 의문을 제기한다.[9] 심지어 동양의 문화와 민족에 대해 깊은 친밀감과 사랑을 보여 준 소수의 동양학자들조차 자신들의 유럽 중심주의를 완전히 제거할 수 없었으며 부지불식간에 서양이 지배력을 강화하는 데 기여했다. 오리엔탈리즘은 동양과 서양 사이에 일어난 일방적이고 부당하며 교묘한 조작이 횡행했던 접촉에 관한 것이다. '타자'에 대해 좋은 의도를 지닌 서양의 재현조차 동양 문학을 훼손했을 뿐만 아니라 가끔은 지배 권력과 공모하기도 했다.

사이드의 책이 오리엔탈리즘 담론을 개척한 것으로 여겨질 수 있지만, 서양과 동양의 양쪽 학자들이 비유럽인에 대한 유럽인의 이미지를 연구한 다른 시도들도 있었다. 서양과 동양의 뒤숭숭한 관계에 대해서 사이드가 처음으로 연구를 시작한 것은 아니다. 이미 동양과 서양 간의 문화적·지적·상업적 교환들이 면밀하게 조사된 바 있다. 동서양 양쪽에서 옥시덴트와 오리엔트 간의 불편한 관계를 연구한 다른 사상가들과 작가들이 있었다. 그 예로 아랍 및 이슬람 학자들을 들 수 있는데, 팔레스타인의 사학자이자 교육학자 압둘 라티프 알-티바위,[10] 말레이시아의 사회학자 시에드 후세인 알라타스,[11] 이집트의 철학자 아누아르 압델-말렉,[12] 튀니지의 역사학자 히셈 자이트 같은 이들이다. K.M. 파니카[13] 및 K. 아난다 쿠마라스와미[14] 같은 인도 작가와 서양이 동양에 대해 부당하고 비뚤어지고 매우 독단적으로 표현한 점을 잘 부각한 오카쿠라 텐신[15] 같은 동아시아 사상가들이 있다. 한쪽으로 치우친 동양과 서양의 관계에 관한 이야기에 주의를 기울인 서양학자들 가운데는 미국의 이슬람 문명 사학자인 마셜 호지슨과 사회학자 브라이언 터너가 있다.

사이드의 책은 이러한 초기 작품들을 예리하게 다듬고 확장했을 뿐만 아니라 몇 가지 새로운 비판적 차원을 덧붙였다. 그의 말로 표현하자면, 이것은 그가 가장 "관심을 둔 두 가지, 즉 한편으로는 문학과 문화, 다른 한편으로는 권력에 관한 연구와 분석을 밀접하게 결합"시켰음을 의미한다.[16] 식민주의 관리자들, 인류학자들, 지리학자들, 여행가들의 보고서에 관한 연구 이외에 문학 소설이라는 범주가 하나 더 추가되는 커다란 진전이 이루어졌으며, 그렇게 함으로써 서양의 문학작품 내에 자리 잡은 식민주의적 전제들과 제국주의적 가치들을 드러냈다. 그는 서양의 몇몇 위대한 문학작품들이 식민주의의 노력과 실천들을 어떻게 수용했는지 폭로했다. 예를 들어, 그는 제인 오스틴의 『맨스필드 파크』가 사탕수수 농장에서 자행되고 있던 노예제도와 착취에 대해 어떻게 평온할 수 있는지, 그리고 키플링의 『킴』이 충직한 종이 됨으로써 대영제국의 이익과 어떻게 공모했는지 보여 주었다. 사이드의 견해에 따르면, 이 같은 소설들이 이런 결점을 지녔다고 해서 저자들을 외면하거나 이들의 저서를 동양의 문헌으로 대체하는 일은 정당화되지 않지만, 이러한 소설들에는 탈식민화를 위한 비평이 요구된다. 사이드가 선호한 해결책은 이 소설들을 대위법적 읽기에 참여시키는 것이었다. 대위법적 읽기란 "부분이 아니라 전체를 이해하기 위해" 주류의 글과 서발턴의 글을 "나란히 놓고 함께 연결하는 것"을 목표로 삼는 담론적 전략을 가리킨다.[17] 문학 텍스트를 조사하는 일 이외에도, 사이드의 책은 지식과 권력의 복잡하고 논쟁적인 문제를 체계적으로 다루었다. 그의 저서는 역사와 문화, 문학, 인문학과 같은 다양한 해석의 영역들을 결합시켰으며, 또한 권력과 헤게모니가 어떻게 지식을 창조하고 생산하는 데 핵심적인 역할을 떠맡았는지를 분석함으로써 정치적 관심사도 결합시켰다. 또 다른 측면에서 보면, 사이드는 초기의 주창자들과 달랐다. 사이드 이전의 시도들이 하나의 학문 분과에 한정되어 있었다면, 사이드의 접근은 학문 전반에 걸쳐 있다. 그는 학문분과들과 개념들, 심지어 저항운동들까지 결합하는 데 앞장섰다. 자신의 저서에서 그는 이슬람학·인도학·문헌학·낭만주의와 계몽주의, 휴머니즘과 해방운동 같은 비판적 개념, 그리고 레지스탕스와 같은 정치적 저항운동도 결합시켰다. 그는 이러한 일치되지 않는 요소들을 효율적이지만 동시에 논쟁적인 담론인 오리엔탈리즘 안으로 통합시켰다. 사이드 이전에 행해진 시도들이 개별적인 학문 분과들의 경계 내에서 이루어졌다면, 사이드의 저서는 여러 가지 학문 분과들을 가로지르는 동시에 잇기를 원했다. 그는 예술과 정치, 역사처럼 다른 분야들을 배제하는 경향이 있는 특정한 전문 분야에 자신을 가두기보다는 좀 더 큰 그림을 그리기를 원했다.

사이드의 저서가 아카데미 바깥에서도 상당한 충격을 끼쳤다는 점에서 동양에 관한 이전의 저서들과 다르다. 그는 자신이 발견한 것을 아카데미 내에 안전하게 가둬 두기보다는 폭넓은 청중에게 전해 주고자 했다. 『오리엔탈리즘』은 학문적 글쓰기를 위한 훌륭하고 정당한 명분으로 진실과 자유와 논쟁, 저항을 드러내면서 동시에 진지한 학문으로 주장된 것들 안에 있는 한계와 치명적 결함도 드러냈다. 더 중요한 것은, 서양의 학문이 중시하는 미덕 ― 중립성과 객관성 ― 이 사실은 '동양'인에겐 적대적이며 해롭기까지 하다는 것을 명확히 밝혔다는 점이다. 사이드는 학문이 깊이가 있을 뿐만 아니라 윤리적이며 지배자보다는 피지배자들에게 헌신하기를 기대했다.

사이드의 책이 가진 또 다른 특징은 이것이 개인적이고 자전적인 분위기를 띠고 있다는 점이다. 이것은 서양에서, 특별히 미국에서, 사이드 자신의 말로 표현하자면 "낙담하곤 했던" 한 명의 아랍 팔레스타인인으로 살아온 경험에서 나온 것이다. 이것은 또한 두 개의 영국 식민지 ― 팔레스타인과 이집트 ― 에서 한 명의 동양인 아이로 자랐던 자신의 경험에 근거해 있다. 『오리엔탈리즘』은 이 책을 쓸 필요를 낳은 역사적 환경을 상기시키는 "개인적 차원"을 포함하고 있다. 문제 많은 동-서 관계들, 전자 매체 및 인쇄 매체에서 틀에 박힌 듯 반복적으로 동양을 이국적이고 위협적인 이미지로 묘사한 일, 주류 담론에서 팔레스타인의 목소리가 보이지 않을 뿐만 아니라 완전히 부재하고 있음을 잘 보여 주고 있는 점 등이다. 오리엔탈리즘에 대한 글을 쓴 이전의 저자들과 달리, 사이드가 언급한 것처럼, 그는 "인문학적이고 정치적인 관심을 활용함으로써 오리엔탈리즘의 발생, 전개, 강화라고 하는 현실적인 문제를 분석하고 서술할 수 있었다".[18] 비록 학문적일지라도, 이 책은 서양에서 동양인으로 지낸 일과 관련한 개인적 신념의 표명이자 증언이었다. 스스로 인정한 것처럼, 그는 사적으로는 서양 교육의 '수혜자'이고 이것을 통해 획득한 비판적 도구를 고맙게 여겼다. 하지만 "그러한 가운데에서도 동양인이라는 문화적 실재, 다시 말해 한 명의 동양인으로 구성되는 일에 개인적으로 참여하도록 한 문화적 실재를 단 한 번도 잊은 적이 없다".[19] 눈에 띄게, 이 책은 엄정한 조사인 동시에 사이드 자신에 대한 평가다.

동양 프로젝트로서의 성서 연구

성서학은 스스로의 정체성이 무엇인지에 대해 씨름해 왔으며 어떠한 학문과 제휴를 맺어야 할지 고민해 왔다. 주류 성서학이 연구를 수행할 때 동양에 관한 내재된 편견을 습관적으로 강화하는 버릇이 있다는 점을 참작하면, 내 생각에 성서학의 제자리는 동양학 안에 있으며 그래서 동양학의 필수적 구성 요소이자 상속자로 간주되어야 한다. 오리엔탈리즘을 동-서의 대규모 문화 사업이라는 측면에서만 바라보는 것은 옳지 않다. 오히려 사이드가 지적한 것처럼, 이것은 "성서 텍스트와 성서에 나타난 땅"에 대한 연구같이 "완전히 이질적인 영역들"을 포함한다.[20] 연구 방법론과 연구 범위라는 측면에서, 성서학은 동양학과 닮았으며 둘 사이에는 많은 유사점이 있다. 동양학자들이 아시아 지역 전체를 연구하는 반면, 성서학자들은 근동에 초점을 둔다. 동양학자들처럼 성서학자들도 고대의 문헌을 수집하고, 분류하고, 편집하고, 번역한다. 동양학자들에게 텍스트란 산스크리트어, 아랍어, 페르시아어, 중국어이지만 성서학자들에게는 히브리어, 그리스어, 아람어, 수메르어다. 양쪽의 학자들은 자신들이 연구하는 텍스트에 대해 아주 세부적이며 인내심을 요구하는 문헌학적 연구를 수행한다. 양쪽은 아시아와 아라비아, 아프리카 공동체들에 속해 있는 귀중한 사본들과 유물들을 모아 유럽의 수도로 이송해 왔다. 동양학자들과 성서학자들 양쪽 모두 지나간 시대의 고대 유적지, 문화, 종교, 의례 들을 발굴하고 연구한다. 양쪽은 과거에 집중하고 현대 세계의 필요와 질문에 관해서는 거의 관심을 두지 않는다. 양쪽의 주된 독자와 시장은 해당 지역의 토착민들이 아니라 북미인과 유럽인, 이스라엘인이다. 동양학 담론처럼, 성서적 오리엔탈리즘은 그 자체로 연구되고 구조화되어야 하는 대상으로 여겨졌으며 해당 지역의 실제 관심사들과는 거리를 둬야 했다. 성서적 오리엔탈리즘은 지중해의 토착민들이 이러한 지식 생산을 어떻게 바라볼지는 별로 관심을 두지 않았다.

역사학과 영문학, 인류학 같은 인문학의 다른 분과들 모두 식민주의와 공모한 긴 역사에서 벗어나 자신들의 분야 안에서 오리엔탈리즘의 흔적을 반대하는 쪽으로 진보해 왔다. 이와 대조적으로, 성서 연구는 전혀 이러한 양상을 보이지 않았으며 동양적 관점의 영향도 받지 않았다.

이러한 무관심과 자기비판을 꺼린 데에는 여러 가지 이유가 있다. 첫째, 성서학은 제국들이 번창할 때 번창한다. 미국이 새로운 제국이 되길 꾀하던 시기에 성서학은 미국에서 번창하고 있었다. 선택받은 새로운 종족이라는 신념과 결합된 미국의 이러한 새로운 국가적 자부심은 성서학자들에게 성서 텍스트에 간직된 제국주의적 충동에 대해 눈을 감도록 했다. 어떠한 성서학자도 대영제국의 모험에 반대하는 목소리를 내지 않았던 대영제국의 전성기 때도 이와 마찬가지였다. 성공회 주교 콜렌소처럼 반대 의견을 표명한 사람들조차 식민주의 개념 그 자체에 대해서는 이의를 제기하지 않았는데, 이들 모두는 식민주의를 토착민들에게 좋은 것으로 간주했기 때문이다. 단지 제국의 권력이 저지른 포악함과 잔인함에 대해서만 서로 일치하지 않았을 뿐이다. 대영제국이 세계를 지배하는 힘을 휘두를 당시, 웨스트코트와 라이트푸트 같은 성서학자들은 어떻게 인도인들을 개종시킬지 고민하는 과제에 몰두했다. 거대한 탈식민화 과정이 아프리카에서 이뤄지고 이주민들의 유입이 영국에서 진행되던 1960년대에 나인햄은 영국 청중을 위해 마르코복음을 탈신화화하고자 애쓰고 있었다. 사실 탈신화화는 독일인들에게는 이미 친숙한 것이었다. 이와 유사하게, 고전적 지위를 누린 스티폰 닐의 『신약성서 해석, 1861-1961』은 빅토리아 시대 대부분의 성서학의 주된 배경이었던 식민주의에 관해서는 거의 언급하지 않는다. 헥터 아발로스가 보기에는 현재 미국의 성서학 역시 "폭력과 인종주의, 성차별 등을 지지하는 권위로 반복적으로 사용되는 텍스트를 계속해서 살려 두고 있기에" 그 종사자들이나 보호하는 사업에 빠져 있다. 성서 텍스트에 의해 조장된 이런 잔혹함에 식민주의를 추가할 수 있다. 이 같은 자기보존 분위기가 만연한 상황에서는 텍스트에 대한 진지한 이데올로기적 조사를 기대할 수 없다. 이 학자들은 고대 텍스트를 공평하게 바라보도록 도와주는 대신에 아발로스가 "성서 숭배"[21]라고 칭한 일에 몰두하고 있다.

일부 주류 성서학자들이 오리엔탈리즘을 비판하기를 겁내는 두 번째 이유는 성서학 바깥에서 나온 이론들을 사용해 성서를 연구하는 데 실패했기 때문이다. 비판 이론들이 새로운 왕국을 여는 것은 아니지만 이 이론들은 끼어들어 난처한 질문을 던지며 기존 질서를 뒤흔들고 불안하게 만든다. 편견과 기득권을 초월해 있다고 믿으면서 전통주의자들이 지금까지 통제해 온 의제가 있는데, 비판 이론들은 이 의제에 정치와 이데올로기가 뒤섞이는 아찔한 도전을 선보였다. 성서에 나오는 제국들을 연구하는 일에 참여한 사람들조차 식민주의 담론 분석과는 별로 관련을 맺지 않았다. 황제 숭배와 신약성서를 다룬 『신약성서 연구 저널』 최신호는 이 점을 잘 보여 준다. 호미 바바를 딱 한 번 언급한 것을 제외하고는, 이 저널에 글을 쓴 그 누구도 사이드와 스피박, 파농을 비롯한 아프리카 반식민주의 작가들과 활동가들, 인도의 서발턴 연구자들이 제공한 개념적 혹은 이론적 해명을 사용해 제국을 새롭게 직시하고 제국의 위협과 위험, 약탈적 힘에 대항하는 일에 관여하지 않았다. 훨씬 더 나쁜 것은, 이 저자들이 미국과 같은 현대 제국들이 초기 로마제국의 이미지를 모방할 때 생길 수 있는 현대적 함의들을 도출해 내길 거부한다는 점이다. 이 저널에 실린 데이비드 호렐의 서문은 부드러운 말로 독자들에게 확언한다. "'신약성서와 제국'이라는 이 주제는 역사적 실체보다는 현재의 정치적 관심사에 따라 등장한 것이기 때문에 일시적 유행에 불과할 것이라고 의심하는 이들이 있다면, 그러한 의심은 완전히 접어 두어도 좋다는 것을 곧 알게 될 것이다."[22] 제국, 제국주의, 정체성, 배제는 우리 시대의 결정적 질문이며 비판 이론은 이에 대해 대답하도록 도와줄 것이다. 이론을 사용하는 이들이 있다면, 그들은 바로 페미니스트들, 아시아계 미국인들, 아프리카계 미국인들, 라틴아메리카계 미국인들과 같이 소수집단의 해석학에 관여한 이들일 것이다. 이들은 이론을 적극 활용하여 텍스트와 해석자 양쪽의 가부장적이고 인종주의적인 성격을 폭로하고 있다.

성서학에 존재하는 오리엔탈리즘적 경향들을 세밀하게 조사하기를 꺼리는 세 번째 이유는 학자들 사이에 자신들이 연구하는 학문은 이데올로기적 혹은 종교적 편견에 더럽혀지지도, 한쪽으로 치우치지도 않았다는 요지부동의 믿음이 있기 때문이다. 이러한 학자들이 효과적으로 사용하는 도구인 역사비평학은 현대 세계의 관심사에서 벗어나 고대의 텍스트를 연구하는 일에 몰두하도록 해 준다. 문헌학적 연구 과정에서 히브리어, 그리스어, 아람어, 수메르어 용어들의 본디 의미와 수용사에 너무 치중한 탓에 이 학자들은 성서 사전의 모호하기 짝이 없는 정치적·선전적 내용을 탐지하는 데 실패하고 만다. 기술적으로는 능숙하지만, 이들은 성서의 단어와 구절에 간직된 제국주의에 관해 의심을 제기하는 데 실패했다. 성서학은 본질상 정치적 편견을 포함하고 있는 이데올로기적 기획이다. 성서학회를 위시해 그들이 주관하는 포럼 및 저널 같은 전문 협회가 미국에서 작동되는 방식을 조사한 후, 아발로스는 이들이 대중과 대중이 직면한 문제들, 예를 들어 건강보험 같은 것보다는 고대의 도시와 도자기, 비문에 편중된 관심을 보인다는 결론을 내린다. 대부분의 성서학은 보수적인 종교적 의제에 따라 움직이고 있다.

마지막으로, 정치적으로 보수적 경향을 띤 성서학은 냉전 시대 동안 그리고 이스라엘과 아랍 국가들 간에 일어났던 1967년 전쟁의 여파 속에서 더욱 보수화되었다. 크로슬리는 미국과 영국, 유럽 나라들의 이스라엘에 대한 강한 지지가 성서해석과 역사적 예수 연구에도 암묵적으로 반영되어 있다는 점을 보여 주었다.[23] 우리의 관심을 끄는 것은 이러한 해석자들이 수행하는 정치적 헌신이 아니라 이들이 갖고 있는 전이해와 작업 모델이다. 과거의 오리엔탈리스트들을 평가하면서 적용했던 말은 오늘날의 성서학자들에게도 사용할 수 있다. 이들은 "기술관료적 해체주의자들과 담론 분석가들, 신역사주의자들"이며 "과거의 영광스러웠던 몇 가지 위엄을 그리워하며 기념하는 일에 빠져들고" 있다.[24] 성서학의 이러한 반동적 성격은 조지 엘리엇의 『미들마치』에 나오는 의사 카소봉에 대한 사이드의 평가를 상기시킨다. "메마르고, 헛되며, 끔찍하게도 삶과는 전혀 관련이 없다."[25]

현재의 성서학과 오리엔탈리즘적 관행을 재활용하기

오늘날의 성서학에도 동양에 관한 기획은 매우 활기차게 존재한다. 여기에는 다수의 오리엔탈리즘적 경향이 분명히 존재하고 있다. 동양을 고정시키고, 체계적으로 정리하고, 구조화한 일에는 성서학자들의 역할도 빼놓을 수 없다. 특히 사회과학적 방법을 사용한 성서학자들의 저서에서 오리엔탈리즘적 경향이 뚜렷하게 드러난다. 이 분야의 문헌들은 너무나 방대하기에 나는 존 필치의 『예수의 문화적 세계』와 브루스 멀리나의 『예수의 세계에 관한 창들』에 초점을 맞출 것이다. 이 두 책을 선택한 이유는 두 책 모두 일반 독자층을 겨냥하고 있기 때문이다. 세 권으로 된 필치의 복음서 묵상집은 가톨릭 교회 전례력을 따르고 있다. 멀리나는 중동의 다양한 종류의 문화적 행위와 태도, 인생관에 대한 흥미로운 풍경을 미국의 풍경과 대조해 보여 준다. 그런 다음 그는 이러한 삶의 정황들을 신약성서에 나오는 구절과 관련짓는다. 이 책들의 출판은 정치적으로도 의미가 깊다. 이것들은 미디어와 대중 담론에서 이라크인과 중동을 부정적으로 그리던 때인 제1차 이라크 전쟁 직후에 나왔다. 이 책들은 중동에 대한 악의적 묘사들을 수정하는 대신에 신자들을 가르치는 과정에서 편견으로 가득 찬 진부한 표현들에 그럴듯한 양식을 부여하면서 상투적인 것들을 새롭게 꾸며 놓았다. 필치와 멀리나의 저서들은 더욱 면밀하고도 오랜 연구를 요구한다. 나는 이 장에 필요한 부분에만 한정해서 이 책들을 다룰 것이다. 독자들도 곧 알게 되겠지만, 성서학 내에 오리엔탈리즘이 만연해 있음을 증명하기 위해 다양한 성서학자들의 글을 소개하고자 한다.

오리엔탈리즘의 표준적인 특징들 가운데 하나는 '타자'에게 딱지를 붙이는 일이다. 성서학자들은 성서에 나오는 땅의 지리를 확인하고 정체성을 부여하기 위해 일련의 이름들을 제안했다. 성서의 땅은 '이스라엘', '이스라엘의 땅', '유다', '거룩한 땅', '팔레스타인', '시로-팔레스타인', '지중해', '레반트', '예수의 세계', '예수의 문화적 세계'로 다양하게 묘사된다. 외부인에게 이러한 묘사들은 거슬리지 않고, 호환 가능하며, 중립적인 용어들처럼 보일지도 모른다. 그러나 기본적으로 이것들은 이데올로기적으로 장전된 미사여구이며 세계의 일부를 유럽 중심적으로 그리고 그리스도교 중심적으로 개념화하려는 표식들이다. 예를 들어, 「거룩한 땅의 지리학」이라는 글에서 피디언 애덤스는 "단지 유대인들과 그리스도인들에 의해서만 '이스라엘의 땅'으로 기억되어 왔다"는 것을 보여 준다.[26] 또한 데니스 벨리가 팔레스타인을 "성서의 나라"[27]로 칭한 것은 한 지역을 정의하는 데 신학적 전제들이 얼마나 중요한 역할을 하는지 보여 준다. '중동'과 '고대 근동' 같은 용어들도 중요한 아프리카 국가들이 있었다는 점을 아무 생각 없이 배제하고 성서에 언급된 아프리카 사람들의 목소리를 묵살해 버린다. 이름을 붙이는 일은 실재를 묘사하고 기술하려는 순수한 활동도 정직한 욕망도 아니다. 그것은 침략자들의 방식, 다시 말해 침략자들 자신들을 위한 땅이라고 주장하고, 특수화하고, 쪼개서 결국에는 차지해 버리는 방식이다. 이것은 '타자'를 통제하고 지배하고 관리하는 양식이다.

'타자'를 백지로, 유기된 것으로, 사람이 살지 않는 것으로, 그래서 언제라도 개발하고, 확장하고, 착취할 수 있는 것으로 개념화하는 일은 위에서 언급했던 것과 긴밀하게 연결된다. 성서학이 팔레스타인을 다루어 온 방식은 이에 해당하는 주목할 만한 예다. 여기에는 몇 가지 오리엔탈리즘적 특징들이 작동하고 있다. 첫째, 학자들은 땅으로서의 팔레스타인은 그 누구에게도 속하지 않았으며 모든 이들이 이 땅에 대한 권리를 갖는다고 선언한다. 한 권으로 된 주석서에 포함된 글에서, 피디언 애덤스는 팔레스타인을 생생하게 그려 낸다. 다양한 지역, 다양한 산과 강, 기후 조건, 이 지역에 거주해 온 다수의 인종을 말이다. 그러나 여전히 그는 "수세기 동안" 이 지역은 "그 누구에게도 속하지 않은 땅" 혹은 "누구라도 차지할 수 있는 땅"이었다고 선언한다.[28] 이러한 추론의 의미는 분명하다. 이 땅은 점령자를 위한 땅이라는 것이다.

둘째, 해석자들은 이 지역의 거주민들을 느슨하게 묶인 나약한 집단으로서 가끔은 "더 강력한 힘에 굴복"하기도 했다고 묘사한다.[29] 이것이 의미하는 바는 토착민들이 나약하고 연약하며 그래서 막강한 힘이 필요하다는 것이다. 셋째, 학자들은 이 같은 지도력을 제공할 수 있는 신으로 그리스도교의 유일신을 끌어들인다. 이를 위해, 이들은 이 지역의 다신교적 신들이 무능했으며 이 같은 다신교적 신 관념을 떠받쳐 준 자연종교 또한 쓸모없는 것이었다고 폭로한다. 이들은 이러한 신들이 "항상 평온했으며 결코 기존의 질서를 어지럽힌 방해꾼은 아니었다"[30]고 묘사한다. 그래서 이 같은 신들에 대한 충성심은 숭배자들에게 "나약함과 고통, 패배"[31]를 낳았다고 말한다. 라이트에 따르면 자연종교는 "열정적 인간"과 "과묵한 인간"을 생산한다. 온화하고 부드러워 보이는 이러한 정황은 고전적인 동양 처방전을 내리도록 유도한다. 땅과 그 땅의 백성과 그 땅의 자원은 막강한 신학적·정치적 관리 능력을 가장 잘 개발하고 제공하는 자들에게 속한다는 것이다. 이스라엘과 서양은 이 같은 우월한 처방을 제공해 준 것으로 여겨졌는데, 이스라엘은 종교적 활기를, 그리고 서양은 기술과 근대성을 가져다주었다. 수동적이고, 순응적이며, 활기 없던 이러한 환경에 이스라엘은 우월하고 활력이 넘치는 유일신 관념을 제공해 준 것으로 여겨졌다. 라이트가 보기에 이 신은 모든 "자연적·문화적·

철학적 종교에서 볼 수 있는 신과는 완전히 다른 신"이었다.[32] 이 같은 신은 "자연에 대한 신비한 깨달음을 통해서가 아니라 역사적 사건을 바탕으로"[33] 알려졌다. 라이트에 따르면 이러한 유일신 관념은 원시적·다신교적 단계에서 점차 발전한 것이 아니라 이스라엘의 삶의 모든 고비마다 나타났고 또한 보존되어 있기도 했던 것이다. 활기 없고 태만한 토착 신들은, "역사에 활기차게 참여한"[34] 성별 구분이 없는 유일무이한 역동적 존재로 대체되었다. 이렇게 "거룩한 주님"을 선포하면서, 예언자들은 "다신교 사회에서는 전반적으로 알려지지 않은 엄청난 사회적·정치적 개혁의 분위기를 창조했다".[35] 주된 임무가 현 체제를 유지하는 일이던 다신교적 신들과 달리, 이스라엘의 신은 "권위 있고 단호한"[36] 신으로 이해되었다. 자연의 리듬과 균형, 통합의 관점에서 그 가치가 이해되던 신들 대신, 이스라엘은 지역의 신들과 공존하기보다는 권위를 행사하는 신적 존재를 그 지방에 도입한 것으로 여겨졌다.

이스라엘이 강력한 종교적 분위기를 제공해 주었다면, 서양은 이 지역에 다양한 산업적 발명을 의미하는 근대성을 전해 준 것으로 간주된다. 스코틀랜드 성서학자 조지 애덤 스미스는 식민주의자들의 손에서 칼이 떠날 날이 없었지만 수십 만의 식민주의자와 전사가 어떻게 팔레스타인 지역을 프랑스나 영국의 일부 지역으로 완전히 할당되고, 경작되고, 관리되는 봉건적 형태의 왕국으로 조직했는지 자랑스럽게 열거했다.[37] 이러한 유럽의 비호 아래 농경 정착지들과 포도 재배, 양잠 등 다양한 자본주의적 기업이 있었지만, 스미스에 따르면 "서양으로부터 제공된 가장 중요한 물질적 혁신은 철도"였다.[38] 자파와 예루살렘 간의 철로가 완성되었으며, 이것은 "영구적으로 전략적 가치"가 있었다.[39] 스미스가 쓴 것처럼 서양의 간섭으로 인해 아시아에 속해 있던 이 지역이 "서양의 일부"가 되었다.⁴⁰ 팔레스타인은 이스라엘의 종교적 이상과 서양의 근대적 발명을 성취하고 진정으로 실현하기 위한 완벽한 무대가 되었다. 이렇게 팔레스타인은 그 자체의 고유한 의미라고는 아무것도 없는 곳이 되고, 유일신을 전시하기 위한 그리고 서양이 자신의 산업적 성취를 증명하기 위한 일종의 텅 빈 공간을 제공해 주었다.

'타자'를 풍자하고 이데올로기적으로 침묵시키는 오리엔탈리즘의 관례적 습관은 계속해서 나타나고 있다. 한 가지 습관은 '타자'를 게으르고, 수동적이며, 운명론에 빠져 있고, 주도적인 자세를 취할 수 없는 것으로 보는 오리엔탈리즘적 개념을 영속시키는 것이다. 한 가지 예를 들어 보면, 사도행전은 귀신 들린 한 노예 소녀의 주인이 일으킨 선동으로 바오로와 실라스가 감옥에 갇힌 사건을 기록하고 있다(사도 16,13-40). 감옥에 있는 동안, 감옥의 토대를 흔드는 급작스러운 지진이 일어났을 때 바오로와 실라스는 기도하고 찬송을 부르고 있었다. 그 결과, 감옥 문이 열렸으며 죄수들의 족쇄가 풀렸는데, 놀랍게도 한 사람의 죄수도 도망치지 않았다. 이 사건을 논하면서, 블레이클록은 윌리엄 램지의 말을 사용해 "순수한" 오리엔탈리즘의 한 가지 예에 해당하는 답변을 내놓았다. 죄수들이 도망을 시도하지 않은 이유는 "흥분을 잘하는 동양인들"에게는 "정신의 목적과 존재에 대한 북부 지방의 자기중심적 집념"이 결핍되어 있기 때문이라는 것이다.⁴¹ 이것이 의미하는 바는 동양인들은 변덕스럽고, 감정적이며, 충동적이고, 주도적인 자세를 취할 수 없다는 것이다.

성서학자들은 고전적인 동양학자의 이미지를 계속 되풀이하고 있다. 오리엔탈리스트들이 표준적으로 취하고 있는 한 가지 인식은 정적인 동양이라는 관념이다. 동양은 "서양을 위해 시간과 공간이 정지된 채 머물러 있는"⁴² 어떤 것이다. 자신의 책 세 권에 실려 있는 모든 서문에서, 필치는 독자들에게 지중해 사람들은 "몇 천 년이 넘도록 변하지 않은 많은 문화적 요소들을 공유하고 있다"⁴³고 말한다. 이 책들에는 잘 변하지 않는 중동 문화의 특성을 강화하는 여러 가지 예가 있는데 그중 부엌 용품을 사용하는 것을 살펴볼 수 있다. 미국인이 가스레인지나 전자레인지를 사용하는 반면 현대의 중동인은 고대 이래로 그래 왔던 것처럼 진흙 화덕을 사용한다. 한 그룹의 현대 중동인과 함께 두 아들의 비유(마태 21,28-31)를 토론하던 선교사가 이 두 아들 중 누가 더 좋은 아들인지 물었을 때, 이 사람들 대다수는 아버지에게 "네"라고 대답하고는 정작 일하러 가지 않은 아들을 선택했다. 근거가 별로 없는 필치의 설명은, 동양적 사고는 고정되어 있으며 정적인 특성을 갖는다는 편견을 재탕한 것이다. 필치의 견해에 따르면 아들이 일하러 가지 않았다는 사실은 요점이 아니다. 이 사람들에게 아들의 대답은 명예롭고 존경할 만한 일이었다. 왜냐하면 중동에서 다른 어떤 가치보다 우선시되는 것은 "언제나 명예"⁴⁴였기 때문이다. 현대 지중해의 어떤 도시를 바라볼 때, 학자들이 그 도시를 어떠한 변화에도 영향을 받지 않은 채 존속해 온 어떤 것으로 인식하는 일은 하나의 관례로 되어 있다. 예를 들어, 도레테 죌레와 루이제 쇼트로프의 책 『나자렛 예수』에 나오는 사진을 설명하는 여러 가지 글들 가운데에는 이런 말이 있다. "오늘날 이집트 시골 지역에 사는 어린아이들의 삶은 예수 시대에 살던 어린아이들의 삶과 매우 비슷하다."⁴⁵ 진보적이라고 여겨지는 페미니스트조차 이러한 직접적이고 순진한 방식으로 동양을 재동양화하는 데 참여하고 있다.

요점 간추리기는 오리엔탈리즘이 선호하는 또 하나의 기술로, 문화를 특정한 요점으로 간추려 환원하는 방법론이다. 이것은 '타자'를 틀에 박힌 듯 주조하고 깎아내리는 식민주의 및 제국주의 권력들이 사용한 해석학적 전략이었다. 사회과학과 인류학 방법론을 쓰는 학자들은 일상적으로 지중해 문화의 요점을 간추린다. 이들은 복잡한 문화적 특성들을 명예와 수치 혹은 후견인과 의뢰인 같은 한 쌍의 핵심적 가치로 끌어내린다. 이 지역이 다양한 문화와 나라로 구성되어 있다는 사실을 무시하고 지중해 세계 전체에 걸쳐 공통적으로 나타나는 것으로 묘사한다. 사람들은 명확하고 산뜻한 문화적 범주들에 속해 있는 것으로 표시되고 만다. 지중해 문화를 일련의 핵심적 가치들로 환원해 버리는 것은 변화무쌍한 지중해 문화가 품고 있는 생명력과 능력을 떨어뜨리는 일이다. 요점 간추리기를 드러내는 또 다른 흔적은 인간의 유약함과 결함을 천성적이고 정상적인 인간 행위로 묘사하는 것이다. 필치는 어떠한 증거도 없이 독자들에게 지중해 문화에서는 "비밀, 거짓말, 속임수가 주된 전략"[46]이라고 말한다. 아이들은 다른 사람의 집에 가서 무언가를 알아내도록 요구받지만 동시에 부모들에게서 가족의 비밀을 다른 사람들에게 누설하지 말라는 경고를 받는다고 그는 주장한다.[47] 기본적으로 필치가 보는 중동 사람들은 "속임수와 거짓말을 즐긴다".[48] 심지어 그는 "간음은 한 남성이 다른 남성을 수치스럽게 만드는 전략"[49]이라고까지 주장한다.

요점을 간추려 핵심을 집으려는 본질주의는 곧잘 젠더를 정형화한다. 고대 지중해 세계에서 여성들은 "음탕하고 신뢰할 수 없는" 것으로 취급받았기 때문에 한 아이가 실제로 자신의 아이인지 아닌지 남편이 확신하지 못할 정도가 된다.[50] 사마리아 여자가 규칙을 깨고 공개적으로 메시아와 성전과 같은 "남성적인" 정치 종교적 주제들을 토론했을 때, 필치의 견해에 의하면 요한의 예수는 "여성적인" 화제로 돌아가도록 그녀를 이끌었다. 필치는 이것을 하나의 "혁명"[51]이라고 소리 높여 찬양한다. 중동에서 여성들은 "성욕이 지나쳐서" 보호가 필요하고 가족 중 주요 남성이 항시 감시할 필요가 있다고 여겨졌으니, 아버지가 딸을(집회 42,9-10), 형제가 자매를(2사무 13,7-39), 남편이 아내를(집회 26,1-9), 그리고 아들이 어머니를 감시한다는 것이다.[52]

오리엔탈리스트들의 작업에는 인정과 폄하가 동시에 존재한다. 긍정적인 가치를 지닌 미덕조차 뚜렷한 이유 없이 몇 가지 사악한 동기와 엮여 있는 것으로 묘사한다. 단식을 언급하면서, 필치는 지중해 사람들에게 단식은 단식가가 금욕으로 구경꾼들의 관심을 끌고 그들에게 깊은 인상을 주기 위한 공공 이벤트라고 말한다. 이러한 자기비하적인 행동은 원조를 구걸하는 한 방식이다. 하지만 미국인들은 실직과 주택 몰수, 건강 상실로 인해 발생할 수 있는 수치스러운 경험에서 빠져나오기 위해 소리치며 적극적으로 도움을 구한다.

오리엔탈리즘의 또 다른 흔적은 동양과 서양을 구분하는 특징을 지나치게 강조하는 대조적 사고방식이다. 사이드는 이러한 이분법적 경향이 동양과 서양을 창조하고 정의하는 데 도움을 주었다는 사실에 주목했다. 이것이 작동하는 방식은 동양은 더욱 동양적이 되고 서양은 더욱 서양적이 되도록 차이들을 양극화하는 것이다. 사회과학적 성서 연구 문헌에서 미국은 현대적이고, 진보적이며, 능동적인 것으로 묘사되지만 지중해 문화는 전통적이고, 정적이며, 수동적인 것으로 묘사된다. 이 같은 분류 자체는 지중해 문화로부터 내부적으로 변화하고 발전할 수 있는 역동성과 능력을 빼앗는 도구가 된다. 동양의 열등한 가치들은 서양의 우월한 가치들과 대립한다. 미국인은 과학적으로 세련되어 있지만 지중해인은 영들을 물리치기 위해 "부적이나 제문 혹은 다른 상징들"에 의존한다.[53] 필치는 말한다. "고대와 현대의 지중해 세계에서, 사람들은 거대하고 다양하며 매우 실제적인 영의 세계를 믿는다. ··· 이러한 영들이 선하건 악하건 아주 강력하다고 믿었던 이들의 확신을 현대의 과학적 정신을 가진 서양 신자들이 이해하기란 어려운 일이다."[54] 지중해 세계에서 치료는 손과 감정을 어루만짐으로써 이루어진다. 하지만 미국에서 치료란 "현미경, 엑스선단층촬영, 굉장한 현대의 약물"에 관한 것이다.[55] 중동인은 시끄럽고 목소리가 크며 즉흥적이다.[56] 미국인은 신속하고 저녁 파티 시간을 잘 지킨다. 시계와 달력을 가지고 있기 때문이다. "지중해의 유대인"은 굼뜨다. 태양의 위치, 달의 형상, 닭 울음소리로 시간을 측정하기 때문이다.[57] 그래서 서양은 합리적이고, 훈련되어 있으며, 민주적이고, 계몽되어 있지만 동양은 충동적이고, 제멋대로이고, 전제적이며, 무지몽매하다.

신앙, 사랑, 증언, 평화 같은 성서의 개념들에 관해 논할 때도 차이를 지나치게 과장하고 과대평가하는 경향이 있다. 미국인에게 신앙이란 마음과 의지의 문제이기보다는 매우 지적인 감각을 갖는 것으로 여겨지기에 합리적 사고에 기초해 있는 반면, 중동에서 신앙이란 집단적 충성심과 연대성에 관한 것이다. 필치는 예수의 애제자를 예로 들어 말하는데, 그 제자는 빈 무덤, 사라진 시신, 버려진 수의 같은 애매한 증거들밖에 없는데도 "어떤 일이 있어도 무조건 충성"[58]을 다했기에 부활을 믿었다는 것이다. 마찬가지로, 중동인에게 사랑이란 대부분의 미국인처럼 애정을 표현하는 것이기보다는 애착 및 긴밀한 유대와 관련이 있다. 팔레스타인에서 공적 기도란 신을 감화시켜 신이 행동하도록 만드는 것이다. 왜냐하면 지중해인은 자신의 삶을 통제하지 못하고 신의 중재가 필요하기 때문이다. 이와 대조적으로 미국인은 자기 운명의 주인이다. 그래서 이들의 기도는 "기도를 듣는 이들에게 감동을 주거나 그들을 교화하는 데 더 큰 관심을 둔다".[59] 중동에서 통용되는 증언이란 미국인이 좋아하는 사실에 근거한 진실이나 목격에 관한 것이 아니라 "느끼고, 상상하고, 추측하거나 욕망하는 일과 관련이 있는데, 특별히 곤경에 빠진 친구를 도와주는 경우"⁶⁰라면 더욱 그러하다. 평화란 "침묵과 고요, 모든 것이 제자리를 잡는" 것과 같이 미국인이 이해하는 바가 아니라 아이들이 외치거나 어른들이 소리를 지르거나 언쟁하는 것과 같은 일련의 흥겨운 행동을 통해 표현되는 것으로 이해된다. 더욱이 평화는 가족의 경쟁과 음모를 통해 유지된다. 필치가 자신의 주장을 옹호하기 위해 제공한 예는 유산을 얻고자 아들 야곱에게 아버지를 속이라고 충고한 라헬의 경우다.⁶¹

오리엔탈리즘이 동양을 만화와 같이 과장하고 희화화해서 그리는 경향은 서양, 특별히 미국에 대한 과장된 평가와 맞닿아 있다. 이것은 단순한 대조에 기초를 두고서 동양과 서양에 대해서 말하는 태도나 권위에서 비롯된 옥시덴탈리즘의 한 형태이다. 필치는 자신의 독자들에게 미국인은 "모든 이들의 평등"을 믿지만 중동에는 이 같은 개념이 낯설다고 말한다. 미국인은 "지상에서 살았던 사람들 가운데 가장 개인주의적인 사람들"이며 "사회보장번호와 각자 자신만이 가질 수 있는 여러 가지 정체성"을 갖고 있다. 이것은 "자신들의 개성을 알지 못하고" 따라서 "자신들이 누구인지 깨닫도록" 도와주는 타인에게 의존하는 지중해인과는 대조적이다.⁶² 미천한 집안 출신임에도 미국인이라면 태어날 때 가졌던 지위보다 더 높은 곳으로 오를 수 있다. 하지만 명예에 기초를 두고 있어서 체제의 유지와 보존의 요구가 강한 지중해 문화에서는 이러한 생각을 할 수 없다. 지중해 문화의 삶에서 앞서 나가는 것은 공동체의 삶의 방식에 불화를 일으키는 것으로 인식된다.⁶³ 갈등 상황을 다룰 때, 미국인은 재치, 외교, 대화에 의지하지만 중동인은 대결과 모욕에 의지한다.⁶⁴

오리엔탈리즘의 가장 오래된 속임수는 '타자'를 고립시키면서 동시에 합병한다는 점이다. 체제에 끊임없이 도전하는 토착민들은 부적격자들로 격리되고 식민주의자가 원하는 이미지로 바뀐다. 오리엔탈리스트의 전략은 토착 문화의 질서와 풍습에 질문을 던지고, 저항하고, 지배자의 언어를 쓰는 지역의 사람들을 계몽된 토착민으로 간주하는 것이다. 예수 세미나에서든 사회과학적 접근에서든 예수를 재구성하는 데에도 이러한 일이 일어나고 있다.[65] 여기에서 예수는 자신의 문화에서 보호받기도 했으나 비판을 감행했던 사람으로 묘사된다. 멀리나의 말처럼 예수는 "지중해의 가치들을 재조정"[66]하고자 애썼던 사람으로 계속 여겨진다. 사회과학적 방법들을 사용한 사람들은 예수가 행한 이 같은 재조정에 관해 풍부한 예를 제공해 준다. 한 가지 예는 후원자-의뢰인 체제와 이 체제에 딸려 있던 중개인들을 뒤흔든 일이다. 예수는 끊임없이 움직임으로써, 사람들을 치유함으로써, 좀 더 중요하게는 나자렛에 정착해서 후원자가 되고 그래서 후원자에게 따라붙는 특권을 즐기는 것을 거부함으로써 이러한 일을 이루어 냈다. 크로산에 따르면, 예수의 가족이 그를 거부한 이유는 그가 대다수 사람들이 믿고 있던 체제를 거부했기 때문이다. 마찬가지로 예수는 명예를 중시하는 문화를 재정의했다. 자선, 기도, 단식이 구경꾼들에게서 관심을 받고자 애쓰고 이를 통해 명예를 얻고자 하는 것으로 여겨지는 사회에서 예수는 자신의 제자들에게 "선한 일은 비밀리에 하라"고 권했다.[67] 많은 경우에, 예수는 그 시대의 문화적 가치들을 뒤집은 것으로 묘사된다. 자신의 문화에 의해 할당된 역할에 충실했던 마르타가 집안일로 몹시 분주하자 그녀는, 자발적으로 나서서 예수에게 반응을 보인 마리아를 본받으라고 가르침받았다. 예수가 남성 제자들에게 자신과 함께 있는 것만으론 충분하지 않고 계명을 이행해야 한다고 말했을 때, 기존의 가르침들은 전복되었다.[68] 예수는 자기 백성의 대중적 신념과는 다른 이로 제시되었다. "오늘 우리에게 일용할 양식을 달라"는 「주님의 기도」에 반영되어 있듯이 지중해인이 현재에 집착한 것으로 보일지라도, 마태오의 예수는 "현재를 지향하는 사람들에게 아주 멀리는 아니지만 적어도 약간의 먼 미래에 대해 생각하도록 만들 수 있었다".[69] 필치의 견해에 따르면, 예수의 충고와 행동은 자신의 가르침을 "반문화적이기보다는 반구조적으로"[70] 만들었다. 어쨌든 이로 인해 자신이 속한 중동 문화로부터 분리되어 미국인에 가까운 예수가 출현했다. 필치는 예수를 미국인 멘토에 가깝도록 바꿔 놓았다. 탁월함과 성공을 성취하도록 도와주는 멘토처럼, 예수는 자신의 주변에 있던 한 무리의 추종자와 제자를 기른 "당파의 창시자"로 비치게 되었다.[71]

이러한 글들은 또한 오리엔탈리즘에 있는 한 특징을 잘 보여 준다. 이 특징이란, 미국에게서는 사라지고 있지만 미국인의 삶을 훨씬 낫게 해줄 잠재력을 지닌 '타자'의 가치와 특성을 자기 것으로 삼는 것이다. 필치와 멀리나의 책에는 미국인의 삶에서는 사라져 가고 있으나 중동인의 삶에는 존속해 있는 많은 예들이 산재해 있다. 이러한 것들 가운데 하나는 지중해 지역의 공동체들에 널리 퍼져 있는 의료나 건강관리 방식이다. 이것은 미국인에게 익숙한 민영화된 비싼 의료 서비스에 대한 '신나는 도전'을 제기한다. 미국인의 삶에서 거의 사라진 또 다른 측면은 신비와 경이로움이다. 미국인의 사고방식에 존재하는 과도한 이성화는 미국인에게서 전례의 아름다움과 성사에서 체험되는 감화를 빼앗아 버렸다. 지중해적 비유에 해당하는 루카 16장 1-13절 역시 자본주의적 관념들에 의해 길러진 미국인에게 경고를 던진다. 돈이 모든 것은 아니라고 말이다. 자캐오는 낮은 자존감을 지닌 수백만 미국인의 전형으로 보인다. 필치 역시 사라져 가고 있는 가치들, 예를 들어 낯선 자들을 환대하는 일과 같은 것들은 현대 미국인의 삶에 도입되어야 하는 것이 아닌지 묻는다.

필치는 독자들에게 지중해 문화와 미국 문화는 같지 않다고 말한다. 이 두 문화가 안고 있는 문제는 서로 다르며 그렇기에 지중해 문화가 제공하는 해결책이 미국인에겐 유효하지 않다. 그러나 그는 계속해서 미국을 위한 교훈을 끌어내고 소박한 동양적 삶의 양식을 전유해서 미국을 바라보는 자신의 비전 속에 집어넣고자 하는 욕망을 드러낸다. 사라져 가고 있는 고귀한 가치들을 재창조하려는 욕망 가운데, 필치는 불완전한 모사물인 '타자'에게서 이상화된 미국을 그리는 데 필요한 완벽한 보충물을 찾아낸다. '타자'에 대한 이 같은 이상화, 그리고 사라져 가고 있는 삶의 이상과 질을 보완하고자 필요한 것을 빌려 올 수 있는 자유는 강한 문화가 가진 특권에 해당한다.

지금까지의 논의를 이렇게 마무리할 수 있다. 사회과학 성서비평을 사용한 필치와 멀리나 같은 성서학자들은 다른 분과에서 휴면 상태에 있거나 아니면 이미 퇴화해서 잊힌 사건으로 취급되어 온 동양이라는 관념을 되살려 냈다. 이러한 성서학자들의 저서는, 정치적으로 부정확한 몇 가지 내용을 첨가하고 있긴 하지만, 지나간 시대의 관념들을 고스란히 간직하고 있다. 이들은 동양을 근대 서양의 용어로 묘사하고 현대 사회과학이 지닌 논리적 명쾌함을 동원해 동양의 애매모호함을 없애 버린다. 그 결과는 상당한 양의 축소, 허위 진술, 환원, 과장이다. 그들의 과장된 묘사와 윤색은 식민주의 여행기들을 연상시킨다. 여기에 나타나는 동양은 미국인의 행동과 가치와 시민성을 대표하는 고전적 표준들, 즉 개인주의, 정직, 힘든 노동, 시간 엄수를 강조하기 위한 해석학적 장식물에 지나지 않는다. 이러한 학자들이 수행해 왔던 것은 동양을 이것에서 또 다른 어떤 것으로 개조하고자 했던 오리엔탈리스트들의 일반적인 관행에 가담하는 일이었다. 이와 같은 오리엔탈리즘적 실천은 이들이 대변하는 미국의 지지층뿐만 아니라 옛 동양학자들이 주장했던 것처럼 동양을 위해서도 행해졌다. 동양을 주조하는 과정을 추동하고 있는 힘은 서양의 지배적인 문화적·정치적 규범들과 연결되어 있으며 또한 이것에 의해 지지받고 있다. 이러한 학자들은 자신의 권위를 보여 주기 위해 현대의 사회과학적 모델과 이론에 과도하게 의존한다. 그러나 이 모델과 이론이 학문적 지위를 부여해 줄 순 있으나 불행하게도 '타자'를 무능하게 보이도록 만들어 버린다.

문화적·인류학적 의제들을 언급하지 않는 전통적인 역사비평 방법론을 비판할지라도, 사회과학 비평도 결국에는 미국인과 그 밖의 사람들을 위해 북미를 이상화하고 중동을 훼손하는 일을 한층 더 강화하고 기존의 고정관념을 날조해 버리는 것으로 끝나고 말았다. 안타깝게도 이러한 학자들은 종족 중심주의적일 뿐만 아니라 생색내고 비아냥거리는 닳아빠진 오리엔탈리즘의 이미지들과 전통적 특징들을 복제하고 있다.

인기를 누린 필치와 멀리나의 책들은 지중해의 모든 남성이 아침에 일어나서 어떻게 하면 "그에게 끼워 넣어진" 가족 구성원인 아내와 결혼하지 않은 딸과 간통을 저질러 자신의 명예를 보존할 수 있을지에 대해 곰곰이 생각한다는 인상을 준다. 자신이나 자신의 집단에게 수치를 안기는 일들을 피하려면 어떠한 행동을 해야 하는지, 혹은 사회적 유대를 방해하지 않기 위해 의뢰인-후원자 관계를 어떻게 유지해야 하는지 곰곰이 생각할 것이라고 말이다. 이것은 미국인이 아침마다 일어나서 자신의 헌법에 적시된 시민권과 자유에 대해 혹은 어떻게 미국인의 꿈을 성취할 수 있을지, 혹은 자신이 투자한 것에서 어떠한 종류의 배당금을 얻을 수 있을지 곰곰이 생각할 것이라고 기대하는 것과 같다. 사람들은 자신들의 삶에 몰두한다. 하지만 핵심적인 문화적 가치들이나 경전에 적힌 규정에 대해 의식적으로 그리고 끊임없이 몰두하며 돌아다니진 않는다.

필치와 멀리나의 책에서 중동인에 관해 언급된 모든 것, 즉 중동인이 거짓말을 하고 남을 속이는 방식, 대결적이고 복수적인 중동인의 기질, 중동인의 집단적 정신성, 중동 여성의 부도덕성, 혼란을 유발하는 중동인의 증언 방식, 타인을 지배하는 일과 관련해 달라지는 중동인의 위신 등에 관한 것들은 미국인에게도 똑같이 진실일 것이다. 이러한 특징들은 시종일관 일반적이고, 전형적이며, 중동인에게서나 기대할 수 있는 것으로 간주된다. 이 같은 묘사는 사람들은 다 똑같다는 식으로 중동인을 동질화할 뿐만 아니라 인종주의적 편견에 이르도록 한다. 모든 인간들처럼, 미국인도 표리부동하며 논쟁적이고 악의적이다. 그리고 미국 여성도 부도덕할 수 있으며, 미국인 역시 강한 인종적 정체성을 지니고 있다. 정치에 우연찮게 관심을 가진 사람들조차 미국 행정부는 협상과 외교에 의존하지만 지중해인은 대결에 의존한다는 주장을 유지하기란 어려운 일이라는 점을 알게 될 것이다. 국제적 사건들에 대한 최근의 미국의 개입으로, 이 같은 주장을 유지하기란 쉽지 않다.

현재의 모순들을 다룰 때, 미국인은 미래에 기대를 거는 반면에 중동인은 자신들의 지난 역사를 탐구하고 경전에 나오는 신의 말에 호소하며 조상들을 불러낸다는 멀리나의 놀라운 주장은 그야말로 과장이다. 위기에 직면했을 때, 부시 같은 미국 대통령도 이라크 전쟁을 치르기 위해 경전을 통한 비준과 결속을 추구해 왔다. 미국의 정치가들은 종종 영감을 얻기 위해 건국의 아버지 제퍼슨과 링컨을 소환하며, 미국의 군인들도 행동에 옮기기 위해 진주만과 같은 과거의 사건들을 정기적으로 탐구한다. 멀리나와 필치는 언제나 자신들의 해석학적 실천이 문화적으로 섬세하다고 주장한다. 그러나 이들의 책은 문화적·정치적으로 둔감한 주장들로 가득 차 있다. 필치는 미국인이라면 "솔로몬을 왕으로 만든 궁정의 일상적 정치에 놀랄 것이라는 기이한 말"을 한다.[72] 미국인 역시 정치적으로 허튼소리를 한다. 워터게이트와 뒤따라 일어난 정치적 음모를 떠올리기만 해도 쉽게 알 수 있다. 우리가 본 것은 모든 인간 문명의 새로운 표준이 된 북미 백인의 관점에서 지중해 세계의 문화를 바라본 것이다. 이것이 겨냥하는 목적은 점차 복잡해지는 세계에서 인간들이 얼마나 비슷한지 이해하는 데 있기보다는 문화 간의 차이를 증명하고 강조하는 데 있는 것처럼 보인다.

사회과학 성서학자들의 작업은 미국식 오리엔탈리즘의 특질을 잘 보여 준다. 말리니 조하르 슈엘러에 따르면 미국식 오리엔탈리즘은 "인종주의적 분열을 내면적으로 신비화하도록 도와준 이분법, 즉 미국은 정의롭고, 도덕적이고, 정력적이며, 활기차지만, 동양은 부패하고, 일탈적이고, 무기력하며, 수동적이라는 이분법에 기초해, 이전의 제국주의 서사를 미국을 위해 현대적으로 기획한 것"이다.[73] 미국의 오리엔탈리즘은 영국의 것을 단순히 모방한 변종이 아니라 서양 문명의 이론들에서 추진력을 얻은 토착 담론이고, 미국의 사회-정치적 상황이며, 새로운 제국으로서의 미국이라는 관념이다. 필치와 멀리나 같은 성서학자들이 동양을 새롭게 만들어 동양을 이해하고자 노력한 것이라고 주장할지라도, 결국엔 미국의 시각으로 '타자'를 복제하는 일로 끝나고 말 것이다.

동양인들과 동양인들의 오리엔탈리즘적 관행

오리엔탈리즘은 전적으로 서양인의 사고 양식에만 국한되지 않는다. 그

흔적들이 일부 아시아 학자들의 담론에서도 발견된다. 이러한 일은 두 가지 방식으로 발생한다. 하나는 동양에 대한 일부 서양인의 인식을 아무 생각 없이 반복하는 것이다. 아시아 해석자들은 동양이 영적이고 신비적이며 역사적 인식이 부족하고 문헌보다는 구전을 더 중시한다고 본 오리엔탈리즘의 환원적이며 빈곤한 동양관을 일상적으로 되풀이했다. 아시아의 정신은 비판적 의식을 나타내기보다는 종합하는 데 능통한 것으로 간주되었다. 이에 해당하는 고전적인 예로, 인도의 몇몇 그리스도인이 오리엔탈리스트들이 고안한 범주를 정확하게 재탕하면서 요한복음서를 해석했던 방식을 들 수 있다. 요한복음서에 대한 인도인의 해석을 조사하면서 스핀들러는 인도인의 요한복음 읽기가 "불이일원론적 전통과 어느 정도 연속 선상에서, 또는 힌두교의 박티 전통에서 복음서의 신비적 측면"을 강조한다고 결론짓는다.[74] 인도는 다양한 종교와 철학들을 생산했지만, 종교적 회의주의와 합리주의가 깊게 자리 잡았던 곳이며 논쟁적이며 무신론적인 문헌을 산출했다. 아마르티아 센은 최근에 이성, 합리, 과학, 관용, 자유, 정의가 전적으로 서양의 것이라고 흔히 주장되는 편견에 대항하는 논의를 펼쳤다. 이러한 것들은 서양 전통뿐만 아니라 동양 전통에서도 발견된다.[75]

동양인들이 오리엔탈리즘을 이용한 또 다른 예는 오리엔탈리즘 담론을 채택하고 이 담론을 구성하는 데 일조한 바로 그 사람들에게 이것을 다시 적용한 일이다. 유럽인들이 고대 문명과 사본을 발견한 일은 민족의식을 일깨워 주었으며, 몇몇 민족주의자들을 자극해 자신들의 문화와 전통에 대한 과장된 주장을 일삼고 차후엔 아이러니하게도 이것을 발견한 유럽인들에게 대항하는 강력한 저항의 무기로 사용하도록 해 주었다. 이러한 재적용은 자신들의 문화에 대한 서양인의 비방을 수정하고,

서양의 부정적 묘사에 의해 더럽혀진 자신들의 정체성을 바꾸며, 서양의 이중적 잣대를 폭로하려는 세 가지 목적을 가지고 실행되었다. 이와 관련해 5장에서는 자신이 전한 바를 서양이 제대로 실천하지 못했다는 이유로 어떻게 일부 아시아인이 오리엔탈리즘을 서양을 협박하고 창피 주고 모욕하는 편리한 전략으로, 또한 아시아의 정체성을 재정의하는 유용한 도구로 사용했는지 살펴볼 것이다.

결론들, 비판적 반성들

오리엔탈리즘의 기원과 등장은 유럽의 낡은 식민주의적 관행들과 연결되어 있다. 오리엔탈리즘은 미리 결정된 문화적 게토 안에 사람들을 가둬 놓는다. 이것이 북미에서 재탄생하고 번성한 데에는 아마도 미국이 신식민주의의 지배 권력으로 등장한 것과 관련이 있는지도 모른다. '타자'를 기록하고자 시도하면서 미국은 그 자신도 기록하게 되었다. 오리엔탈리즘의 '타자' 조작 이면에는 아누아 압델 말렉이 이름 붙인 소수집단을 소유하려는 패권주의가 놓여 있다.[76] 이것은 비서양 세계를 감독할 뿐만 아니라 소유할 수도 있는 서양의 특권이다. 오리엔탈리즘은 '타자'를 평가하는 수단이다. 이것의 유용성은 지식과 정보를 구조화하는 데 있다. 오리엔탈리즘은 변치 않고 지속되는 서양 문명의 우월성을 증명해 주며 비서양 세계에 대한 서양의 통제를 끊임없이 정당화해 준다. 오리엔탈리즘적 사고는 온전히 남아 있으며, 미묘하고 조용하고 세련된 방식으로 자신을 드러낸다.

오리엔탈리즘이 언제나 서양의 동양에 대한 오해와 조작에 관한 것만은 아니다. 긍정적인 측면도 있었으며 따라서 오리엔탈리즘이 반드시 책략과 오인에 관한 것만은 아니었다는 점을 상기시키는 또다른 측면이 있다. 인도어, 아랍어, 페르시아어, 중국어 분야에서 유럽학자들은 엄청난 기여를 했다. 고대의 귀중한 문헌을 애써 찾아내고, 다양한 토착어들을 연마하고, 이 언어들의 문법을 규정하고, 종교 관습들을 조사하고, 자신들이 지배한 사람들의 문화에 진정으로 매료된 유럽인들이 있었다. 불행히도 이들은 예외였으며 소수파로 남아 있었다. 이러한 지식 생산이 전적으로 유럽인의 노력만으로 이루어진 것은 아니었다. 대부분 수많은 무명의 토착민들이 참여한 합작품이었다. 유럽인과 인도인 간의 공동의 노력을 참조하고 싶다면, 트라우트만의 저서를 보라.[77] 성서 번역에서 토착 그리스도인들이 수행한 역할을 참조하고 싶다면, 스트랜디내즈의 글을 보라.[78] 그리고 성서를 자국어로 만드는 데 인도인이 맡았던 역할을 참조하고 싶다면, 후퍼의 저서를 보라.[79]

문제는 이러한 오리엔탈리스트들과 이들이 이룩한 모범적 성취에 있는 것이 아니다. 문제는 이들의 작업이 어떤 것들로 구성되어 있는가, 그리고 이들의 작업이 어떤 목적을 위해서 봉사했는가 하는 것이다. 몇몇 경우에 동양학은 인종주의적·이데올로기적·제국주의적 편견을 강화하는 일반화된 체계가 되었다. 사이드가 관찰한 것처럼, "동양에 관한 하나의 사고 체계로서 오리엔탈리즘은 언제나 인간과 관련한 구체적인 어떤 것에서 출발해서 초인적인 어떤 것으로 승격해 갔다. 10세기 아라비아의 시인에 대한 관찰은 이집트, 이라크 혹은 아라비아에서 동양의 정신을 다루는 정책으로까지 확대되었다. 마찬가지로 쿠란의 한 구절은 무슬림의 뿌리 깊은 호색을 가장 잘 나타내 주는 증거로 간주되곤 했다".[80] 간단히 말하면, "하나의 목소리가 이야기 전체가 되어 버린" 셈이다.[81] 오리엔탈리즘의 실패는 인간 경험을 식별하지 못한 실패이다. 자주 오해받았던 자신의 입장을 해명하기 위해 사이드는 그 어디에서도 오리엔탈리즘이 "사악하거나 불성실하다거나 혹은 모든 오리엔탈리스트의 저서가 하나같이 동일하다"[82]고 주장한 적이 없다고 말한다. 그가 맹렬히 저항한 것은 오리엔탈리스트들의 좋은 저작이 제국주의에 동원되었을 때였다. 그가 오리엔탈리즘과 싸운 때는 이것이 "특별한 관념 체계"[83]와 "태도의 구조"로 개조될 때 그리고 오리엔탈리스트들이 "제국주의 권력"과 공모했을 때였다.[84]

과제는 물려받은 식민주의 유산에 얽매이지 않는 동-서의 담론에 도달하는 것이다. 물려받은 표상(재현)들은 너무도 완강하고 해로운데도 계속해서 다시 고안되고 있다. 분명한 것은 오리엔탈리즘에 대한 대응이 뒤집어서 옥시덴트를 쳐다보는 것이 아니라는 점이다. 사이드는 자신의 책 결론부에서 다음과 같이 매우 분명하게 견해를 밝혔다.

> 무엇보다도 나는 오리엔탈리즘에 대한 대응이 옥시덴탈리즘은 아니라는 것을 독자들에게 보여 주었기를 바란다. (멸시당한) 과거의 '동양인'이 자신이 동양인으로 살아왔다는 생각 때문에 위로받을 일은 없을 것이다. 그는 스스로 만들어 낸 새로운 '동양인'이나 '서양인' 연구에 쉽게 (너무도 쉽게) 빠질 수 있다. 만일 오리엔탈리즘에 관한 앎이 어떤 의미를 지닌다면, 그것은 언제 어디에서나 (어떤 지식이든 간에) 지식의 타락이 매혹적이라는 점을 일깨워 준다는 점이다. 아마도 과거보다는 지금이 더욱 그러할 것이다.[85]

사이드가 옹호한 것은 "다른 문화들과 사람들을 해방의 관점에서, 또는

4 —— 지속되는 오리엔탈리즘　157

비억압적이고 비조작적인 관점에서 연구해야 한다"[86]는 것이었다. 우리가 다른 사람들과 문화들을 차별 없이 바라보는 일에 도달하는 것이 중요하다. 이것을 할 수 있는 한 가지 방법은 우리가 생각하고 적는 것에 대해서 언제나 경계하고 날카롭게 의식하는 것이다.

5

탈식민주의의 계기들

성서와 그리스도교를 탈중심화하기

그들의 책 또한 우리의 것과 다르다.¹

우리는 우리나라의 표상(재현)을 바꿈으로써 우리나라를 바꿔야 한다.²

탈식민주의는 제국의 공식적인 종말을 보여 준 시간에 대한 언급이 아니다. 오히려 탈식민주의는 식민주의 시기와 그 이후 시기에 사람들이 착수한 대응 조치들을 가리킨다. 탈식민주의는 식민주의에 관여하는 동시에 저항하는 하나의 담론이다. 이런 진귀한 계기들은 제국과 전투적으로 만나게 한다. 탈식민주의적 계기들은 그리스도교가 순수하고 유익하며 유럽은 지적으로 탁월하다는 선험적 주장이 잠시 흔들리는 때이다. 이 어색한 시기는 그리스도교의 중심적 지위가 다양한 중심들로 대체되는 때이다. 보편성 신화와 성서의 특별한 메시지가 도전받는 계시의 순간들이다. 이 순간들은 종교들이 그리스도교의 성서가 설정한 기준으로 평가받지 않고, 그 자체로 변모하고 진화하는 실재들로서 평가받는 계시의 순간들이다. 이 순간들은 주변/중심 그리고 종속과 부당한 비교라는 이분법적 개념을 수용하는 것을 거절하는 불편한 사례들이다.

식민주의 절정기에 적어도 두 차례의 탈식민주의적 계기가 있었으며 이 계기들은 그리스도교 성서와 그리스도교를 위해 깊은 의미를 지닌다. 하나는 1879년 『동방성전』의 출판이고, 다른 하나는 1893년 시카고에서 열린 세계종교회의였다.

많은 텍스트와 함께 살기

『동방성전』은 옥스퍼드에 정착해 학문적 경력을 쌓은 독일의 인도학자 막스 뮐러에 의해 착수된 기념비적 프로젝트였다. 이것은 30년 넘게 (1879-1910) 걸린 50권짜리 프로젝트였다. 『동방성전』은 오리엔탈리즘의 온화한 얼굴을 보여 주는 훌륭한 예이다. 유럽의 오리엔탈리스트들은 지역 전문가들의 도움으로 동양의 가장 풍요롭고 귀중한 문헌들을 발굴하는 책임을 맡았다. 이러한 계몽화 사업은 동양의 문법과 시, 화폐학에 진지한 관심을 가졌던 소수 유럽 학자들에 의해 착수되었다. 고대 문명과 그 기록물을 발견한 일은 아시아인들 사이에서 민족의식과 자부심을 일깨워 주었다.

이 책은 불교 경전, 힌두교 경전 및 법률 지침, 조로아스터교 경전, 중국의 텍스트들을 편집한 영역본이었다. 이 책의 편집자로서 뮐러의 이름이 계속 유지되었으나 콜카타 고등법원 판사인 윌리엄 마크비 경이 뮐러의 원래 계획을 확충하는 일을 도맡았다. 마크비는 동양의 여섯 종교들에 대한 자료를 더 확충하고 인도의 법전도 추가했다. 이 번역물은 영국과 인도 양쪽에 커다란 이용 가치가 있었다. 이 책들은 영국이 통치하는 사람들을 잘 이해할 수 있는 지식을 제공해 주었으며, 동시에 인도인들도 자신들의 종교 전통이 지닌 풍성함과 자신들의 자산과 유산을 관리하는 법률을 알게 되었다. 그러나 번역 연구에 참여해 본 사람들 사이에선 번역이 텍스트를 표현할 뿐만 아니라 이데올로기적으로 오염된 생산물이라는 점을 인정하는 일이 흔하다. 『동방성전』도 마찬가지였다. 『동방성전』을 번역하고자 노력했던 일들에는 계몽주의와 개신교의 가치가 깔려 있었다. 산스크리트어로 된 『바가바드기타』를 영어로 번역한 인도의 판사 카시나트 트림박 텔랑과 대승불교 텍스트를 번역한 도쿄대학교 교수 진지로 타카쿠수를 제외하면, 번역자들은 영국인이거나 독일인이었다. 뮐러, 제임스 레게, T.W. 라이스 데이비스, 헤르만 올덴베르크가 각각 여섯 권을 번역했으며 E.W. 웨스트와 율리우스 에거링이 각각 이후에 나온 다섯 권을 번역했다. 킹제임스 영역본이 한 무리의 번역자들의 산물이었던 것처럼, 『동방성전』 또한 박식한 집단이 참여한 모험적 사업이었다.

　기이하게도, 서아시아에서 기원한 그리스도교 경전들은 배제되었다. 뮐러는 매우 재미있는 답변을 찾아냈다. 즉, "모든 종교들은 동양에서 나왔으며, 그리스도교 이외에, 모든 종교들의 성스러운 책들은 동양어로 쓰였다"[3]는 것이다. 개인적인 편지에서, 뮐러는 또 다른 이유를 덧붙였다. 그리스도교 성서는 정경으로 인정받았지만 다른 텍스트들은 그렇지 않다는 것이다. 19세기 후반은 엄청난 번역이 이루어지던 시기였다. 『동방성전』은 빅토리아 시대의 사람들이 성서의 이야기 및 그 역사와 관계가 있는 고대인들의 텍스트에 매료되었을 때 나타났다. 이와 관련해, 이 시기에 나온 두 개의 중요한 출판물이 있다. 하나는 사무엘 버치의 주도로 아시리아와 이집트 기념비들을 영어로 번역해 출판한 12권짜리 『과거의 기록물들』[4]이며 다른 하나는 윌리엄 해리스 룰이 쓴 『동양 기록물: 구약성서의 강력한 확증』[5]이었다. 이 출판물들의 목적은 성서에 나온 사건을 지지하고 강화하는 데 있었다. 『과거의 기록물들』의 책 서문에서 버치는 이렇게 썼다. "성서의 역사와 고고학에 관심을 가진 사람들과 마찬가지로 히브리인들과 같은 시기에 팔레스타인 땅 인접 지역에 살았던 동양 민족들의 언어와 문학, 역사에 눈을 돌린 모든 이들에게도 이 번역물들이 지닌 가치는 아무리 높게 평가해도 지나치지 않다."[6] 막스 뮐러가 말한 것처럼 이때까지 유럽인이나 북방 민족은 아시리아와 수메르, 이집트 자료들에 의존해 성서적 자료를 명확하게 설명하고자 했으나 이제는 "새로운 흐름"인 동양 사상이 소개되는 중이었다. 동양학자들이 모인 국제회의 기조연설에서 뮐러가 말한 것처럼, 이러한 새로운 동양의 흐름은 "서양 이외에 다른 세계가 존재하고, 다른 종교들과 다른 신화들, 다른 법률들이 존재하며, 따라서 탈레스부터 헤겔에 이르는 철학의 역사는 전체 인간 사상의 역사가 아니라는 점"[7]을 넌지시 알려 주었다. 뮐러는 이 책들이 "우리에게 병행 구절들과 병행 구절들에 함축되어 있는 모든 것들, 즉 비교하고, 측정하고, 이해할 수 있는 가능성을 제공해 주었다"[8]고 말한다.

이러한 책들의 출판은 성서적 신앙에 중요했던 몇 가지 주장들에 이의를 제기했다. 이러한 텍스트들을 비교하는 연구는 그리스도교와 동양 종교 사이에 주목할 만한 친연성이 있다는 점을 드러냈다. 첫째, 세계의 주요 종교 텍스트는 자연종교에도 초자연적인 것에 대한 갈망이 있었다는 점을 증명해 주었다. 둘째, 유대교 및 그리스도교와 같은 계시종교의 특징이라고 할 수 있는 도덕적 교훈에 상응하거나 그와 비슷한 점들이 동양 종교의 텍스트에도 있었다. 뮐러는 히브리 성서와 그리스도교 성서에서 발견되는 두 개의 가장 중요한 도덕 규정인 십계명과 "네 이웃을 네 몸과 같이 사랑하라"는 규정은 특별한 계시 없이도 모든 인간에게 알려져 있었다는 점을 보여 주었다. 이러한 규정들은 "때로는 다른 종교의 성스러운 책에서도 거의 똑같이"⁹ 나온다. 마찬가지로, 그리스도교의 가장 높은 진리이자 핵심적 가르침인 원수를 사랑하라는 말도 동양의 종교들 가운데 꽤 널리 퍼져 있었다. 노자와 공자, 붓다의 가르침에도 이에 상응하는 말이 다양한 은유로 표현되어 나온다. 뮐러는 이 같은 다양한 은유 가운데 힌두교의 은유, "나무꾼의 도끼가 나무를 쓰러뜨릴지라도 나무가 나무꾼에게 그늘을 제공해 주는 것처럼, 친구든 적이든 낯선 자에게 문빗장을 걸어 두지 말라"¹⁰라는 은유가 신약성서에 나오는 그 어떤 말보다 더 신랄하고 근대적이라는 점을 인정했다. 뮐러가 설명한 것처럼, 인도의 시인들은 원수에 대한 사랑이 백단 나무가 자신을 쓰러뜨리는 도끼한테 풍기는 향기와 같아야 한다고 제안했다. 뮐러는 이 종교들이 히브리 혹은 그리스도교 경전으로부터 그러한 관념을 빌렸을 것이라는 가능성을 애초에 배제했다. 왜냐하면 이러한 종교들은 성서적 종교가 존재하기 이전에 퍼져 있었기 때문이다.

셋째, 거듭난 이후에야 신적인 삶을 산다는 개념은 그리스도교에만 국한되지 않는다.

새로운 탄생에 대한 믿음조차 결코 그리스도교적 관념만은 아니다. 니코데모는 어떻게 인간이 다시 태어날 수 있는가 하는 물음을 던졌다. 그러나 예로부터 브라만들은 두 번째 탄생의 의미를 완벽하게 잘 알았다. 이들은 자신들을 다시 태어났음을 뜻하는 드비자Dvija라고 불렀다. 우리 서양인들이 자신들을 하느님의 아들이라 부르도록 가르침받기 훨씬 전에, 브라만

들의 종교는 브라만들에게 신성하게 태어났음을 발견하도록 해 주었기 때문이다.[11]

마지막으로, 비교 연구는 그리스도교 성서를 포함해 어떻게 성스러운 모든 텍스트들이 신학적으로나 영성적으로나 유쾌한 측면과 불쾌한 측면 양쪽 모두 다 지니고 있는지 보여 주었다. 『동방성전』 서문에서 뮐러는 이렇게 말했다.

> 의심할 여지 없이 이들의 성스러운 책에는 우리가 더 이상 허용하지 않아야 하는 많은 것들이 있다. 우리 자신의 성스러운 책에도 많은 이들이 없어지기를 소망하곤 했던 것들이 있었듯이 말이다. 다시 말해, 그리스도교 최초의 단계에서부터 믿음이 깊은 신학자들이 유감스러운 것으로 여겼고, 우리의 선교사들이 그리스도에 대한 단순한 신앙을 받아들일 것을 설득했던 사람들에게도 종종 장애물로 입증된 것들이 있다는 점을 잊지 않아야 한다는 점이다.[12]

텍스트를 이 같이 나란히 놓음으로써 깨닫게 된 중요한 교훈은 "모든 종교에는 공통적으로 발견되는 진리가 있고"[13] "모든 종교들이 동의하는 진리들"은 "동의하지 않는 진리들을"[14] 훨씬 능가한다는 점이다.

대중은 뮐러를 개방적이고 자유주의적이며 이해심이 있는 사람이라고 인식했으나 실상은 그렇지 않았다. 모든 책은 성서적 신앙에 특권을 부여한 유럽의 한 편집자의 입맛에 따라 조정되었다. 이러한 동양의 책들에 대한 그의 관심은 동양의 종교들도 성서에 나오는 종교들이 거쳤던 것과 같은 어떤 단계를 오래전에 거쳤다는 점을 증명하길 원했다는 점에서만 역사적이었다. 따라서 오리엔탈리스트들에 대한 사이드의 평가, 즉 "오리엔탈리스트는 스스로 동양과 서양의 화합을 완성하려는 사람이라고 여긴다. 그러나 그것은 주로 서양이 갖는 기술적·정치적·문화적 우월성을 반복하여 주장함으로써 수행된다"[15]는 주장은 뮐러에게도 해당된다. 동양 종교의 텍스트를 연구하는 데 수많은 노력과 열정을 바친 후, 마침내 그는 그리스도교에 특권을 부여함으로써 끝낸다. "다른 종교들도 구원을 위해 필수적인 모든 것들을 포함하고 있다는 점을 보여 주기 위해 내가 말했던 그 모든 것에도 불구하고, 나의 솔직한 확신을 숨긴다면 정직하지 못한 일이 될 것이다. 그리스도께서 가르친 종교, 그러나 교회의 모든 장벽과 철옹성으로부터 자유로운 이 종교는 세상이 만난 최고의 종교이며 가장 순수하고 가장 참된 종교이다."[16]

오늘날이라면 뮐러의 이러한 비교 방법론은 엄청난 공격을 받을 것이다. 다양한 종교에 존재하는 유사한 이야기들에 관한 뮐러의 연구에도 오리엔탈리즘의 흔적이 분명하게 드러난다. 이러한 동양 종교들은 텍스트주의적이고 본질주의적이며, 이상주의적이고 보편주의적이고 구원주의적이었던 오리엔탈리스트들의 비전에 종속되고 말았다. 뮐러는 이러한 비전들을 압축해 관리 가능한 하나의 동양 프로젝트를 만들고자 시도했다. 그러나 이러한 책들의 출판으로 동양의 종교 텍스트가 존재한다는 것이 알려지게 되었으며, 성서가 모든 인류를 위한 충분한 진리를 담고 있다는 이 당시의 지배적 관념이 도전받게 되었다. 인간사를 평가하는 기준으로 작동했던 성서적 틀이 이 책들의 출판으로 헐거워졌다는 점은 의미가 깊은 일이었다. 기준점은 더 이상 그리스도교 혹은 유대교 텍스트가 아니라 베다의 힌두교, 불교, 조로아스터교, 유교, 마누 법전이었다. 이 점은 1893년 시카고에서 열린 세계종교회의에서 더욱 분명해졌다.

시카고 종교회의와 공적 공간, 그리고 사람들의 힘

시카고 종교회의는 『동방성전』에 나타난 종교들을 대표하는 추종자들을 불러 모았다. 이 회의가 지닌 유용성과 충격, 약점은 다른 곳에서 충분히 다루었기에 여기에서 다시 반복할 필요는 없다. 우리의 목적과 관련해 이 회의는 네 가지 이유에서 중요하다.

첫째, 동양 사절단의 연설은 성서의 가르침과 그리스도인의 삶 및 실천이 부합하지 않는다는 것을 보여 주었다. 이들의 연설은 성서의 가르침과 그 가르침을 일상에서 적용하는 일 사이에 존재하는 넓은 간극을 특별히 다루었다. 이 사절단은 몇몇 선교사들의 강압적이고, 편협하며, 인종차별적인 태도들과 막강한 그리스도교 국가들의 행태를 부각했다. 시카고 종교회의의 주최자인 존 배로우즈가 제지하고 싶었던 연설을 감행한 일본의 평신도 긴자 리구에 히라이는 서구 국가들이 일본에 자행한 만행들을 열거했다. 그가 열거한 목록에는 일본해에 몰래 들어와서 물개 사냥을 한 서양의 배들, 국제기구들이 일본에 반대하여 결정한 부당한 법적 소송들, 샌프란시스코에서 일본인에게 가해진 인종차별이 포함되어 있었다. 히라이는 청중에게 "만일 이 같은 것이 그리스도교 윤리라면, 이교인인 것에 매우 만족한다"[17]고 말했다. 그는 청중에게 일본인에게 중요한 것은 불자나 신도 신자나 유교 신자로 불리는 게 아니라, 개인적인 일에서건 국제적인 일에서건 배운 진리를 끊임없이 적용하고 실천하는 데 있다고 말했다. "그리스도가 우리를 구원할지 아니면 지옥으로 이끌지, 혹은 고타마 붓다가 실제로 존재한 사람이었는지 아니면 애초에 존재하지 않았는지는 우리에게 중요한 문제가 아니다. 우리가 가장 중요하게 여기는 것은 교리와 행위의 항구성이다."[18] 마찬가지로, 이 종교회의에 가장 큰 충격을 준 인도의 스와미 비베카난다는 성서의 가르침을 따르지 못한 선교사들의 실패를 최대한 활용했다. 그는 벵갈의 기근과 기근이 일어난 기간 동안 선교사들이 했던 행동을 언급했다. 스와미는 수백만 명이 굶주리는 동안 선교사들은 교회를 짓느라 정신이 없었다고 말했다. 희생자들은 "빵을 요청했지만" 당신들은 "그들에게 돌을 주었다".[19]

둘째, 이 종교회의는 『동방성전』의 추종자들이 성서를 숨김없이 검토할 수 있는 공개적인 공간을 제공해 주었다. 이성주의자들과 근대적 비평을 적용했던 사람들이 이미 성서를 철저히 조사했지만 그들은 모두 그리스도인들이었다. 이제는 그리스도교 전통 바깥에 있는 사람들이 성서를 조사했다는 점에서 차이가 있다. 이들은 자신들의 전통 바깥에 있던 사람들에 의해 『바가바드기타』와 『법구경』, 『논어』 같은 자신들의 성스러운 책들이 끊임없이 엄격하게 조사를 받는 일을 겪은 사람들이었다. 지금 이 동방 사절단은 종종 자신들을 반대하는 데 사용된 바로 그 책을 직접 읽었다. 히라이는 서구 그리스도인들의 도덕적 일탈을 조롱하기 위해 산상설교에 나오는 구절들을 이렇게 재맥락화했다.

성서에서 "당신의 오른쪽 뺨을 때리거든, 그에게 다른 쪽 뺨마저 돌려대시오"라는 구절은 읽어 봤지만 "당신에게서 정의를 요구하는 누군가가 자신의 오른쪽 뺨을 때리고, 그러고 나서 그가 돌려댈 때 그의 다른 쪽 뺨도 때려라"라고 말하는 구절은 하나도 찾지 못했다. 성서에서 "당신을 재판에 걸어 당신의 속옷을 가지려는 사람에게는 겉옷마저 내주시오"라는 구절은 읽어 봤지만, "당신이 어떤 사람을 재판에 걸어, 그의 속옷을 벗기고, 그에게 겉옷마저 달라고 하라"는 말은 하나도 찾지 못했다.[20]

히라이 같은 사절단이 서양 그리스도인들의 미심쩍은 도덕성을 폭로하는 동안, 실론 출신의 아나가리카 다르마팔라는 그리스도인들의 신학적 주장을 폭로하기 위해 당시 오리엔탈리스트들이 연구했던 비교종교학을 이용했다. 그는 붓다와 예수의 삶과 메시지에서 유사한 부분들을 청중에게 보여 줌으로써 예수의 가르침이 독특하다는 주장에 이의를 제기했다.

셋째, 이 종교회의는 동양 사절단에게 동양의 신앙이 지닌 미덕을 역설하는 기회를 제공해 주었다. 이는 동양의 신앙에 담긴 보편적 덕을 더욱 많은 청중에게 알려 줄 수 있는 공적 공간을 마련해 주었다. 이 당시까지만 해도 서양에서 동양의 신앙을 지지하는 대변인으로서 자원과 힘을 소유한 이들은 선교사들과 오리엔탈리스트들이었다. 인도의 사절 모줌다르의 말을 빌리자면, "우리는 사람들이 우리의 메시지를 듣게 할 수 있는 돈을 갖고 있지 않다. … 그래서 우리가 전파할 수 없었던 그 메시지를 전파하려고 여러분은 그것을 손에 넣었다".[21] 동양 사절단에게 아시아의 종교성과 영성과 신심과 관용은 서양의 합리성과 물질주의와 불관용에 대항하여 싸울 수 있는 강력한 무기였다. 비베카난다, 모줌다르, 다르마팔라 그리고 일본의 소엔과 같은 사절들은 아시아적 신앙의 영성과 관용적 특성을 칭송했을 뿐만 아니라 부와 합리적 이성에 사로잡힌 서양에게 아시아적 신앙을 강력한 해독제로 제시했다. 이 대표단은 과학과 기술에서 서양이 이룩한 성취를 거부하지 않았다. 이들은 동양은 열렬하게 칭찬하고 서양은 일방적으로 공격하는 행태를 취하지 않았다. 이들은 동서양을 모두 동등하게 평가했고 비판했다. 모줌다르는 종교회의가 "서로 단합해서 강점은 지지하고 약점은 보완하기를" 원했다. "그래서 모든 예언자들이 예언했고 모든 헌신적 영혼들이 고대했던 인간 본성의 신성한 통합이 이루어질 것"을 기대했다.[22] 그는 동양과 서양이 동등하게 서로 차용할 수 있는 전략적 혼종을 제안했다. 아시아적 이상이 보편적 전망을 갖춘 것으로 투영되고 재구성되었으나 이러한 보편적 힘과 범위는 동양과 서양 양쪽에서 선택적으로 끄집어내는 것에 달려 있었다. 사절단이 제안한 통합 종교는 그리스도교의 전지구적 진출을 저지하는 역할을 했다. 동양 사절단 사이에서는 동양의 시대가 왔다는 강한 신념이 있었다. 비베카난다의 말은 이 점을 확인해 준다. "별은 동양에서 떴다. 세상을 한 바퀴 돌 때까지 때로는 희미하게, 때로는 찬란하게 서양을 향해 꾸준히 여행했다. 이제 이 별은 동양의 수평선 위로 다시 떠오르고 있다. … 예전보다 천 배 더 찬란하게."[23] 모줌다르의 관점에서 보자면, 이 같은 생각은 광신자가 꾼 꿈이 아니라 성서적 예언의 지지를 받는 것이었다. 자신의 연설에서 모줌다르는 에제키엘이 선포했던 예언을 인용했다. "보라, 주님의 영광이 동양의 길에서 나타나고 있도다."[24]

넷째, 종교회의는 식민 지배를 받고 있던 동양 국가들이 자신들의 독립을 위한 논거를 부각할 수 있는 토론회를 제공해 주었다. 이것은 외국의 지배를 받던 사절단에게 식민주의의 착취적 성격을 드러내고, 힘없는 나라에 부과된 정치적 불평등에 관한 관심을 끌어내며, 국제적 정의를 요구하고, 아시아 국가들의 독립을 주장하는 기회를 주었다. 브라모 사마지로 불리는 힌두 개혁 그룹에 속한 인도인 나가르카는 청중에게 인도인이 영국의 지배하에 겪고 있는 "과중하고 참담한 희생"에 대해 말했다. 인도인은 자유를 잃었을 뿐만 아니라 "가장 고귀한 몇 가지 고대 예술품과 유물도 빼앗기는 수모를 겪었는데, 빼앗긴 고대 예술품과 유물은 영국 박물관 및 예술 갤러리를 장식하고 전시될 목적으로 영국으로 이송되었다". 나가르카는 이러한 부와 자유의 상실은 영국이 베푼 "지식과 계몽이라는 헤아릴 수 없는 혜택"으로 보상을 받았다고 주장했다. 계속해서 그는 "지식은 권력"이라고 말했으며 이렇게 경고하기도 했다. "이러한 권력으로 우리는 영국 지배자들의 동기를 판단할 수 있을 것이다. 반드시 와야 하는 그 시간은 꼭 올 것이다. 영국 지배자들이 이기적이고 부당하고 편파적인 방식으로 인도를 지배한다면, 우리 역시 똑같은 지식을 무기로 그들이 우리에게 힘을 행사하는 것을 멈추게 할 그 시간이 …."[25]

서양의 식민주의가 저지른 부당함을 훨씬 강하게 지적한 한 명의 사절은 긴자 리구에 히라이였다. 그는 부당한 조약들을 부각했는데, 특히 외교가 일본인에게 "완전히 새로운 경험"이었을 때 미국과 서양의 권력자들이 부과한 1858년 안세이 5개국 조약의 부당함을 강조했다.[26] 이 같은 부당한 조약은 일본을 매우 불리한 위치에 놓았을 뿐만 아니라 일본의 권리도 빼앗는 결과를 낳았다.

이 동양 사절단은 아주 노련하게 미국이 영국으로부터 쟁취한 자유를 상기시키고 미국이 자신들의 곤경을 이해해 줄 것이라고 믿는다고 말했다. 히라이에게는 "미국이 독립을 선언한 환경이 몇 가지 점에서" 자기 나라가 처한 "현재 상황과 비교할 수 있는" 일이었다.[27] 미국인들이 자신들의 모국에게 정의를 요구했던 것처럼, 일본인들 역시 외국의 권력자들에게 정의를 요구하고 있었다. 미국의 독립선언문을 읽을 때마다 자신은 "소름 돋는 감정과 공감의 눈물"을 주체할 수 없다고 했을 때, 히라이의 호소는 미국인에게 정서적으로 충격을 주었음에 틀림없다.[28] 그와 몇몇 동양 사절단이 바란 것은 미국이 누리고 있는 것과 똑같은 자유였고, 따라서 이들은 미국이 자신들이 겪고 있는 곤경과 열망에 공감해 주길 바랐다. 나가르카는 인도가 자신의 "사회적·정치적·종교적 열망"을 실현하고자 시도할 때 자유로운 나라 미국이 "젊은 인도"에게 충고를 주고, 협력을 확대하며, 미국이 누리고 있는 축복을 선사해 주기를 요청하는 것으로 연설을 끝냈다.²⁹ 독립에 대한 이 같은 요구는 주목할 만한 것이었다. 간디가 자유의 투쟁을 시작하기 훨씬 전에 일어난 일이기 때문이다. 이 사절단은 자유로운 국가 미국이 여전히 자유와 희망의 미국임을 모범적으로 보여 달라고 도움을 요청했다.

『동방성전』의 출판과 시카고 종교회의는 여러 가지 점들을 분명히 했다. 첫째, 사랑, 자비, 평등, 박애, 거룩함, 정결, 정의 같은 인간의 위대한 덕목은 선교사들의 주장과 달리 전적으로 그리스도교에만 있는 것이 아니었다. 이러한 덕목은 동양 종교에서도 발견되며 동양 종교도 이러한 덕목을 갖춘 인간을 배출했다. 둘째, 외국의 지배를 당하는 사람들 사이에서는 다른 이들에 의해 지배받기보다는 스스로 지배하고자 하는 욕구가 강했다. 공개 토론에서 동양 종교의 대표자들 사이에는 유럽의 오리엔탈리스트들과 서양의 선교사들에 의해 재현되기보다는 스스로 재현하고자 하는 강한 욕망이 있었다. 셋째, 시카고 종교회의는 아시아의 운동들에 활력을 주고 근대화하는 데 도움을 주었으며 인도와 스리랑카, 일본에서 종교적 민족주의가 출현하는 길을 닦았다. 마지막으로, 시카고 종교회의와 『동방성전』의 출판은 규모와 정신, 복잡성의 측면에서 탈식민주의가 시간과 시대에 제한받지 않는다는 점을 상기시켜 준다.

식민주의와 벌이는 투쟁: 과거와 현재

유럽의 식민주의가 정점에 이르렀을 때에도 반식민주의 투쟁은 계속되었다. 현재의 탈식민주의는 이러한 저항적 경향을 잇고 있다. 하지만 여러 가지 점에서 다르다. 식민주의 시기 동안 세 가지 유형의 저항, 즉 정치적·문화적·도덕적 저항이 있었다. 인도에서는 정치적 항쟁과 민란과 폭동이 잦았으며, 1857년 항쟁은 가장 잘 알려진 대규모 저항이었다. 1857년 항쟁에는 인도 갠지스 평원에서 일어난 주요 교전 외에도 여러 지역에서 교전들이 있었다. 이 항쟁은 인도인들의 종교적 믿음을 모욕하고 지배 엘리트 집단의 권력과 부를 축소한 일과 같은 요인들로 가속화되었다. 하지만 이 항쟁은 사람들을 혁명으로 끌어들여 민주적인 정부를 세우기를 바라는 대중적 봉기가 아니었다. 1857년 항쟁은 민주적 권리를 위한 싸움이 아니었다. 오히려 이것은 땅을 가로채려는 동인도회사의 간섭으로 인해 땅을 잃어버린 지역 지도자들에게 권력을 되돌려주고자 한 봉기였다. 항쟁인들은 이전 지배 권력의 대표자인 무굴제국의 황제 바하두르 샤 자파르 2세가 영국에 대항해 자신들을 이끌어 주기를 요청했다. 당시에는 독립을 쟁취하고자 하는 생각이 없었으며 이런 사상은 20세기 초반에서야 나타났다. 반식민주의가 정치 세력으로 발전하고, 식민주의의 지배로부터 독립을 쟁취하는 일에 눈을 돌리고, 이어서 새로운 국민국가를 창조하기 시작한 것은 나중의 일이었다. 간디 그 자신도 1918년까지는 제국에 충성했다.

현재의 탈식민주의는 이와는 다른 도전에 직면해 있다. 오늘날의 임무는 영토적 해방이 아니라 시장 통제로부터의 자유, 특히 서양이 바람을 넣어 모두를 위한 규범이 된 기업 확장으로부터의 자유이다. 이 새로운 지구적 질서는 영토를 통제하는 것이 아니라 조정자 역할을 자처하고 대중의 복지를 제물 삼아 소수의 이익을 추구하는 것과 같은 가치들을 부과하는 시장에 관한 것이다. 영국의 전임 수상 토니 블레어가 대외 정책 센터 연설에서 밝힌 것처럼 "가치들과 진보가 관련된 전투(에 관한 것)이며, 그래서 반드시 우리가 이겨야 하는 싸움이다". 거칠게 말하자면, 새로운 지구적 질서는 관념들과 가치들을 통제하는 일에 관한 것이다.

식민주의 시기 동안 일어난 반식민주의 투쟁은 식민주의자와 피식민자 사이에 만연해 있던 불평등한 상황에서 비롯되었다. 이 당시 저항을 위한 정보는 특별히 오리엔탈리스트들에 의해 제공됐는데, 우리가 살펴본 것처럼 이들은 이해하기 힘든 사본들을 복구하고 동양의 오랜 문화적 역사를 공개적으로 알려 주었다. 초기 저항자들은 영향력 있는 일부 오리엔탈리스트들이 조심스레 준비해서 동서양에 할당한 역할에서 도움을 받았다. 예를 들어, 민족주의자들은 오리엔탈리스트들이 주장한 이분법적 사고, 즉 아시아는 영적이고 직관적이지만 유럽은 과학적이고 이성적이라는 주장을 받아들였다. 서양은 자연을 지배하고 통제하는 반면 인도는 자연에 가까운 삶을 산다. 이러한 대조적 해석을 대폭 이용한 민족주의자가 케슙 찬드라 센(1833-1884)이었다. 그는 콜카타의 타운 홀 강연에서 이렇게 말했다.

> 유럽은 식물학을 학자처럼 연구한다. 하지만 우리는 에덴의 정원에서 헌신적인 신자로 사는 것을 선호한다. 유럽은 과학의 날개를 타고 날아올라 창공 위에 있는 별들을 연구한다. 하지만 우리는 천상에서 가장 숭고한 명상에 몰두할 것이다.[30]

민족주의자들은 인도를 긍정적으로 보여 준 오리엔탈리스트들의 바로 그 문화 담론 전략을 채택함으로써 식민주의적 영향을 나름대로 흔들 수 있었다. 이들은 주인을 공격하기 위해 주인이 제공하고 통제한 동양의 이미지를 유익하게 사용했다. 하지만 현재의 탈식민주의 투쟁은 지배적 사고 양식에 동의하더라도 거기에 완전히 영합하지는 않는다. 탈식민주의는 '타자'라는 특권적 위치에서 말한다. 오늘날의 탈식민주의는 한때 식민주의를 정당화하고 식민주의의 핵심을 이루다가 이제는 신식민주의를 정당화하는 데 앞장서고 있는 인류학적 통찰들, 과학적 이론들, 신학적 전제들, 인종적 편견들, 언어학적 술책들에 대해 질문을 제기한다. 탈식민주의는 이러한 문화적 관념들을 뒤흔들고 이 관념들에 혼란을 일으키는 일에 관한 것이다. 현재의 탈식민주의 저항은 전통의 정수를 뽑아내지 않지만, 범세계적 사고 패턴과 지역적 사고 패턴 양쪽에 비판적으로 접근한다. 탈식민주의는 오랜 식민주의 경험에서 축적된 지식과 실천을 매개로 해석학적 가능성과 활력을 추구한다.

초기의 운동가들이 제안한 식민지 지배에 대한 해결책은 협상과 조화였다. 영국의 지배와 인종 정책에 비판적이었던 인도의 일부 민족주의자들은 영국의 지배가 인도에 부여한 이익 때문에 영국과 조화롭게 사는 것에 만족했다. 예를 들어 라자 람 모한 로이(1772-1823)와 케슙 찬드라 센이 이러한 태도를 보였다. 이 두 사람은 영국의 인도 점령에 대해 비판적이었으며 정치적 종속이 지닌 악을 매우 잘 인식하고 있었다. 그러나 영국의 지배가 가져다준 장점에 감동했고 열광했다. 이들은 인도에서 영국이 이룬 성취가 대단하다고 인정하는 동시에 인도의 영적·문화적 유산도 자랑스러워했다. 이들은 지배자와 피지배자 양쪽에 이익을 주는 상호의존을 옹호하고 희망하기도 했다. 이들의 목적은 완전한 독립으로 이끌 수 있는 영국의 전복보다는 지배자와 피지배자 양쪽에 이익을 끼치는 구조 조정이었다. 센은 이렇게 썼다.

그러므로 우리는 서로 실수를 고치고 상호 간의 결함을 보충해야 한다. 유럽은 튼튼한 과학의 논리로 동양의 종교를 바로잡고 정화할 것이며, 시간의 흐름 가운데 새겨진 모든 미신적이고 우상숭배적인 의례들과 모든 불가사의한 망상들을 제거할 것이다. 다른 한편으로 우리는 서양 과학의 실상을 받아들여 그것을 동양의 정서가 담긴 살과 피로 채우고 살아 있는 신앙으로 거기에 영성과 활기를 부여할 것이다.[31]

센의 관점에서 보면 과학과 영성의 이러한 상호 융합은 종말론적 목표를 갖고 있다. "모든 민족들과 나라들이 선함과 순수함을 서로 먹고 흡수할 때, 고대 예언자들이 노래하고 선포했던 내면적인 천상 왕국이 지상에 실현될 것이다."[32]

자유주의자 람 모한 로이는 다른 곳에서는 민족주의적 열망을 지지했다. 그는 빅토르 자크몽에게 "정복자가 피정복민보다 더 문명화되어 있을 때, 정복이란 별로 악하지 않다"고 말한 것으로 알려졌다. 다른 나라들의 정치적 자유에 대해 관심이 있었으며 스페인 제국에 대항한 남미의 투쟁이 진척되어 가는 상황을 열렬히 환호했던 로이는 영국 제국주의에 대해서는 별로 비난하지 않았다. 그는 인도가 자유로운 생활에 적합하거나 준비되어 있다고 믿지 않았으며, 당시 다른 민족주의자들처럼 실용적으로 생각했다. 로이는 이렇게 적었다. "우리는 종종 영국의 지배가 인도에 가져다준 축복에 대해 신께 겸손되이 감사드린다. 그리고 다가올 여러 세기 동안 이러한 축복이 계속되도록 진심으로 기도드린다."[33] 로이는 인도가 "의회의 감독하에 자유로운 방식으로 통치받게 된다면" 영국과 인도 사이의 유대가 강하고 "견고하며 영속적인 기반" 위에 세워지길 원했다.[34] 로이와 센 두 사람 다 도덕적으로 잠자고 있는 인도를 깨우기 위해 영국의 식민주의가 제공할 수 있는 모든 것들을 충직하고 감사하게 받아들였으며 영국의 식민주의를 공개적으로 인정하는 데 어떠한 거리낌도 느끼지 않았다.

　센의 반식민주의적 저항은 영국에게 도덕적 책임을 끊임없이 상기시키는 형태를 띠었다. 영국의 주둔을 신의 섭리로 보았다고 해서 센이 영국의 지배에 수반된 인종주의와 잔혹함을 비판하지 않았던 것은 아니다. 센이 보기에 영국인들은 도덕적 권위를 잃어버렸다. 예수의 가르침을 입으로만 떠들어 댔기 때문이다. 센은 인도에 있는 많은 영국 그리스도인들이 보여 준 나쁜 행동은 그리스도교가 인도에 "유익한 도덕적 영향을 끼치는 데"[35] 실패한 원인이었다고 주장했다. 그는 영국이 "몇몇 개인들뿐만 아니라 전체 국가를 키우고 정화하는 수단으로서"[36] 자신들의 힘을 현명하게 사용하기를 촉구했다. 1870년 에딘버러에서 행한 강연에서, 센은 청중에게 열변을 토했다. "여러분은 오직 돈을 벌기 위해 인도에 가고, 그런 다음 다시 집으로 돌아올 것입니까? 여러분은 인도와 인도인의 안녕에 대해 도덕적으로 관심을 가져야 한다는 점을 느끼지 못합니까?"[37]

　영국인들의 둔감한 행동에 대한 센의 공격이 그를 반제국주의적 영웅으로 만들진 않았다. 1857년에 발생한 인도 봉기 때 그가 맡았던 역할은 불분명하다. 그의 전기 작가에 따르면, 센은 1856년에서 1858년까지 중요한 시기를 존스 교수 밑에서 철학을 공부하며 보냈다. 당시에는 그뿐만 아니라 서양식 교육을 받은 인도인은 자유롭고 독립적인 인도라는 개념을 별로 좋아하지 않았다. 기껏해야 센이 기대했던 것은 "영국의 감독과 지배 아래에 있는 인도가 국가들 중에서 높은 위치를 차지하게 될 것"[38]이라는 점이었다.

　민족주의자들 편에서도 지배자들에 대항하거나 그들을 쫓아내는 일에 대해선 망설임이 있었다. 로이와 센 양쪽 다 한 집단이 다른 집단을 지배한다는 생각을 거부했다. 하지만 영국의 식민주의를 채택하는 일에 대해서는 어떠한 거리낌도 없었다. 식민주의는 불가피한 것으로 여겼으며, 무엇보다도 인도에 새로운 활력을 주기 위한 필요한 간섭으로 보았다. 이들이 저항의 기치로 내세운 의제는 영국과 인도 양쪽에 필요한 것들을 진행하는 것이었다. 그들은 약자가 생존을 위해 강자를 필요로 한다는 전제에 기초한 전폭적 협력을 두둔했다. 초기의 이러한 저항 형태가 겨냥한 목표는 피식민자와 식민주의자 사이의 조화로운 생존을 창조하는 데 있었다.

식민주의 시기에 반식민주의 투쟁이 추구한 목표는 도덕적 통치로 영토 점령을 억제하는 데 있었다. 이러한 도덕적 비전을 형성하는 데에는 선교사들의 엄청난 역할에 힘입은 바가 컸다. 센은 청중에게 빅토리아 여왕이나 리턴 경 혹은 프레더릭 헤인스 경이 "인도의 지지와 충성을 얻어 낸" 것이 아니라는 점을 끊임없이 상기시켰다. 오히려 "인도의 가슴이 어떤 뛰어난 힘에 감동받고, 통치받고, 복속되었던 것은, 바로 영적인 감화와 도덕적 설득을 통해서였습니다. 그 힘이 그리스도라는 것을 제가 말할 필요가 있습니까? 영국의 정부가 아니라 그리스도께서 영국에 속한 인도를 지배합니다".[39] 낭만주의자들처럼 센에게 그리스도교의 정수는 그리스도가 제시한 도덕적 쇄신에 있었다. 그러나 이러한 도덕적 부흥의 근원이었던 그리스도는 모든 사람을 정복한 유럽의 그리스도가 아니라 로이와 센이 재상상한 그리스도였다. 로이에게 이러한 그리스도는 도덕 교사였으며 센에게는 노란색 승복을 입은 그리스도였다. 로이와 센 같은 초기의 민족주의자들은 이름을 거론함으로써 창피를 주는 영국의 선정적 방법을 채택했다. 이들은 영국인이 일상에서 인도인을 도덕적으로 제대로 다루지 못한 실패들을 폭로했다. 이들은 영국인의 도덕적 실패를 고치기 위해 영국인의 양심과 선한 본성에 호소했다. 이들은 기존의 권력 구조를 방해하지 않고서 영국인의 삶의 방식을 바꾸기 위해 영국인의 도덕적 양심에 호소했다.

현재의 탈식민주의는 서양의 윤리 도덕에 호소하지 않으며 이 같은 전술을 사용하는 일을 경계한다. 지난 200년간 많은 나라를 다뤄 온 서양의 면면을 들여다보면 서양이 도덕적 정신을 상실했음을 알 수 있다. 임의적 군사개입, 국제정치에서의 이중 잣대, 약속의 배신(쿠르드족 분리운동), 아프리카에서 일어난 기근처럼 인위적으로 만들어진 재난, 국제적 규범들을 침범하는 서양 여러 나라들의 독단적 방식, 민주주의를 서양의 이익에 맞도록 재정의해 버리는 일과 같은 이 모든 일들로 인해 서양으로부터 도덕적·윤리적 원칙을 기대하기란 바람직하지 않은 것이 되어 버렸다. 탈식민주의는 소위 서양의 우월한 도덕적 원칙들에 호소하는 게 아니라 모든 이들이 똑같은 자유를 누리고 똑같은 자원에 접근할 수 있는 권리를 주장하는 수단으로서 정의, 평등, 관용, 이성 같은 가치들을 사용한다.

탈식민주의의 계기들은 피식민자들이 식민주의의 잠재력과 한계를 모두 깨달을 때 발생한다. 과거의 반식민주의 투쟁들은 점령국을 몰아내는 일에 대해 전적으로 확신하지 않았다. 이에 반해, 오늘날의 탈식민주의적 기획은 서양이 가장 잘 알고 있다는 심층적 가정들을 근절하는 데 있다. 피지배자들의 저항이 제한된 목표와 성공을 거둔다 할지라도 피지배자들이 지배자들에게 분노를 표시하는 경우는 드물다. 과거에 저항은 체제를 뒤흔드는 것이 아니라 식민주의자들이 경악하도록 유도하고 종국에는 제국의 변화를 일으키고자 했는지 모른다. 오늘날, 저항은 강력한 비판을 제공하는 데 있다.

결국 오리엔탈리즘은 일반적으로 이해되어 온 것처럼 반드시 파괴적인 것만은 아니었다. 가우리 비스와나단의 말을 인용하자면, 오리엔탈리즘은 하나의 체계로서 '부메랑 효과'를 갖는다. 역설적이게도 오리엔탈리즘은 궁극적으로 동양인들에게 "오리엔탈리즘이 가진 힘과 권위에 저항하는 데 사용할 수 있는 비판적 통찰을"[40] 제공해 준다. 람 모한 로이, 케슙 찬드라 센, 스와미 비베카난다, 긴자 리구에 히라이 등이 복원한 동양의 이미지들이 정확히 이러한 구실을 했다.

6

되받아 주석하는 제국
탈식민주의적 독해의 실제

> 해석자의 임무는 다른 것을 첨가하는 데 있지 않다.[1]
> 단어가 어떻게 꼬이고, 엉키며, 뒤바뀌는지 누가 알겠어?[2]

다양한 읽기 행위는 텍스트를 바라보는 다양한 방식들을 보여 준다. 이 장은 탈식민주의적 방식으로 성서 본문을 읽을 때 벌어지는 일과 관련된 세 가지 예를 제공한다. 첫 번째 예에서는 두 종교의 창시자인 붓다 싯다르타와 그리스도 예수의 탄생 이야기를 검토하기 위해 에드워드 사이드의 대위법적 읽기 방법을 사용한다. 이 분석은, 각기 다른 문화적·종교적·정치적 상황에서 나온 두 개의 탄생 이야기가 서로 다른 해석학적 요구를 충족하기 위해 어떻게 구성되었고, 각자의 개성과 생명력을 잃지 않으면서 어떻게 서로 강화하고 비판하며 도움을 받을 수 있는지 보여 준다. 두 번째 예는 에드워드 사이드가 생애 마지막 무렵에 발전시키고자 노력한 개념인 '말년의 양식'(late style)에서 도움을 받았다. 말년의 양식은 예술가들과 작가들이 세월의 흐름 속에서 마음과 생각을 바꾸는 방식에 관한 개념이다. 예를 들어, 한 급진적 예술가가 마지막에는 순응주의자로 혹은 그 반대로 될 수도 있다. 바오로와 요한의 마지막 글에서 발견되는 모순적 해결책들을 설명하는 한 가지 방식으로 사이드의 말년의 양식 개념을 사용해 바오로와 요한의 글을 조사할 것이다. 초기의 삶에서는 선동가였던 사람이 생의 마지막 무렵에는 조화와 안정을 꾀하려고 시도할 수 있다. 이에 비해, 처음에는 타협을 시도했던 사람이 권력자들에 대항하는 것으로 생을 끝낼 수도 있다. 세 번째 예에서는 재현의 수사학을 이용하여 부자와 라자로의 비유를 살펴보고 부자와 빈자가 이 비유와 후대의 비유 해석에서 어떻게 묘사되고 있는지 조사할 것이다. 그리고 나서 탈식민주의 성서비평이 어떻게 작동하는지와 관련해 몇 가지 특징들을 제시할 것이다.

스승들과 그들의 놀라운 탄생

초기의 비교종교학적 접근은 공격적이고 판단적이며 비하적이었다. 에른스트 라이트의 관찰은 이러한 입장을 산뜻하게 요약해 준다. "비교종교학은 성서적 하느님의 독특성, 아마도 우월성을 가리키는 것 이외에는 어떤 것도 할 수 없다."[3] 비교종교학은 지배적인 그리스도교적 모델에 기초해 작업했으며 다른 종교 전통들에 많은 결함이 있음을 지적했다. 예를 들면, 다른 종교들에는 일신론적 이상, 인격적 구원자, 역사적으로 입증 가능한 구원 행위 등이 빠져 있다는 것이다. 이러한 누락은 실질적으로 그리스도교의 우월성을 확립하고 다른 종교들을 경멸할 수 있는 대척점을 제공해 주었다.

관계를 맺고 대화를 시도하려는 욕망에 따라 모든 텍스트가 끊임없이 움직이는 대위법적 읽기에서는 이와는 다른 접근이 엿보인다. 대위법적 읽기의 목적은 조화로운 읽기가 아니라 복잡함과 해결할 수 없는 차이들을 수용하는 읽기를 제시하는 것이다. 대위법적 읽기는 더욱 넓은 텍스트들의 세계로 인도해서 해석자가 텍스트들 상호 간의 연결점을 알아볼 수 있도록 하는 활동이다. 그래서 대위법적 읽기는 단 하나의 텍스트였다면 묻혔거나 발전되지 않았거나 모호했을지도 모르는 점을 드러낸다. 대위법적 읽기의 한 예로 붓다와 예수의 탄생 이야기를 살펴보고자 한다. 이 이야기들은 상당한 공통점과 차이점을 지니고 있다.

우선 이 이야기들에서 아버지는 자식을 낳는 이가 아니며, 어머니는 더 고상한 목적을 위한 매개자이다. 불교와 그리스도교 자료 둘 다 싯다르타의 경우에는 정반왕 슈도다나가, 예수의 경우에는 요셉이 생물학적 아버지가 아니었다는 점에 동의한다. 두 이야기 모두 마야와 마리아가 어떻게 임신하게 되었는지는 침묵한다. 마리아와 천사 가브리엘 간의 대화는 어떻게 마리아가 임신하게 되었는지에 대한 설명이 아니라 보증과 신뢰의 진술이다. 싯다르타의 어머니 마야의 경우엔, 임신한 날 남편에게 "그날 밤 떨어져 지내길" 원한다고 말한 사람은 바로 그녀였다고 전한다(마하바스투 ii,5).[4] 두 이야기에서 수태고지는 꿈의 형태를 취한다. 불교 이야기에서는 마야가 임신하기 전 "꿈에서 흰 코끼리가 몸에 들어오는 것을 보았지만 고통을 거의 느끼지 못했다"[5](붓다차리타 1,4)고 전한다. 불교와 그리스도교 이야기 간에 가장 두드러진 차이는 불교에서는 붓다가 아버지를 선택했으나 그리스도교에서는 성령이 행한 일이었다는 점이다.

불교와 그리스도교 이야기 둘 다 수태고지 장면을 포함하고 있다. 그리스도교의 이야기에서는 천사 가브리엘이 마리아에게 출산할 것을 알린다. 그리고 그 메시지는 다윗 왕가를 보존하고 영속화하는 데 있다(루카 1,26-38). 그러나 불교의 이야기에서는 마야가 평범한 왕을 임신한 것으로 여겼을 때, 천신들이 나타나 태어날 아이는 "존귀하신 분"이라 불릴 것이며 평범한 왕이 아니라 장차 붓다가 될 것이라고 전해 줌으로써 생각을 바꾼 것으로 나온다. 천신은 "당신은 남자들 가운데 한 마리의 코끼리, 최고의 보물, 도취에 빠진 권력과 폭력을 파괴하는 자, 어둡고 흐릿한 우둔함을 쫓아내는 자, 양질의 보고, 무한한 부를 소유한 자, 어떠한 방해도 받지 않는 수레바퀴를 소유하고 끝없는 광채를 뿜어내는 왕실의 선각자를 임신할 것"(마하바스투 2,14)이라고 전한다. 그리고 아이에게 부여된 역할은 지배가 아니라 무지와 고통의 원인을 제거하는 것이었다.

마야와 마리아는 환시의 과정에서 임신했다. 불교 이야기는 고통 없이 자궁 안에서 한 아이가 성장하고 탄생하는 이야기를 들려준다. 하지만 그리스도교 텍스트는 이에 관해 침묵한다. 출생은 흔히 있는 일이었다고 상정하는 것이다. 보살(붓다 예정자)이 (흰 코끼리 모양으로) 마야의 몸에 들어갔을 때, 그녀의 몸놀림은 편안했다. 분만 시엔, 출산과 관련해 흔하게 생길 수 있는 어머니의 비명, 눈물, 땀, 피, 오염, 불결함은 전혀 없었다. 어머니들은 고통을 겪지 않았으며 그들의 자궁도 아무 탈 없이 그대로였다. 『마하바스투』는 이러한 고통 없는 출산의 이유를 이렇게 전한다. "타타가타스, 즉 여래如來들은 마음으로 이루어진 몸으로 태어났으며, 따라서 어머니의 몸은 찢기지 않으며 또한 어떠한 고통도 뒤따르지 않는다" (2,20). 복음서들은 마리아가 어떻게 출산했는지 묘사하지 않으며 실제로 출산에 관하여 어떠한 세부적 묘사도 없다. 불교 텍스트들은 어떻게 이 모든 일이 일어났는지 흥미로운 정보를 제공해 준다. 탄생은 룸비니 공원에서 이루어졌다. 마야는 보통의 다른 여자들처럼 눕거나 앉은 자세로 출산하지 않았다. 그녀는 선 채로 붓다를 낳았다. 출산의 때가 다가옴을 느끼자 그녀는 나뭇가지에 팔을 뻗어 자신을 지탱했다. 그렇게 선 채로, 고통 없이 아이를 낳았다. 아이는 그녀의 옆구리에서 태어났다. 『마하바스투』는 이러한 탄생을 이렇게 설명한다. "존엄한 인간들은 어머니의 오른쪽 옆구리에서 태어난다. 이곳이야말로 모든 훌륭한 인간들이 어머니의 자궁 속에 있을 때 거주하는 곳이다"(2,20). 붓다의 일대기를 저술한 작가로 여겨지는 2세기 시인 아슈바고샤(馬鳴)는 붓다의 탄생을 베다 시기의 위대한 현인들과 비교함으로써 이 특이한 출산을 상술했고 붓다를 위대한 현인들의 반열에 올려놓았다. "우루왕은 허벅지에서, 무리투왕은 팔에서, 인드라 신과 같은 만다트리왕은 머리에서 태어났으나, 카크시바트왕은 겨드랑이에서 태어났으니, 왕자의 탄생도 그러했다"(붓다차리타 1,10).

이 두 여성 간에는 나이 차가 있다. 경전에 포함되지 않은 야고보원복음에 따르면 마리아는 마야보다 꽤 어린데, 이러한 신비한 일이 일어난 때가 열여섯 살이었다고 전한다(야고보원복음 12,3). 마야는 서른다섯에 붓다를 낳았다. 마리아는 메시아를 낳은 최초이자 유일한 어머니였다. 유대교 역사에서 메시아를 낳은 어머니는 존재하지 않았다. 이와 대조적으로, 마야는 붓다의 첫 번째 어머니가 아니었다. 붓다를 낳은 많은 어머니가 있었다. 마야가 이 당시 처녀였음을 암시하는 이야기는 없다. 흥미롭게도, 서기 393년에 요비아누스를 반박하는 글에서 히에로니무스가 "불교의 창시자인 붓다가 처녀의 옆구리를 통해 태어났다"[6]는 개념을 서양에서 대중화시켰다.

동정녀 탄생 교리는 바오로 서간과 같은 최초로 쓰인 신약성서 문헌에는 언급되어 있지 않다. 최초로 쓰인 복음서로 간주되는 마르코복음서에도 이와 관련한 언급은 나오지 않는다. 그리스도의 탄생에 관한 그리스도교의 설명들에는 차이가 있다. 마태오와 루카의 동정녀 잉태에 관한 이야기는 서로 다르다. 마태오복음서에는 요셉의 꿈, 동방박사의 방문, 죄없는 어린아이들에 대한 대학살, 요셉과 마리아가 이집트에서 돌아온 후 나자렛으로 가는 이야기가 나온다. 마태오의 이야기는 "보라, 처녀가 잉태할 것이다"라는 다소 억지스러운 해석을 유발할 수 있는 히브리 경전의 한 예언에 중심을 두고 있으며 또한 그것에 의해 좌우되고 있다. 마태오가 이사야에서 이 구절을 취했을 때, 그는 '파르테노스'로 적힌 칠십인역을 인용했다. 파르테노스란 처녀를 의미한다. 성서 번역에 친숙한 사람이라면 원래의 히브리어 텍스트에는 구체적으로 처녀를 뜻하는 용어인 베툴라가 아니라 젊은 여자를 의미하는 알마가 나온다는 것쯤은 잘 알 것이다.

루카는 예수의 탄생을 헤로데 통치 말엽에 둔다. 루카는 헤로데와 동방박사, 유아들에 대한 대학살에 대해서는 어떠한 말도 전하지 않는다. 마태오와 달리 루카는 평화롭고 가족적인 장면을 그린다. 루카의 이야기는 유대인 소년에게 일어날 것으로 기대되는 전통적 사건들을 중심으로 짜여 있다. 태어난 지 8일째 되는 날 예수는 할례를 받았다(루카 2,21). 레위기에 나오는 유대 전통에 따라 적절한 때, 즉 출산한 지 33일이 지난 후 그의 어머니는 정결하게 되었으며 아들도 그러했다(레위 12,4). 열두 살 때 그는 랍비들 앞에서 자신의 지식을 증명해 보였으며 지도자의 직분을 떠맡는 성년식을 치렀다(루카 2,41-52).

어린 붓다와 예수 모두 현자들의 방문을 받았다. 『랄리타비스타라』는 붓다를 경외하러 외국에서 온 다섯 명의 현자들을 언급한다. 몇몇 학자들이 붓다의 이야기에 근거한 것으로 간주하는 그리스도교 이야기에는 갓 태어난 예수를 방문하러 온 몇몇 주술사들 혹은 칼데아의 점성술사들이 등장한다. 터키어로 된 어떤 텍스트는 이 세 명의 왕이 제공한 선물인 황금과 유향, 몰약은 불교의 삼보인 불·법·승에 해당한다고 전한다.[7] 이 아이들은 경건한 사람들의 축복과 경배를 받았다. 아시타 선인은 붓다에게, 시메온과 여 예언자 한나는 예수에게 경배했다(루카 2,25-34).

최초의 불교 기록물 또한 동정녀 탄생에 관해서는 침묵한다.『맛지마 니까야』와『디가 니까야』는 이것을 언급하지 않는다. 동정녀 탄생에 관한 관념을 살펴볼 수 있는 최초의 텍스트는『마하바스투』로서 붓다에 관한 역사 및 전설 모음집이다. 이것은 단일 저자에 의해 쓰인 게 아니라 기원후 2세기부터 3세기 혹은 4세기에 이르기까지 계속해서 편찬되었다.[8] 예수가 죽고 부활한 이후 기원후 30년과 100년 사이에 예수에 관해 쓰인 문헌이 있지만 붓다가 죽은 이후 대략 한 세기 이내에 붓다에 관해 쓰인 이야기는 없다. 붓다의 전기는 여러 세기에 걸쳐 천천히 발전했다.

그리스도교 경전에 포함되지 않은 문헌들 또한 마리아가 동정녀임을 주장하고 강조한다. 야고보가 쓴 것으로 추정되는 2세기 문헌인 야고보원복음이 이 같은 문헌에 해당한다. 요셉이 마리아가 임신한 것을 알았을 때, 그는 걱정이 되어 마리아에게 "하느님의 보살핌을 받은 당신이 왜 이런 일을 했는가" 하고 묻는다. 심란해진 마리아는 이렇게 대답한다. "나는 정결하고 어떠한 남자와도 성관계를 맺지 않았다"(야고보원복음 13,2-3). 심지어 이 복음서는 마리아의 처녀성과 관련해 음탕한 묘사도 서슴지 않는다. 의심 많은 살로메가 이렇게 선언한다. "주님이신 나의 하느님께서 살아 계시기에, 만일 내가 손가락을 넣어 그녀의 상태를 조사해 보지 않는다면, 나는 동정녀가 출산했다는 것을 믿지 않을 것이다." 조사를 마친

후, 살로메는 뉘우치면서 이렇게 외친다. "나의 죄와 나의 불신앙으로 인해 내게 화 있으라. 내가 살아 계신 하느님을 시험했으니, 보라, 나의 손이 불에 타 떨어져 나간다"(야고보원복음 19,3-20,1). 부활한 그리스도를 증언한 여성들처럼, 증언자가 여성이라면 두 명을 증언자로 요구했던 유대인의 풍습에 따라 여기에도 두 여성이 예수의 어머니가 동정녀임을 증언한다. 불교의 신화를 창시한 사람들은 이보다 더 나아갔으며 붓다의 어머니가 "남자와 관계를 맺는 것에 대해선 어떠한 생각도 하지 않았고" 심지어 왕인 슈도다나를 향한 열정조차 억눌렀다고 선언한다. 그녀가 임신했을 그 밤에 그녀는 자신의 남편을 멀리했다. 아기가 "흰 코끼리 형상"으로 자궁에 들어왔고, 명상하는 자세를 취한 채 앉아 있었다. 붓다의 어머니는 출산 후 7일째 되는 밤에 죽었다. 비길 데 없는 자를 낳은 그녀가 이후에 사랑에 빠진다는 것은 어울리지 않는 일이기 때문이다(마하바스투 2,8).

　동정녀 탄생을 언급하는 그리스도교 이야기는 그리스도의 선재를 언급하지 않는다. 그러나 불교에서는 어머니의 자궁에 들어오기 이전의 붓다에 관한 이야기들이 있다. 이 이야기들은 주술적이며 이성적 사고에 익숙한 사람들에게는 터무니없는 것처럼 보인다. 선재에 관한 이러한 우화들은 붓다가 싯다르타로서 자신의 여정을 시작한 것이 아니라 실제로는 태어나기 오래전부터 영적 모험을 시작했다고 주장한다.

　종교들에 존재하는 이러한 신화 만들기는 종교 창시자들에게 고상한 계보를 부여하고자 애쓴다. 붓다는 자신의 시대에 유력한 왕족 혹은 사제 계급에서 태어났음에 틀림없다. 그는 샤카족 왕 슈도다나의 왕비 마야에게서 태어났다. 붓다와 달리 예수는 상류층 계급 출신이 아니었다. 그러나 복음서들은 그를 다윗 왕조에 속한 인물로 만들고자 애쓴다. 야고보원복음만이 마리아를 부자 유대인 요아킴과 그의 아내 안나의 딸로 묘사할 뿐이다.

종교 창시자들의 이러한 탄생 이야기는 사실인가 아니면 도가 지나친 이야기인가 하는 문제를 놓고 옥신각신하는 경향이 있다. 붓다와 예수의 탄생 이야기는 두 번째에 해당한다. 이 두 스승의 탄생을 전하는 기록물들은 기존의 편견을 벗어나지 못한다. 예수의 생애를 자세히 묘사하는 데 역사적으로 신뢰할 만한 자료로 간주되는 복음서들은 복음서 저자들의 다양한 신학적 관념에 따라 쓰였다. 예수의 삶과 활동에 관련된 사실들을 선택하고 해석하는 것에 관한 논쟁들이 있었다. 불교의 경우에는 복음서에 필적할 만한 자료들이 없다. 비록 나중에 생긴 붓다의 전기들이 많은 논쟁과 신학적 토론을 생산했을지라도 말이다.

동정녀 탄생에 관한 의심들은 계몽주의의 탄력을 받아 생긴 최근의 현상이 아니다. 그리스도교 초기에도 이에 관해서는 의심이 있었다. 필립보복음서는 이렇게 말한다. "어떤 사람들은 마리아가 성령에 의해 임신했다고 말한다. 그들은 실수를 저지른 것이다. 그들은 자신들이 무엇을 말하는지 알지 못한다. 여자가 여자에 의해 임신된 적이 있는가?" 게다가 어떠한 성스러운 텍스트도 완전히 독창적이거나 독특하지 않다. 텍스트들은 차용하면서 성장하며, 때로는 이미 유행하고 있는 구두 전통들, 텍스트들, 관념들, 개념들에 의해 영향을 받으며, 그런 다음에는 독창적인 창의력과 적용을 통해 전달된다.

일부 성서학자들 가운데에는 진리를 역사에 국한하고자 하는 경향이 있다. 이로 인해 복음서 이야기에도 역사적 지위를 부여하고자 하는 사태가 빚어진다. 성서학자들은 복음서를 진리를 전달하고 인식하는 특권적 매개체로 다룬다. 진리는 텍스트와 역사적 이야기뿐만 아니라 신화와 비유를 통해서도 계시된다. 불교의 탄생 이야기들은 불자를 위한 진리가 우화들과 민담들, 상상에 입각한 구성들을 통해 전달될 수 있다고 내비친다.

대위법적 읽기란 텍스트들이 상호 간에 유익을 얻고 각각의 텍스트들이 지닌 생명력을 잃지 않는 것을 의미한다. 병렬된 텍스트들은 각각 자신의 텍스트 전통에 나타나지 않는 새로운 차원들에 개방됨으로써 도움을 받는다. 탄생 이야기들을 병렬함으로써 불교와 그리스도교는 자신들의 종교 창시자의 어린 시절을 둘러싸고 소중하게 간직해 온 몇 가지 관념들과 실천들을 다시 생각하게 된다. 스페인 사람들이 식민지에서 사용한 이미지는 어린 시절의 예수 이미지였다. 어머니 무릎에 놓인 순진하고 무력한 이 아이는 보살핌을 필요로 하며 그를 보살핀 이들, 특별히 제도화된 교회와 제국은 그의 '보호자'이자 '주인'이 되었다. 사울 트리니다드에 따르면, 이 같은 어린아이 예수는 아메리카에서 자행된 스페인의 "팽창주의적이고 군사주의적인 신정정치"[9]에서 핵심적인 역할을 했다. 이러한 보호자들이 채택한 어린아이 그리스도는 권력자들의 비위에 거슬리는 말을 하지 않았으며 해방자 역할마저 빼앗겨 버렸다. 예술에서 그는 지속적으로 미소를 짓는 모습으로 그려진다. 상처받기 쉽고 측은한 어린아이로서의 신의 이미지는 막강한 전제군주이자 토착 문화의 파괴자로 식민주의자들을 따라다닌 신에 대해서는 관심을 끄도록 하는 편리한 방법이었다. 이러한 어린아이 예수는 국가들이 다른 민족의 영토를 침범할 권리를 지니는지 혹은 상처 입은 사람들을 어떻게 다루어야 하는지는 언급하지 않기 때문에 꽤 그럴싸한 이미지이다. 불교 전통에서 붓다의 유아기는 해석학적 가치를 지니기 어렵다. 불자들이 관심을 가졌던 것은 알려지지 않은 싯다르타가 아니라 성인이 된 스승이었다.

붓다로서 싯다르타가 그리 독특할 게 없다는 점(불교 전통에서는 여러 붓다들이 있기 때문이다)은 예수 사건이 엄중하고 유일무이하다는 그리스도교의 주장에 종종 도전을 제기한다. 붓다로서 싯다르타는 이전에 존재한 붓다들의 진리를 전형적으로 보여 준 인물로서 그리 독특할 게 없는 최고의 모델일 뿐이다. 붓다들에겐 유일성이 부여되지 않는다. 대승불교 경전인 『랑카바타라 수트라』(능가경)에서 싯다르타가 했던 말로 일컬어지는 한 구절은 이렇게 전한다. "이러한 점에서 나 자신과 (다른 모든) 붓다들 사이에는 어떠한 구분도 없다"(랑카바타라 수트라 61,8).[10] 팔리어 경전 『밀린다팡하』에도 이와 똑같이 되풀이되는 유사한 구절이 있다. "육신의 아름다움, 도덕적 습관, 집중력, 지혜, 인식과 자유에 대한 통찰에 있어서 … 한마디로, 모든 붓다들이 다르마에 관해서는 어떠한 차이도 없다. 왜냐하면 붓다-다르마와 관련해 모든 붓다들은 정확히 똑같기 때문이다."[11] 물론 이것은 모든 붓다들이 다 똑같다는 것을 의미하진 않는다. 리처드 코헨이 관찰한 것처럼, "비록 모든 붓다들이 지혜에 있어서는 똑같을지라도, 자비로운 행동을 통해서는 서로 구별된다".[12] 그들을 구별해 주는 차이는 그들의 자비행이다.

싯다르타 생애의 역사적 차원은 종교 지도자요 창시자인 그의 역할에 분명히 중요하다. 그러나 붓다의 공헌은 선대 붓다들의 자비행이라는 좀 더 폭넓은 맥락에서 이해되어야 한다. 창시자인 그의 지위에 핵심적인 것은 싯다르타가 유일한 붓다가 아니라는 점이다. "불자들은 싯다르타가 창시자이기 때문에 유일한 지위를 부여받은 것이 아니라고 본다. 그러나 역설적이게도 불자들은 다른 붓다들을 추종하고, 숭배하고, 모방하고, 만나는 수단으로 싯다르타의 가르침을 사용한다는 것을 인정할 필요가 있다."[13] 이와 대조적으로, 예수의 지위는 예수의 삶과 죽음을 둘러싼 역사적 사건들뿐만 아니라 예수가 하느님의 유일한 아들이자 육화된 독특한 인물이라는 주장에 달려 있다. 그리스도인들 사이에서는 예수의 기적 활동, 죄의 용서, 몸의 부활, 예정된 도래와 함께 동정녀 탄생은 신앙의 핵심이다.

그리스도인들은 육화를 독특한 사건으로 간주한다. 육화의 기적은 처녀의 자궁 안에서 그리스도가 기적을 통해 잉태되었다는 개념이 없다면 불가능한 일이다. 이것은 유일회적 사건으로 간주되며, 따라서 그 계시는 단지 과거에 발생한 대단히 중요한 어떤 일이라는 것을 전제한다. 불교의 이야기에서 계시는 계속되는 현상임을 전제한다. 역사적 싯다르타는 다르마가 끊임없이 설해지고 재발견될 수 있도록 역사에서 무한히 나타나는 붓다들 가운데 한 분이다. 이러한 화신불 계보에서 싯다르타는 일곱 번째에 해당한다. 그리고 천상의 보살인 미륵이 붓다를 계승한다.

붓다의 이야기는 종교적 인물들이 갖는 민족주의적 측면들을 경시한다. 붓다의 구원은 승리를 갈망하는 국가의 염원과 명확히 결별했으며 사람들에게 확고하게 열반에 이르는 법만을 가르치는 것에 초점을 두었다. 그리스도라는 개념은 유일신적인 유대교 문화 내에서 발생했으며, 따라서 해방하는 왕을 갈망하는 국가를 만족시켜 준다. 보살 개념은 신들과 여신들로 가득 찬 고대 인도에서 출현했다.

마리아 신심에 필적할 만한 마야 신심과 신학은 없다. 모든 시대의 여성들이 겪을 시련과 투쟁을 미리 나타내 주기에 마리아는 다양한 해방 운동이 추구하는 대의명분에 사용되어 왔다. 좀 더 중요한 점은 마리아 신심에 헌신하는 사람들이 마리아를 예수에 대응하는 여성 인물로 간주한다는 사실이다. "예수가 가난하고 고통을 겪었다면, 마리아도 마찬가지다. 예수가 치유했다면, 마리아 역시 그러하다. 예수가 주님이었다면, 마리아도 그러한 여인이었음에 틀림없다. 예수가 왕이라면 마리아는 여왕이다."¹⁴ 불자들 가운데 이와 비슷한 마야 경배가 없었던 이유는 두 가지 요인으로 볼 수 있다. 첫째, 그녀는 싯다르타를 출산한 지 칠 일 만에 죽었다. 이 같은 죽음은 싯다르타 이전에 존재한 붓다의 어머니들이 출산 후 칠 일 만에 죽은 것과 일치한다. 그녀는 변화를 위한 도구라기보다는 대체로 수취인 및 응답자로 간주된다. 둘째, 마야는 붓다를 낳은 유일한 어머니가 아니다. 그녀 이전에 붓다를 세상에 탄생시킨 특권을 얻은 여섯 명의 여성이 있었다. 하지만 이러한 조건에도 불구하고, 불자들은 그리스도인들로부터 교훈을 얻어 마야와 그 외의 다른 붓다의 어머니들에게 단순히 붓다를 잉태한 여성으로 간주하는 것과는 차원이 다른 지위를 부여할 수 있다.

이 이야기들은 여성의 몸이 자기 것이 아니라는 개념을 강화한다. 여성의 몸은 인류를 대신해 좀 더 고상하고 고귀하며 유용한 역할을 이루기 위해 존재한다. 여성의 몸은 자신이 아니라 모든 이들을 위한 것이다. 이러한 관념은 인류를 위해 가치 있는 의무를 수행하는 이상적인 어머니로서의 여성이라는 관념에 사로잡힌 사람들에게 놀아나기 쉬운 것이다.

결국 이 두 종교가 발전시키고 제도화해 온 방식은 이 두 종교의 창시자와 이 두 종교를 동일시하기 어려운 일임을 보여 준다. 불교와 그리스도교에 팽배한 매우 관료화되고 신학적으로 보수적인 분위기에선 붓다가 불자가 되고 예수가 그리스도인이 되기 어려울 것이다.

대위법적 방법은 다양한 텍스트의 세계들을 한데 모아 우리가 그림을 그릴 수 있게 한다. 더 적절하게 표현하자면, 하나의 텍스트에 매몰되어 있다면 가능하지 않았을 대안 세계를 상상할 수 있게 한다.

말년의 양식: 텍스트와 황혼

생애 말엽 에드워드 사이드는 자신의 멘토인 독일 철학자 테오도르 아도르노에게서 차용한 용어, 즉 그 자신이 "말년의 양식"이라 칭했던 것에 대해 작업했다.[15] 사이드는 예술가들과 작곡가들, 작가들이 생애 마지막 시기에 배출한 작품에 매료되었다. 사이드의 관점에서 볼 때 이러한 작품은 "새로운 표현 양식을 지니게 되며" 그는 이를 "말년의 양식"[16]이라고 부른다. 이러한 작품들은 "예술적 창의성과 힘의 극치를"[17] 증언한다. 이 말년의 양식은 시의성에 관한 것이다. 시의성이라는 말로 사이드가 의미하는 바는 예술과 삶에서 대개 "삶의 초기 단계에서 적절했던 것이 삶의 후기 단계에선 적절하지 않으며, 그 역도 마찬가지라는 점"[18]이다. 심지어 그는 세상 모든 일에는 시기와 때가 있다는 코헬렛의 구절까지 인용한다.

사이드는 서양의 권위 있는 예술가들 안에서 말년이라는 관념을 탐구하면서 창의적 업적을 이룬 예술가들이 황혼기에 이르러 두 종류의 반응을 작품에 드러낸다는 것을 관찰했다. 하나는 평온함과 성숙함이고, 다른 하나는 무질서와 변칙이다. 우선, 말년은 원숙하게 비치고 평생 동안 이룬 업적의 정수로 간주된다. 이들의 예술적 삶이 끝에 이르렀을 무렵, 즉 죽음에 다다랐을 무렵 어떤 예술가들의 작품은 원숙함, 지혜, 조화, 단호함과 더불어 초기의 이력에서 볼 수 있었던 반항을 제거하려는 시도를 반영한다. 사이드의 관점에서 이 같은 산뜻한 결말과 정리는 이러한 예술가들이 휘두르기 좋아하는 권력 행사이다. 자신들의 작품에 대한 이러한 통제와 관리는 어떠한 점에선 사이드 자신이 밝히고자 애썼던 오리엔탈리즘적 학문과 비슷하다. 그러나 초기에 행했던 것과 반대로 말년의 작품에서 불일치와 단절을 보여 주는 다른 종류의 반응도 있다. 이러한 종류의 말년, 즉 "비타협적인 태도와 어려움, 해결되지 않는 모순들"[19]을 보여 주는 말년이야말로 사이드를 매료시켰다. 말년이 조화와 평온함을 가져다준다는 흔한 인식과 달리, 창의적 시기를 보여 주는 마지막 무렵에 어떤 작가들은 세상과 싸우고 작품 속에서 불일치와 분열을 보여 준다. "평온함과 성숙이 예상되는 시기에 오히려 노기를 띠고, 까다롭고, 완고한 ― 어쩌면 비인간적이기까지 한 ― 도전"[20]을 발견하게 된다. 사이드는 "좀 더 불안을 자아내고, 종결의 가능성을 망가뜨리고, 이전보다 더 당황하고 동요하도록 청중을 내버려 두는"[21] 작가들에게 관심이 있었다. 사이드는 이러한 말년의 유형에 "깊은 관심"을 두었다. 그는 이렇게 선언한다. "나는 조화되지 않고 평화롭지 못한 긴장 그리고 무엇보다도 의도적으로 비생산적인 생산성, 즉 역행을 수반하는 말년의 양식에 대한 경험을 탐구하고 싶다."[22]

사이드가 칭한 말년의 양식을 통해 시대의 지배적인 정치 질서에 대한 태도를 엿볼 수 있는 두 명의 신약성서 저자들이 있다. 한 사람은 바오로이고, 다른 한 사람은 묵시록을 쓴 것으로 알려진 요한이다. 말년의 작품에서 이 두 사람은 세속 권력과 로마제국에 대해 이전에 지녔던 자신들의 입장을 바꾸었다. 한 사람은 그리스도인들에게 국가의 충실한 시민이 되라고 충고함으로써 초기의 저항을 망가뜨리는 일을 시도했고, 다른 한 사람은 삶의 초기 단계에선 지배자들에 대한 태도가 가장 유순했으나 이제는 저돌적인 충돌을 옹호하고 아시아에 있는 교회가 지배 권력에 저항하도록 격려했다.

바오로의 후기 저서인 로마서 13장에서 발견되는 국가에 대한 바오로의 태도는 성서해석자들에게는 수수께끼였다. 지배 권력자들에 대한 바오로의 굽실거림에 당황해서 학자들은 바오로의 반동적 입장을 밝히고자 수많은 추측과 근거를 내놓았다. 첫째, 바오로는 재림이 임박했고 따라서 그와 그의 동시대 사람들이 속해 있던 로마제국의 질서를 포함해 옛 질서가 사라질 것이라는 확신에서 글을 쓰고 있었다. 둘째, 모든 제국들은 위험하고 사악하며 로마제국주의도 예외가 될 수 없다. 생존 전략으로서 그리스도인들은 조심하고 경계해야 한다. 셋째, 시민적 복종은 단지 제한된 가치만을 지닌다. 전제정치에서 벗어나려 하는 것은 단지 하느님만이 할 수 있는 어떤 것을 시도하고자 하는 인간적 활동이다. 모든 권위는 하느님께 속한다고 단언한 유대교 전통에 바오로가 서 있다는 주장도 이와 관련이 있다(이사 41,1-4; 45,1-3; 다니 2,21; 잠언 8,15; 집회 10,4; 17,17; 솔로몬의 지혜서 6,1-31; 에녹 46,5). 이것은 로마 권력이 별로 중요하지 않으며 최종적 주권은 황제가 아닌 하느님에게 있다는 것을 뜻한다. 넷째, 바오로가 대결을 옹호하지 않는 이유는, 저항으로 대체하려 했던 정부보다 더 사악하고 반동적인 정부, 반역적이고 무정부적인 정부가 들어서는 결과를 낳을 수 있기 때문이다.

이 모든 설명이 그럴듯하더라도, 로마서 13장에 나타난 바오로의 온화한 분위기는 말년의 양식을 보여 주는 징후로 볼 수 있지 않을까? 여기에서 바오로는 삶에서 노력했던 것들을 차분히 해결하고자 하는 것이 아닐까? 로마서 13장에 나타난 바오로는 다른 바오로이다. 로마제국을 자극하고 두려움 없이 자신의 투쟁은 혈과 육이 아니라 권위와 세상의 지배자들에 대항하는 것이라고 쓴 고지식한 초기의 바오로가 아니다. 이제, 싹 달라진 바오로는 공권력과의 관계를 완화하고자 애쓴다. 이러한 바오로는 사도행전에서 만나는 바오로와도 다르다. 루카의 묘사에서 바오로는 종종 로마의 관헌들 앞에 끌려나와 로마제국에 저항하고 로마의 관습에 반대한 것 때문에 비난을 받는다. 사도행전에 보고된 두 사건은 세심하게 살펴볼 필요가 있다. 하나는 로마의 식민지 필리피에서 로마인들이 수용하거나 실천하기엔 불법으로 보이는 관습을 옹호한 것 때문에 기소된 일이다(사도 16,20-21). 다른 하나는 테살로니카에서 바오로의 적대자들이 로마 권력을 훼손했다며 바오로와 실라스에게 다음 세 가지 죄목을 덧씌운 일이다. 첫째, 바오로와 그의 동료들은 가는 곳마다 문제를 일으켰다. 둘째, 이들은 카이사르의 칙령에 복종하지 않았다. 셋째, 카이사르의 칙령을 어기는 이 위반은 또 다른 왕인 예수를 믿는 믿음 때문이었다(사도 17,6-7). 이 밖에 바오로의 충성심에 관한 문제도 추가할 수 있다. 예수와 카이사르를 두고 누구에게 충성할 것인지에 관한 문제에 직면했을 때, 루카는 바오로를 예수를 위해 헌신한 자로, 그리고 카이사르가 아니라 예수를 주님으로 선포하는 기회를 포착했던 자로 묘사한다. 코린토 서간에서 바오로는 단호하게 교인들 간에 일어난 법적 논쟁들과 고충들은 세속 법정에 간청하기보다는 그들 스스로 처리해야 한다고 지적한다. 그는 코린토 신자들에게 그리스도인들은 하느님의 백성으로서 세상뿐만 아니라 천사들도 심판하게 될 것이라는 점을 상기시킨다(1코린 6,1-8). 그는 그리스도인들에게 이웃의 가치와 실천들, 관습들로부터 거리를 두라고 촉구한다. 그러나 바오로가 초창기에 이러한 반로마적 입장을 띠었다고 해서 로마제국을 흔들거나 카이사르의 나라를 하느님 나라로 대체하려 했던 반식민주의자였다고 말할 수는 없다. 그의 주된 목적은 자신이 새로 발견한 주님을 위해 논쟁을 제기하는 과제를 착수하는 데 있었다.

로마서에서는 초창기에 볼 수 있었던 바오로의 호전성과 대담함을 찾아볼 수 없다. 하지만 말년의 양식에 비춰 본다면 사색에 잠긴 바오로가 추상적인 양식을 동원해 압축적이고 고상하게 글을 쓰고 있다는 것을 알 수 있다. 일반적으로, 주석자들은 서사적 측면에서 12장과 13장이 연속성을 띠는 것으로 간주한다. 여기서 바오로가 옹호하는 것은 정치적 협력과 사회적 조화이다. 로마인들에 대한 그의 메시지는 이러하다. "여러분을 박해하는 자들을 축복하시오. 그들을 축복해야지, 저주하지 마시오."(로마 12,14). 이전에 그가 구사했던 대결적 어조는 사라졌다. "모든 사람들과 함께 평화롭게 지내라"는 그의 충고는 바오로의 새로운 화해의 정신을 요약해 준다. 심지어 이러한 조화의 분위기는 이렇게까지 심화된다. "당신의 원수가 굶주리면 그를 먹여 주시오. 그가 목말라하면 그에게 마실 것을 주시오. 사실 당신이 이렇게 함으로써 불타는 숯을 그의 머리 위에 쌓아 올릴 것입니다"(로마 12,20). 분명한 것은 보복하려는 인간적 욕망과 관헌들의 부당함을 교정하고자 시도하는 사람은 전적으로 배제된다는 점이다. 대신에, 하느님의 효율적인 중재에 의지하여 이 같은 문제를 다루고자 한다면 하느님께 맡길 것을 촉구한다. "사랑하는 여러분, 복수하지 말고 오히려 하느님의 진노에 맡기시오. 이렇게 기록되어 있기 때문입니다. '복수는 내 것이니 내가 갚겠다고 주님께서 말씀하십니다'"(로마 12,19). 또한 권위에 도전하는 사람들에게 보내는 경고도 있다. "공권에 반항하는 자는 하느님이 제정하신 것에 반항하는 것입니다." 세속 지도자들을 향한 비난은 사라지고 없다. 오히려 바오로는 그들에게 찬사를 보내고 이들의 권력은 하느님에게서 나온 것이라고 인정한다. "어떠한 공권도 하느님으로부터 나오지 않으면 있을 수 없으며 기존하는 공권은 하느님으로부터 명을 받은 것입니다"(로마 13,1). 이러한 통치자들은 거룩한 직무를 수행하기 위해 임명되었다. "권력을 가진 자들은 하느님의 심부름꾼이기 때문이다." 바오로는 자신의 독자들에게 선한 시민임을 나타내는 표시에 해당 목록들을 제시한다. 그가 추천하는 활동들은 형제애(로마 12,10), 환대와 상호부조(로마 12,13), 함께 기뻐하고 함께 우는 연민(로마 12,15)을 포함한다. 바오로가 상호의존성을 강화하고 파괴적인 개인주의를 단념시키기 위한 모델로 채택한 비유는 몸에 관한 비유이다(로마 12,4-6). 그의 메시지는 개인적 필요와 열망은 통제되어야 한다는 것이다. 바오로의 후기 저서인 로마서는 "특별한 성숙, 화해와 평온함을 추구하는 새로운 정신, 놀랄 만한 거룩함과 단호함"²³을 반영한다.

어떤 작품이 말년에 나온 것임을 암시하는 또 다른 징후는 저자가 선택적 기억을 신뢰한다는 점이다. 바오로는 로마제국이 하느님의 도구라고 장담하지만, 그가 주님이요 구원자로 인정하는 예수의 죽음에 대해 바로 그 똑같은 세속 권력이 책임 있다는 점을 까맣게 잊어버린다. 생애 마지막 무렵 바오로는 시민적 불복종을 지지하는 선동자로 보인 초기 이미지로부터 거리를 두고자 애쓴다. 사도행전에서는 절망에 빠진 바오로가 자신의 유대 적대자들에 대항해 로마의 지지를 얻고자 애쓰는 반면, 말년의 표시인 "현명한 체념의 정신"²⁴으로 쓴 로마서에서는 새로운 그리스도교 공동체를 해악으로부터 보호하기 위해 로마제국에 의지한다.

필레몬에게 노예 오네시모스를 되돌려 보낸 일은 바오로 말년의 원숙함을 보여 주는 또 다른 예이다. 오네시모스는 필레몬에게 보내졌고 예전의 노예로 되돌아갔다. 이것은 십자가로 얻어진 자유라는 바오로 자신의 복음과 배치된다. 당국을 기쁘게 하려는 시도로 바오로는 이전에 자신이 추구했던 급진적 신학 경향을 완화한다. 이제 복종하는 시민이 되고자 바오로는 새로운 지혜, 즉 지배자들의 귀를 즐겁게 하는 사랑과 존경을 전한다(로마 13,7-8).

요한묵시록의 저자는 바오로와 다른 말년의 양식을 드러낸다. 사이드의 관심을 끈 것은 바로 이러한 말년의 양식이었다. 묵시록에서 저자가 채택하고 있는 암호와 같은 상징적 언어는 그가 얼마나 "분노하고 심란한지" 보여 준다. 저자가 이루고자 하는 바는 "불안을 좀 더 부추겨" "청중이 이전보다 더 당황하고 동요하도록 내버려 두는 데" 있다.[25]

묵시록은 말년의 양식을 보여 주는 모든 특징을 갖고 있다. 이 책의 수수께끼 같은 상징적 성격은 독자들에게는 오랫동안 하나의 퍼즐이었다. 이 책이 묘사하고 있는 애매모호하고 강렬한 이미지들, 재난 묘사, 착취, 고통, 전쟁 모티프, 순교가 주는 영광은 우파 그리스도교 복음주의자들에서부터 이 세상의 소외된 사람들에 이르기까지 다양한 사람들에게서 호의적인 해석을 끌어냈다. 상냥하고 긍정적인 요한복음서의 저자와 달리 묵시록의 저자는 논쟁적이고 파괴적이다. 묵시록에는 "일종의 의도적으로 비생산적인 생산성, 즉 역행"[26]이 존재한다. 이것은 조화와 해결이 아니라 사이드가 장려하기 좋아했던 일종의 모순과 동요를 나타내는 말년의 양식이다. 묵시록에 말년의 양식이 존재한다는 제안은 요한복음서 저자가 묵시록을 썼다는 견해를 수용한다. 이 복음서의 내용과 심지어 저자의 정체성 문제는 근거 없는 짐작과 추측의 대상이 되어 왔다. 신약학 분야에서 역사적으로 진정성이 있다고 옹호되는 것은 기껏해야 지식에 근거한 추측일 뿐이다.

요한복음서와 묵시록을 쓴 저자가 동일 인물이라는 견해를 지지하는 강력한 외부적 증거가 있다. 순교자 유스티누스, 이레네우스, 테르툴리아누스 같은 초기 교부들은 요한복음서와 묵시록을 요한이 썼다고 보았다. 이러한 견해에 의문을 제기한 것은 근대의 비평학이었다. 역사비평학자들은 문학적으로 그리고 역사학적으로 이 두 텍스트를 분석한 후, 각각 다른 사람들이 집필했다는 가설을 제기했으며, 묵시록을 기록했을 법한 저자로 요한 마르코나 원로 요한 같은 이름을 제안했다. 역사비평의 지배력은 너무나 막강해서 이 두 책에서 발견되는 상당한 양의 공통된 어휘와 양식, 문법을 모호하게 만드는 경향이 있었다. 이 두 책을 비교한 연구에서 스웨트는 "요한복음서와 묵시록 간의 유사성을 강력하게 추정할 수 있는 근거가 있다"[27]는 결론에 도달했다. 이 두 책을 쓴 저자가 동일 인물이고 묵시록의 저자가 말년의 요한이라면 어떻게 될까? 요한복음서와 묵시록 간의 차이들이 고의적이고 의도된 것이라면 어떻게 될까? 자신이 이전에 해결했다고 생각한 문제들을 다시 돌아보면서 분노하고 심란해하는 노인이라면 어떻게 될까? 신약성서의 마지막 책이 나이 든 한 선각자의 대담하고 거친 명상록이라면 어떻게 될까? 묵시록이 논쟁과 논란과 소란을 일으키려는 목적으로 집필된 말년의 저서라면 어떻게 될까?

조화로운 종합을 달성하는 것과는 반대로, 묵시록은 요한복음서의 비정치적 성격을 무시하는 분열적 응답이며, 대립적이고 혼란스러우며 고통스러운 텍스트가 된다. 정치적 지배자들과 그리스도교의 가르침에 대해 묵시록의 저자가 주장하는 견해는 복음서 및 서간들과 확연히 대조를 이룬다. 요한복음서에서는 로마제국에 대한 저자의 태도와 관련해 알려 주는 것이 별로 없지만, 요한묵시록은 고집스럽고 모순된 열정에 휩싸여 있다. 요한복음서에서 로마제국은 대체로 해를 끼칠 염려가 없는 것으로 간주된다. 로마의 현존에 대한 긍정적이고 체념 어린 태도 그리고 로마에 저항하는 일은 무익하다는 느낌이 존재한다. 그러나 묵시록에서는 묵시론적 사고를 나타내는 모호한 이미지들과 관용구들을 사용해 로마 권력에 대한 무지막지한 혹평이 나타난다. 요한복음서에서 위협을 가하는 로마 권력이 존재하고 있음을 유일하게 묘사하고 있는 곳은 예수의 체포와 재판에 관한 이야기다. 이 이야기의 끝에 이르면, 로마의 지배를 인정하고 심지어 승인하기까지 한다는 인상을 받게 된다. 세 가지 사건이 이를 지지한다. 첫째, 빌라도의 질문을 받았을 때, 예수는 자신을 "이 세상에 속하지 않은 왕"이라고 밝히며, 따라서 자신의 왕직은 로마의 지배에 위협이 되지 않는다고 선언한다. 둘째, 이 이야기는 빌라도가 예수의 죽음에 관해 책임이 없으며 유대인이 비난을 받아야 한다는 점을 분명히 한다. 셋째, 대사제의 말은 로마 권력의 패권을 잠재적으로 승인한다. "우리에게는 황제 외에 왕이 없습니다"(요한 19,15). 비록 로마제국의 이름을 직접 거론하지 않지만, 묵시록에는 로마제국의 정치적·상업적·경제적 폭정에 대해 맹공을 쏟아붓는 데서 저자의 사상에 담긴 말년의 흔적이 드러난다. 제국과 민중 간의 대립은 짐승 대 양이라는 코드화된 이분법적 언어로 묘사되어 있다. 요한복음서에서 발견되는 조화로운 종합은 적개심에 자리를 내준다. 예를 들어, 요한복음서에서 대단히 중요한 사랑이 묵시록에서는 복수와 폭력으로 대체되어 있다. 베토벤의 말년의 작품에 관해 사이드가 지녔던 생각을 묵시록에 대해서도 똑같이 적용할 수 있을 것이다. 베토벤의 말년의 작품들은 "더 고상한 종합에 의해 화해되거나 흡수되지 않은 채 남아 있다. 다시 말해, 이것들은 어떠한 도식에도 들어맞지 않으며 화해되거나 해결될 수 없다. 왜냐하면 이 작품들이 나타내는 우유부단함과 종합되지 않는 파편성은 그 밖의 다른 어떤 것을 보여 주는 장식이나 상징이 아니라 작품 자체를 구성하는 요소이기 때문이다."[28]

　말년의 양식을 보여 주는 한 가지 흔적은 "독자들에게 양해도, 요약도, 잡담도, 도움이 될 만한 표지판도, 혹은 간편한 단순화도"[29] 제공해 주지 않는다는 점이다. 저자가 단어, 이미지, 어구, 숫자를 상징적으로 사용하기에 청중은 어리둥절해진다. 스웨트가 관찰한 것처럼, 요한복음서에 나타난 글의 양식은 "서두에서 결말까지 부드럽게 흘러가고, 구문을 무시하는 깜짝 놀랄 만한 어구는 존재하지 않으며, 독자들을 별로 혹은 결코 불쾌하게 만들지 않는다". 반면에 묵시록의 저자는 청중을 혼란스럽하는 "기행과 난폭함과 대담함"[30]으로 가득하다. 말년의 양식은 산뜻한 견해나 대안을 제공하지 않는다. 말년의 양식에는 불연속성과 불완전함이 존재한다. 말년에 바오로가 그리스도인들에게 로마제국과 화해하라고 설득했던 곳에서 묵시록 저자가 전하는 메시지는 제국의 유혹으로부터 떠나라는 것이다. 요한은 소아시아 그리스도인들에게 시장에 매료되지 말고 무엇보다도 사고파는 시장의 표인 짐승의 표를 받지 말라고 열정적으로 충고한다(묵시 13,17.18). 그는 소아시아 그리스도인들이 착취적 경제 체제의 일부가 되길 원치 않는다. "내 백성아, 그 여자를 버리고 나오너라. 너희는 그 여자의 죄에 휩쓸리지 말고 그 여자가 당하는 재난을 당하지 않도록 하여라"(묵시 18,4). 하지만 그는 설득력 있는 대안을 내놓지 않는다. 묵시록의 저자는 그 스스로 "현재에 대해 미숙하고, 언어도단적이며, 심지어 비극적이기까지 한 해설자"[31]에 속하는 말년의 인물이다.

요한의 작품에서 말년을 암시하는 또 다른 징후는 그가 "고대의 신화나 고대의 표현 양식"[32]으로 되돌아가고 있다는 점이다. 유대교의 묵시 문학적 자료들을 회수해서 사용할 뿐만 아니라 히브리 경전들도 언급하고 있기에 말년의 양식이 영향력을 발휘하고 있음을 알 수 있다. 이렇게 회복한 고대의 자료들은 화석화된 과거의 개념이라기보다는 매혹적이고 적절하게 만들어진 낯익은 정보로 제시되어 청중을 설득한다. 요한의 문체에 담긴 말년의 양식은 요한의 대위법적 읽기에서도 드러나는데, 그는 묵시 사상, 예언적인 글, 히브리 경전의 암시들, 제국의 칙령, 헬레니즘적인 주술 요소, 예수 전승 등을 합성해서 엮고 있다. 이러한 합성 요소들을 자기 것으로 삼는 일에서도 요한은 항상 비판적이고 역설적이다. 그래서 그의 담론은 합성적인 요소들 없이는 이해하기 어렵다.

말년의 양식은 이야기 안에 어쩔 수 없는 틈을 남긴다. 요한은 답을 제공하지 않고 물음을 제기한다. 요한의 이야기에는 혼란이 존재하는데, 이에 대해선 어떠한 해결책도 없다. 예를 들어, 요한은 현재의 경제적 질서에 대항하고 억압적인 체제에서 벗어나기를 다음과 같이 촉구한다. "세상의 상인들이 그 여자의 사치 바람에 부자가 되었다. … 그 여자에게서 떠나가라"(묵시 18,3-4). 하지만 그는 소아시아 그리스도인들에게 대안이 될 만한 어떠한 경제적 해결책도 제공하지 않는다.

말년의 양식을 나타내는 또 다른 표지는 언어의 남용과 전복이다. 요한묵시록의 저자는 종종 그리스어 구문을 위반하고 있기에 비난을 받는다. 그의 독특한 문체는 언어 순화론자들에게는 짜증 나는 것이었다. 찰스의 견해에 따르면, 문법적으로 조야한 이러한 양식은 고대의 다른 어떠한 작품과도 조화되지 않는 사고와 문법적 패턴에서 기인한 것으로, 그 자신만의 안정성과 규칙성을 지닌 계산된 장치이다. 찰스가 증명한 것처럼, 그리스어와 히브리어를 조합하는 요한의 방식은 요한의 특수한 양식에 기인했다. "그리스어로 글을 쓰고 있지만 정작 그는 히브리어로 사고한다."[33] 그리고 이러한 점이 자연스럽게 그의 글쓰기 방식에 영향을 끼쳤다. 모국어로 사고하고 식민주의자의 언어로 글을 쓰는 일은 탈식민주의적 혼종을 나타내는 표지이다. 평범한 문법 규칙을 난도질하고 침해하는 것은 "고상한 형태의 헬레니즘 문화에 대항하는 일종의 저항이었을 것이다. 이것은 셈족 유대인의 문화적 자부심을 보여 주는 행동이었을 것이다. 이러한 행동은 묵시록에 표현된 메시지의 형태와도 잘 들어맞는다. … 이것은 미국의 몇몇 흑인들이 올바르게 말하는 것을 거부하는 일과 유사하다."[34]

말년의 양식의 특징은 "동떨어짐과 망명, 시대착오"[35] 그리고 엉뚱한 곳에 놓였다는 느낌이다. 묵시록의 저자 역시 망명자였다. 그는 "하느님의 말씀을 전파하고 예수를 증언한 탓으로 파트모스라는 섬"(묵시 1,9)에 있었다. 이 섬은 묵시록의 저자가 자신의 삶과 활동을 시작했던 곳과는 다른 곳이었음에 틀림없다. 그러나 바로 이곳, 즉 낯설고 종종 적대적인 환경 속에서 요한의 묵시록은 분노와 반항의 모습을 띤다. 자신의 주변에 있는 세상이 도전적이고 어떠한 종류의 의미도 없는 것처럼 보일 때, 의미를 창조하려는 저자의 투쟁이 말년의 양식을 특징짓고 있다.

오늘날과 같은 종교적·정치적 분위기에서라면, 의기양양하고 이처럼 호전적인 교회가 궁극적으로 승리하기를 주장하는 요한의 요구는 지지받기 어렵다. 묵시록에 나타난 명백한 여성 혐오적인 시각들도 마찬가지이다. 정의를 외치는 일에서, 이 책은 여성의 지위를 완전히 간과한다. 대부분의 저항 문헌들처럼, 커다란 정치적·경제적 적을 응징하고 있을지라도, 이 저자는 여성에 대한 당시의 부정적 이미지를 모방하고 강화한다. 아도르노를 인용하면서, 사이드는 이렇게 적고 있다. "말년의 작품이 보여 주는 성숙함은 결실을 맺은 열매를 닮진 않는다. 말년의 작품들은 … 둥글지 않고 주름져 있으며, 심지어 찌들어 있다. 달콤함 대신에 쓴맛과 가시투성이여서, 이것들은 단순한 기쁨에 자신을 내맡기지 않는다."36 묵시록의 해석학적 의도와 내용에 완벽히 들어맞는 표현이다.

루카복음: 가난한 자들에겐 우울하지만 부자들에겐 좋은 소식

재현은 식민주의 신학이 자신의 권력을 행사하는 주된 수사학적 장치다. 재현은 '타자'에 대한 구성(해석)인 동시에 이러한 구성들이 피식민자와 식민주의자 양쪽의 정체성을 인종과 계급, 젠더 같은 용어들과 종교적·성적 범주로 고정관념화하는 방법에 대한 것이다. 고정관념화하고 희화화하는 방식은 식민주의자들의 자기이해에 기반을 두고 있는데, 그들은 자신과 자신의 문화가 모범적 인간과 모범적 문화를 참되게 드러낸다고 이해한다.

식민주의적 희화화는 두 가지 유형의 재현을 낳았다. 하나는 피식민자들을 허위로 묘사하는 것이고, 다른 하나는 식민주의자를 긍정적으로 묘사하는 것이다. 피식민자에 대한 재현은 변증법적으로 대립되는 방식으로 작동된다. 한 차원에 있는 '악마화'는 식민화한 '타자'를 말 없고 열등하며 우둔하고 어떤 것을 주도적으로 할 수 없다고 인식한다. 또 다른 차원에 있는 것은 '피식민자들에 대한 찬사'로, 식민주의자들은 피식민자들이 덕을 갖추고 경건함이나 순결과 같은 품위 있는 성품을 지니고 있다고 칭찬한다. 식민주의자들을 긍정적으로 묘사하는 일은 지배계급의 미덕과 가치, 이익을 격찬하고 안정화한다. 서양인을 긍정적으로 묘사하는 것은 서양의 미덕에 경이로움을 표할 뿐만 아니라 서양인의 자기 정체성과 자존심을 내세우는 일이다. 더 중요한 것은, 이러한 묘사가 타자인 피식민자들을 통제하고 지배하는 일에 관한 것이라는 점이다. 재현이 수행하는 것은 타자를 구분하고, 중재하고, 추정함으로써 타자를 산뜻하고 다루기 쉬운 문화적·종족적 대상으로 바꾸는 것이다. 재현은 세상을 우리와 그들로 나누며 골치 아프고 복잡한 사회적 위계를 만들어 낸다. 이러한 이분법적 사고는 획일적인 범주로 작동하는 '타자'라는 신화를 영속화하고, 더 적절하게 표현한다면 '타자'가 평가되고 용서받을 수 있는 표준이 존재한다는 개념을 계속해서 유지시킨다.

재현의 수사학은 부자와 거지 라자로의 비유(루카 16,19-31)를 이해하는 데 핵심을 이룬다. 이 비유는 고정관념화의 두 범주인 부정적 재현과 긍정적 재현을 보여 주는 주요한 예다. 이 텍스트와 이 텍스트의 해석에 나타난 가난한 자와 부자에 대한 재현들은 어떻게 재현이 해석의 정치학과 신학적 설득, 이데올로기적 동기들에 의해 지배되고 있는지 분명하게 보여 준다.

첫째, 라자로는 부자의 운명을 좌우할 중심적 위치에 있으나 이 비유 전체에 걸쳐 말 없는 한 명의 참여자로 재현되어 있다. 이 비유에서 처음에는 라자로와 부자가 핵심 인물로 등장하는 것처럼 보인다. 이야기가 전개되어 감에 따라, 라자로는 서서히 사라지고, 라자로가 아닌 부자와 그의 형제들이 줄거리의 핵심을 차지한다. 예레미야스가 이 비유는 "여섯 형제의 비유"로 개명되어야 한다고 주장할 정도로 이 이야기는 부자와 그의 친구들의 삶과 운명이 주된 배경을 이루고 있다.[37] 실제로, 이 비유의 주제는 이 비유가 "두 부자들 간의 대화"로 칭해져야 하는 것이 아닌지 의심을 갖게 한다. 부자와 아브라함이 토론을 시작할 때, 라자로는 한층 더 뒤로 밀려난다. 이 비유를 좀 더 면밀하게 읽으면 본질적으로 두 부자들 간의 진심 어린 대화라는 점이 드러난다. 대화가 오가는 동안, 라자로는 단 한 마디도 나누지 않으며, 따라서 그의 침묵은 이 비유 전체에 걸쳐 막강한 영향력을 발휘한다. 라자로에게 부과된 침묵과 주변적 역할은 소외된 사람들에 대한 루카의 묘사와 일치한다. 대중적 인식 안에서 복음서 저자 루카는 사회 바깥에 놓인 사람들, 즉 가난한 자, 과부, 여성, 이방인들을 위한 최고의 옹호자였다. 그러나 루카복음서에 등장하는 이러한 소외 집단과 관련해 눈에 띄는 점은 이 집단 스스로가 표현하는 어떠한 재현도 존재하지 않을 뿐만 아니라 이 집단이 말할 법한 대항 서사도 제공하고 있지 않다는 점이다. 가난한 자들을 중개하기를 부인하는 측면이 존재한다. 이러한 소외 집단들은 자신들의 견해를 피력하지 않는다. 이들은 자신들의 목소리를 거의 내지 않거나 서로에게 말도 걸지 않는다. 돌아온 탕자는 자신이 신중하게 시연하고자 했던 말을 단 한 마디도 내뱉지 않는다. 탕자가 돌아온 것을 축하하기 위한 만찬이 열렸을 때, 큰아들에게 친절히 대하고 만찬에 참여하라고 간청한 것은 탕자의 아버지다. 아주 드물게 소외된 집단들이 말을 건네는 경우에도 끈질긴 간청을 하는 과부의 이야기가 보여 주는 것처럼, 이들은 골칫거리로 간주된다. 소외된 집단들에 대해 말하거나 이 집단에게 말을 걸기도 하지만 이들 스스로 나서서 말하는 경우는 거의 없다. 사실, 이들의 역할은 라자로의 역할, 즉 순전히 부자를 돋보이게 하는 보조 역할에 지나지 않는다.

둘째, 라자로, 더 나아가 가난한 자들은 소극적인 것으로 재현되어 있다. 그는 말하지 않을 뿐만 아니라 좀처럼 행동하지 않는다. 이 비유 어디에서도 라자로가 나서서 주도권을 취한 것으로 묘사되지 않는다. 이 비유 내내 그는 움직이지 않는다. 그의 수동적 성격을 보여 주는 생생한 이미지는 개들이 그를 핥고 있는 장면에서 잘 드러난다. 라자로는 자신을 핥는 개들을 쫓으려는 어떠한 시도도 감행하지 않는다. 이 이야기는 라자로의 고정된 위치를 보여 주는 두 개의 다른 예화를 제공한다. 부자가 손가락 끝에 물을 적셔 부자의 혀를 적시도록 라자로를 보내 달라고 아브라함에게 간청했을 때, 라자로는 꼼짝도 하지 않으며, 게다가 라자로의 입장에서 취할 수 있는 조치란 아무것도 없다. 이것은 부자가 자신의 형제들에게 경고하도록 라자로를 보내 달라고 아브라함에게 촉구했을 때에도 마찬가지다.

셋째, 이 비유는 가난한 자들의 의존성 문화를 강화한다. 이것은 주인공의 이름에서도 묘하게 드러난다. 가난한 자들에게 이름을 부여하지 않는 일은 복음서 저자들에게서 흔하게 나타나며 이 비유에 등장하는 인물들 역시 이름을 갖고 있지 않다. 따라서 라자로의 이름은 흥미를 자아낸다. 라자로라는 이름은 "하느님은 그의 유일한 도우심", "하느님이 돕는 사람"이란 뜻이다. 이러한 이름 부여는 가난한 자들은 다른 사람들의 지배를 받고 있으며 자신들의 비참한 상태에서 구제받기 위해 후원자들이나 하느님에게 전적으로 의존하고 있음을 가리킨다. 이러한 의존 상태는 관대하게 보상받는다. 이에 대한 적절한 예로 '마리아의 노래'를 들 수 있다(루카1,46-55). 마리아의 노래에서 예상되는 역할의 전도는 하느님의 의로운 행동에 의해 이루어지는데, 이것은 구원을 위해 가난한 자들이 하느님에게 의존하기 때문이다. 이 노래는 대중이 상상하는 것처럼 부자들이나 권세 있는 자들에게 대항하는 통렬한 비판이 아니라, 자신의 구원을 위해 하느님의 자비와 권능에 의존하는 사람들을 구원한다는 약속이다.

넷째, 이 비유는 가난한 자들에 대한 또 다른 진부한 이미지, 즉 주인이 시키는 대로 한다는 이미지를 반복한다. 라자로는 계속해서 부자를 섬긴다. 그는 자신의 손가락 끝을 물에 적셔 부자의 혀를 식히도록 요청받는다. 더욱이 부자의 형제들에게 가서 경고하도록 요구받는다. 가난한 자들은 어떠한 보답이나 보상도 없이 부자들을 위한 임무를 수행할 것이라는 기대를 받는다. 루카의 또 다른 비유를 보면, 주인은 밭에서도 집에서도 종을 부려 먹지만 종은 자신이 행한 일에 대해 어떠한 감사도 받지 못한다. 왜냐하면 이것은 가난한 자들에게 기대되는 당연한 일이었기 때문이다(루카17,7-9).

가난한 자들은 부정적으로 재현되고 있으나 부자와 지배계급은 긍정적으로 제시되어 있다. 시작부터 독자들에게 부유함을 나타내는 상징들이 분명하게 제시되고 있다. 이 점은 여러 가지 면에서 감지된다. 부자에게 부여된 이름, 가진 재력, 옷, 값비싼 많은 음식은 사회에서 차지하고 있는 이 부자의 지위와 부유함을 입증한다. 불가타역에서, 이 부자는 많은 재산을 소유하고 있음을 뜻하는 '갑부'로 칭해지고 있는데, 이것은 그의 재력을 입증해 준다. 입고 있는 옷 색깔은 자주색으로 묘사되고 있는데, 돈이 많을 뿐만 아니라 그가 왕족이나 관료와도 관계를 맺고 있음을 보여 준다. 버나드 브랜든 스캇은 부자가 착용한 자주색 옷이 상징하는 의미에 자극을 받아 이 비유를 '자주색 옷을 입은 부자'로 칭하기도 했다. 성서에 등장하는 자주색 예복은 왕을 나타내는 상징이다. 미디안 임금들은 자주색 예복을 입었다(판관 8,26). 부자의 집에서 날마다 펼쳐진 연회는 이 부자가 호화롭고 화려한 삶을 살고 있음을 보여 준다. 아브라함도 뒤처지진 않는다. 히브리 성서는 아브라함의 부유함을 기록하고 있다. 창세기 13장 2절에서 아브라함은 "가축과 은과 금을 많이 가진 큰 부자"로 묘사되어 있다. 그는 자신의 아내 사라를 위한 매장지를 구입하기 위해 막대한 돈(400세켈)을 기꺼이 지불했다(창세 23,12-16). 루카 역시 하느님 나라를 연회에 빗대면서 아브라함을 언급한다(루카 13,22-30).

    부자들에 대한 루카의 재현은 유복한 사람들의 동류의식을 보여 준다. 이 비유에서 부자는 대가족의 구성원이고 대가족을 보호하는 사람으로 묘사된다. 부자의 주된 관심은 가난한 사람보다는 끊임없이 자신의 가족 — 자신의 다섯 형제 — 이다. 이 가족적 연대는 그가 아브라함을 "아버지"라고 부를 때 더 분명해진다. 단숨에, 그는 가족의 연줄에 호소할 뿐만 아니라 가족의 구성원으로 다뤄질 권리가 있음을 주장한다. 그의 편에 서서 아브라함도 그를 "아들"이라고 부름으로써 이러한 가족적 연줄을 지지한다. 루카복음서에서 부자들은 서로 신경을 써 주지만 가난한 자들은 자기네들끼리도 싸운다. 연회가 열릴 때마다, 부자들은 자신들의

"친척들"과 "형제들", "친구들"을 초대한다(루카 14,12). 부자는 자신의 형제들의 미래를 위해 탄원한다. 대조적으로, 라자로는 어떠한 가족적 애착도 없는 사람, 즉 자신의 비참함에 젖은 고독한 인물로 묘사되어 있다. 무엇보다도, 루카의 이야기에서 가난한 자들은 동정심이 없는 것으로 묘사되며 서로 간에 결속도 보여 주지 않는다. 주인의 돈을 슬기롭게 투자하지 못했기에 한 탈렌트를 받은 종이 처벌을 받게 되었을 때(루카 19,22-27), 자신들의 투자에 대해 칭찬을 받은 나머지 종들은 처벌받는 종을 대신해 어떠한 말도 꺼내지 않는다. 충실한 종과 불충실한 종의 비유에서(루카 12,42-46) 청지기를 맡은 종은 다른 종들을 두들겨 팬다. 회계 장부를 바꾼 종의 이야기는 주인 없이 스스로 알아서 하도록 방치된 종들은 신뢰받을 수 없다는 인상을 준다.

성서주석자들은 텍스트에 존재하지 않는 정보를 제공함으로써 부자들을 인간화한다. 알렉산더 핀들레이의 견해에 따르면, 부자가 지옥에서 고통을 겪을 때 보여 준 자신의 형제들에 대한 염려는 그가 "완전히 비인간적"[38]이지는 않았다는 것을 가리킨다. 주석자들이 내놓은 또 다른 추측은 라자로가 "혐오스러운 대상"임에도 라자로가 부자의 문간에 앉아 있을 때, 부자가 라자로에 대해 불평하지 않았다는 점은 부자의 문명화된 본성을 보여 준다는 것이다.[39] 몬테피오레는 독자들에게 부자가 "특별히 잔인했다"고 가정하지 말아야 한다고 경고한다. 라자로가 부자의 문간에 있었다는 점은 "그가 때때로 어떤 것을 얻었다. 그렇지 않았다면 그는 다른 곳에 자리를 잡았을 것"이라는 점을 보여 준다.[40] 게다가 몬테피오레는 상에서 떨어진 부스러기들은 합당하고 관대한 것처럼 보인다고 독자들을 설득한다. 부스러기들은 소량이 아니라 "음식을 먹는 사람들이 고기와 육즙이 가득한 접시에 손을 댄 후 손을 깨끗이 하거나 말리기 위해 사용된 큰 빵"이었다. 냅킨이 없던 시대에, 빵 조각은 "손을 닦는 데 사용되었으며 사용한 후에는 문간 밖이나 상 아래에 던져졌다".[41] 몇몇 주석자들은 부자가 잘못한 게 없다고 말한다. "그가 라자로에게 잔인했다거나 모욕을 주었다는, 다시 말해 부자가 라자로를 어떠한 식으로 착취했다거나 라자로의 가난을 부당하게 이용했다는 암시는 없다."[42]

루카의 이야기를 주석하는 사람들의 눈에는 부와 가난을 생산하는 착취적 시스템이 보이지 않는다. 성서주석자들 사이에 존재하는 경향은 부자의 행동을 약간의 인간적 결함이나 어리석은 것으로 축소한다. 몇 가지 예를 제시하면, "극단적 경솔", "부가 조장한 사회적 배제",[43] "독선",[44] 심술궂고 어리석은 "자기 확신",[45] "이기적인 삶",[46] "사려 깊지 못함 혹은 경솔함",[47] "무정함과 잔인함"[48] 등등이다. 주석학자들은 부자를 곤경에 이르게 한 부는 최소화하는 반면 라자로의 빈곤은 별로 중요하지 않게 다룬다. 라자로가 부자의 문간에 앉아 있었다는 사실은 그가 반신불수가 아니라는 것을 뜻한다. 그 의도는 "동양의 거리 풍경을 실감 나게 묘사"[49]하는 데 있다는 것이다. 라자로는 헌신과 경건,[50] 하느님에 대한 그의 전적인 의존,[51] 그의 온화함,[52] 그가 경건한 사람[53]이라는 추상적인 몇 가지 관념 덕분에 보상을 받았다. 라자로가 천상에서 지복을 누리는 이유는 불행한 이들이 지닌 거룩한 지위 때문인데, "가난"과 "성인"[54]은 동의어로 봐도 무방하다.

성서학자들은 이 비유를 사회에 존재하는 불평등과는 전혀 관계가 없는 것으로 일축해 버리는 경향이 있다. 이 비유는 "계급투쟁"[55] 혹은 "계급감정"[56]에 관한 것이 아니다. 슈바이처는 자신의 주석에서 이 비유가 "분배에 관한 신의 정의"[57]를 말하는 것이 아니라고 분명하게 밝혔다. 예레미야스의 견해에 따르면, 예수는 "사회적 문제에 대해 논평하기를 원하지 않았다".⁵⁸ 그는 예수가 "부는 그 자체가 지옥에 갈 만한 것이고 가난은 그 자체가 천상의 보답을 받는 것이라고 제안한 적이 어디에 있느냐"⁵⁹고 물었다. 마찬가지로, 스탠리 글랜도 부자였다는 것 이외에 어떠한 다른 이유도 없이 결국엔 부자가 지옥에 떨어지는 것으로 끝났다거나 혹은 라자로가 가난했다는 사실 이외에 어떠한 다른 이유도 없이 결국엔 영화롭게 되었다는 견해는 찬성하지 않았다. 사회경제적 용어로 죄와 경건을 다루는 것은 성서에 "사회학적 해석"⁶⁰을 도입하는 것을 의미한다. 휴 마틴은 이 비유가 돈 많고 부유한 모든 이들을 고발하는 것이 아니라고 주장했다. 만일 이것이 그러한 경우였다면, "아브라함은 연회를 관장하지 않았을 것이다".⁶¹

대부분의 주석자들이 이 비유를 부자에 대한 경고로 해석할지라도, 몇몇 주석자들은 이것을 커져만 가는 가난한 자들의 힘에 대한 경고로 간주한다. 식민주의 전성기 동안 인도의 나그푸르에서 활동했던 맥퍼딘은 자신의 독자들에게 우리 시대의 라자로는 부스러기 빵에 만족하지 않는다고 경고했다. 이들은 좀 더 큰 몫을 요구한다. 다시 말해, "두드린다면, 그것도 세게 그리고 계속해서 두드린다면, 문은 점차로 열릴 것이고 매일 열리는 잔치는 자신들에게 몇 가지 몫을 나눠 줄 것이라는 점을 배웠다"⁶²고 말이다. 그는 또한 자유무역의 이름으로 영국 시장을 인도와 중국, 아프리카에 개방하는 일에 대해서도 경고했다. 그의 견해에 따르면, 이 같은 상업적 합의는 "맹목적이고 근시안적"⁶³인 일이다.

독립 이후 인도가 사회주의 원칙에 근거해 국가가 지원하는 개발 프로그램에 착수하고자 했을 때, 이 비유는 독립을 얻은 인도에게 잠재적 위협으로 간주된 공산주의에 대한 경고로 사용되었다. 인도에서 활동한 윌프레드 스콥스는 이 비유가 "현재 동아시아에서 일어나고 있는 사회적 혁명을 향한 메시지"를 갖고 있다고, 다시 말해 "과도한 부와 비참한 가난이 결단코 나란히 존재하도록 허락하지 않아야 한다"고 생각했다. 공산주의자들이 이러한 점을 이용할 수도 있는 일이었기 때문이다. 위협적인 공산주의의 존재에 대한 그의 해결책은 사회정의라는 공산주의적 이상을 성서 전통에 속하는 것으로 만드는 것이었다. 그의 충고는 "공산주의에 대한 두려움 때문이 아니라 사회정의에 관심을 가졌던 예언자들과 인류 형제애라는 진리를 제시한 예수의 추종자들을 계승하고 있기에"[64] 그리스도인들은 가능한 한 사회정의를 촉진하고, 새로운 통찰을 개발하고, 책임 있는 행동을 고취해야 한다는 것이었다.

앞에서 설명한 것처럼 재현은 고정관념을 생산하는 일에 관한 것이다. 고정관념은 미심쩍은 단순화와 미리 정한 개념에 공을 들인다. 그러므로 이것은 약자를 비방하고, 모욕하고, 고립시키는 능력을 발휘하며 동시에 강자의 권위를 칭찬하고, 만족시키고, 정당화한다. 이 비유는 가난한 자들을 폄하하고 부자들을 지지하는 주요한 예다. 일단 '타자'에 대한 묘사가 진리의 지위를 달성하게 되면, 이것은 공적 담론에서 핵심적인 역할을 한다. 많은 경우 '타자'는 사회에서 좀 더 큰 문제를 풀기 위한 희생양이 되고 그래서 중상모략은 그 자체로 폭력적인 행위로 이끈다.

마지막으로, 이 부분을 끝내기 전에 한두 가지 언급하고 싶은 점이 있다. 가난한 자들에 대한 루카의 이해는 요즘 같은 다원적 세상에서 보면 편협해 보이며 경제적으로 점점 양극화되어 가고 있는 세상에서 그의 해결책은 온정주의적인 것으로밖에 여겨지지 않는다. 루카에게 가난한 자들이란 그리스도인들을 의미한다. 예를 들어, 기근이 발생했을 때 안티오키아 공동체는 유대 지역에서 고통을 당하고 있는 그리스도인들을 돕기 위해 가능한 한 많은 것을 보내기로 결정했다(사도 11,27-30). 토마스 슈

미트는 "전세계적인 규모로 일어난 기근" 동안 그리스도인들은 명백히 비그리스도인 이웃들의 궁핍은 무시했으나 "유대 지역에 있는 그리스도인들을 지원하고자 먼 거리를 여행하는 위험"[65]도 마다하지 않았다는 사실에 주목했다.

빈곤을 개선하는 일에 대한 루카의 답변은 매우 소박하고 보수적이다. 이 문제에 대한 그의 해결책은 자선과 상호원조를 격려하는 것이었다. 루카는 예수가 종종 사람들에게 자신들의 분수에 맞게 자선을 베풀 것을 촉구했다고 전한다. "그러니 그 속에 담긴 것으로 자선을 베풀어라"(루카 11,41). 그런데 세례자 요한 역시 자신의 청중에게 소유를 이렇게 나누도록 권장한다. "속옷을 두 벌 가진 사람은 없는 이에게 나누어 주고, 양식을 가진 사람도 그렇게 하시오"(루카 3,11).

루카는 가난의 원인을 설파하는 데 다소 침묵한다. 이것은 두 가지 때문인 것 같다. 하나는 루카의 이야기 세계가 경제적 힘과 정치적 영향력을 휘두르는 사람들로 채워져 있다는 점이다. 그의 복음은 이 집단들에게 전해졌다. 이 집단은 로마의 상류층 출신 사람들, 다시 말해, 키프로스의 총독인 세르기우스 바오로(사도 13,7)와 영주인 헤로데와 함께 자란 마나엔(사도 13,1) 같은 사람들로 이루어져 있다. 그리고 백부장 코르넬리우스(사도 10,1), 에티오피아 내시, 높은 사회적 지위를 가진 익명의 남녀 그리스인들(사도 17,12)이 있었다. 권력을 가진 이러한 엘리트 외에도, 재산을 가지고 있었던 바르나바, 하나니아스, 사피라(사도 4,37; 5,1-11)를 추가할 수 있다. 자색 옷감 장수인 리디아는 바오로와 그의 일행들에게 환대를 제공할 만큼 충분히 부유했다(사도 16,14-15). 선한 사마리아인이 여관 주인에게 맡기고 간 두 데나리온은 적은 양이 아니라 "한 사람이 3주를 먹을 수 있는 정도의 음식 혹은 고대 팔레스타인 지역에 사는 가족의 일 년치 예산의 대략 1%와 맞먹는 상당한 양"66이었다.

　루카복음서에서 예수는 부자와 자유롭게 섞인다. 그는 바리사이와 지도층 같은 부유하고 다양한 계층 출신의 사람들에게서 초대를 받는다. 부유한 여성들은 자신들의 돈으로 예수와 제자들이 필요한 물품을 제공한다(루카 8,3). 예수는 또한 치유를 통해 로마 백부장 및 야이로와 관계를 맺는다(루카 7,1-7; 8,40-56). 세리들은 그의 제자들이었고(루카 5,27-28: 세리 레위) 세리장인 자캐오는 그의 추종자들 가운데 한 명이었다(루카 19,1-10). 마르코복음서(10,22-23)와 마태오복음서(19,22-23)에서 청년이 떠났을 때, 예수는 제자들에게 말한 것으로 나온다. 하지만 루카복음서에서는 부유한 지도자들에게 말한다(18,23-24). 루카에 따르면 시민이란 전형적으로 부유한 사람이다. 향유를 붓는 장면을 묘사하면서 예수의 유명한 말, 즉 가난한 자들은 항상 너와 함께 있다는 말을 루카가 빼 버린 사실은 가난한 자들이 루카의 이야기 세계의 주된 관심사가 아니었다는 것을 보여 주는 중요한 증거다. 루카가 전하는 것처럼, 루카 공동체가 삶을 꾸려 간 방식은 공동체 내에는 궁핍한 사람이 없다는 것이었다. 사도행전은 가난한 사람들이 있었다는 어떠한 암시도 보여 주지 않는다. 사도행전에서는 결정적인 단어 '프토코스'(가난한)가 나오지 않는다. 그 대신, 그는 진짜로 가난한 사람이 아니라 단지 궁핍한 사람들이 있다는 것을 가리키기 위해 '엔데에스'를 사용한다.

　루카가 가난의 문제를 다루지 않는 두 번째 이유는 자신의 입장에서는 로마제국의 존재를 비난하는 것이 내키지 않았기 때문이다. 팔레스타인의 빈곤은 로마제국이 취한 정책의 결과였는데, 농토 착취, 팔레스타인 지역의 재조직, 무거운 세금 부과를 초래했다. 그리고 여기에 흉작을 추가할 수 있다. 로마인에 대한 비난을 내켜 하지 않은 데는 로마 황제(아우구스투스, 티베리우스, 클라우디우스)를 대변하는 제국의 존재들인 총독과 제독, 백부장이 존재했기 때문인지도 모른다. 그래서 루카는 지배자들을 비난하는 일을 자제했는지도 모른다. 루카는 제국의 지배가 갖는 도덕적·사회적 함의를 거론하지 않으며 부의 생산 기원과 관련한 윤리에 대해서는 어떠한 말도 하지 않는다. 루카가 권장하는 것은 그리스도인들 편에서 개별적으로 베푸는 호의다. 루카의 이야기에서 가난한 자들은 자비를 믿으라고 가르침받는다. 하지만 오늘날의 가난한 자들은 정의를 요구한다. 가난한 자들이 원하는 것은 빵 부스러기가 아니라 한 상에서 먹을 수 있는 자리다. 오늘날 저개발 국가들이 원하는 것은 구호품이나 도움의 손길이 아니라 공정한 무역 관계다. 이 분야에서 활동하는 집단들과 사람들은 현재의 국제무역 규칙이 가난한 나라에게 호의적이지 않다는 데 동의한다. 이러한 점에서, 모세와 예언자들의 말만으로는 충분하지 않다는 부자의 말(루카 16,30)은 진실의 일면을 간직하고 있다. 긴급히 요청되는 것은 가난한 나라들에게 손해를 끼치는 불리한 무역 규제들을 정정하고 외국의 원조보다는 저개발 국가에게 이익이 되는 공정한 무역협정을 맺는 일이다.

이러한 점에서 익명의 한 아르헨티나 심문관은 루카가 전하고자 한 것을 잘 반영하고 있다. 1976년 아르헨티나에서 일어난 쿠데타 동안 많은 이들이 투옥되었으며 고문을 받았다. 가톨릭 신부인 올란도 비르질리오 요리오도 이들 가운데 한 사람이었다. 어느 날, 그의 심문관은 그에게 당신은 예수의 말을 명백히 잘못 읽었다며 다음과 같이 말했다.

당신은 그리스도의 교리를 고지식하게 문자 그대로 해석했다. 그리스도는 가난한 자들에 대해 말했다. 그러나 그가 영으로 가난한 자들에 대해 말했을 때, 당신은 이것을 문자 그대로 해석했고 문자 그대로 가난한 자들과 살기 시작했다. 아르헨티나에서 영으로 가난한 자들은 부자들이며 장래에 당신은 부자들을 돕는 데 시간을 보내야 한다. 그리고 그들이야말로 진실로 영적인 도움을 필요로 하는 자들이다.[67]

이것이 정확히 루카가 행했던 바였다.

결론적 언급

탈식민주의적 독해는 세 가지 점에서 전통적 주석과 다르다. 전통적 주석학은 아주 사소하고 세부적인 텍스트의 역사적 사항과 이것의 복잡한 언어적 뉘앙스에 집중한다. 게다가 텍스트를 생산한 역사에 대한 설명도 제공한다. 탈식민주의 성서비평이 하는 일은 이러한 주석학적 절차들 가운데 최선의 것을 갖추는 것이나, 한 걸음 더 나아가 텍스트와 텍스트에 대한 해석들을 고대와 현대의 식민지적 맥락에 위치시킨다. 둘째, 읽기의 실천으로서 탈식민주의 주석은 히브리 및 헬레니즘 텍스트만 주석하도록 제한하는 전통적 주석학의 종교적·텍스트적 배타성에 반대한다. 탈식민주의 성서비평은 이러한 제한된 경계를 넘어 다른 종교 전통에서 나온 텍스트도 포함하는데, 이러한 점에서 좀 더 넓은 해석학적 토대를 갖추었다고 할 수 있다. 주류 성서학자들은 이 같은 해석학적 작업은 대체로 비교학자나 인도학자에게 속한 것으로 간주한다. 주류 성서학자들은 대부분 그리스도교 텍스트에 국한되어 있다. 하지만 탈식민주의 성서비평은 다양한 종교 텍스트들이 어떻게 연결되고 분리되는지 살핀다. 셋째, 전통적 읽기와 달리, 탈식민주의 성서비평은 주석과 해석을 단일하고 통합된 과정으로 다룬다. 다시 말해, 역사적 활동과 해석학적 활동은 서로 밀접하게 연관되어 있으며 따라서 단절되어 있지 않고 이어지는 단일한 활동으로 간주한다.

다른 비판적 실천들과 달리, 탈식민주의 성서비평은 식민주의적 충동으로부터 성서를 끄집어낸 다음 반식민주의적 문헌으로 제시하는 일을 도모하지 않는다. 여성주의운동, 달리트운동, 환경운동, 퀴어운동 같은 몇몇 해방적 실천들은 성서가 가지고 있는 가부장적·카스트적·반자연적·성차별적 편견들을 비판한다. 하지만 동시에 평등주의적 가치가 성서 안에 있다는 것을 보여 줌으로써 성서를 합당하고 존경할 만한 책으로 제시하고자 애쓴다. 이러한 실천들에는 성서의 골치 아픈 텍스트를 해방적 실천을 지지하는 텍스트로 대체하려는 경향이 있다. 어떤 사안에 대해 성서가 해방적 경향을 띨 수 있지만 다른 사안에 대해서는 지배적 규범을 긍정한다. 예를 들어, 군주제에 대한 반대도 있지만 동시에 군주의 지배와 왕조에 대한 긍정도 존재한다. 탈식민주의는 성서의 식민주의적 경향들을 털어 내고 그것을 반식민주의적 판본으로 대체할 생각이 없다. 탈식민주의는 성서를 이론의 여지가 있으며 애매모호한 책으로 간주한다. 탈식민주의 성서비평은 성서가 잠재적으로 지배자들을 감싸고 보호할 수 있다는 문제를 제기한다. 그리고 이 과정에서 지배자들의 지배를 강화하는 주된 근원으로서 성서가 갖는 위치를 뒤흔들고자 한다.

탈식민주의 성서비평의 목적은 또 다른 산뜻한 주석을 생산하는 데 있지 않다. 이런 식의 다시 읽기는 어쩔 수 없이 호교론적이고 자기방어적인 경향을 띤다. 탈식민주의 성서비평이 추구하고자 하는 바는 역사적 지식과 통찰, 분석을 생산해 내고 텍스트와 해석 양쪽에 전제되어 있는 편견들을 탐지하여 독자의 인식을 바꾸는 데 도움을 주는 것이다. 이것은 성서와 독자 양쪽에 전제되어 있는 개념들을 독자가 새롭게 바라보고 의문을 제기하기를 권한다. 탈식민주의 주석은 고대의 텍스트가 자신의 제국주의적이고, 신비주의적이며, 낡고, 억압된 이미지를 털어 버리고 탈근대적이고 탈식민주의적인 대의에 동조하기를 희망한다.

7

후기
탈식민주의 성서비평, 끝나지 않는 여행

> 실제로, 매일 우리는 새로운 이론을 개발한다.[1]
> 동지들과 동료 혁명가 여러분, 나는 분명히 말합니다.
> 식민주의는 결코 죽지 않았습니다.[2]

탈식민주의에 대한 논의는 대략 세 가지에 집중한다. 식민주의와 탈식민주의의 현실, 이러한 현실로 인해 생겨난 정치적·역사적·문화적 변화들, 그리고 식민주의와의 만남에서 출현한 작품에 관한 학문적 연구.

탈식민주의는 중요한가? 그렇다. 중요하다. 탈식민주의는 반복할 가치가 있을 뿐만 아니라 잊히고 지워질 위험에 처한 것을 정기적으로 반복하기에 중요하다. 과거는 종교적 근본주의자들이 기억하기 좋아하는 식으로 기억되지 않는다. 온갖 색깔의 근본주의자들이 원하는 것은 이야기를 단순화하여 거추장스럽고 이의를 제기하는 목소리를 제거해 버리는 것이다. 이들은 불편한 텍스트를 가려내고 특정한 텍스트를 읽기의 전형으로 만듦으로써, 혹은 정치적으로 종교적으로 자신들의 편협한 대의명분에 이바지할 수 있는 단순한 역사적 설명을 창조해 냄으로써, 혹은 종종 서로 경합하고 모순되는 정체성 문제를 고민하지 않도록 해 주는 가상의 정체성을 설정함으로써 이러한 일을 수행한다. 탈식민주의가 과거를 발굴할 때는 정확히 이와 반대로 움직인다. 탈식민주의는 불편한 진실들을 들춰 내고 이야기의 복잡한 성격을 지적함으로써 이야기를 뒤죽박죽으로 만든다. 탈식민주의는 안전했던 과거, 안전하게 보관된 텍스트, 순수했던 정체성으로 되돌아갈 수 없다고 끊임없이 주장한다. 탈식민주의는 과거와 현재의 고통을 보상하려는 것이 아니라 우리에게 현재의 혼란과 불편의 원인이 과거에 뿌리를 두고 있다는 점을 지속적으로 상기시킨다. 또한 탈식민주의는 고대와 현대의 제국이 어떻게 작동하며, 더욱 중요하게는 반복되고 있는 구시대의 제국주의적 충동에 대항해 어떻게 경계 태세를 취할 수 있는지 충고해 준다.

또한 탈식민주의는 식민주의와 관련해 잊힌 교훈들 가운데 하나로, 다양한 인종과 문화의 사람들이 외국의 권력에 의해 지배받는 것을 원치 않는다는 점을 상기시켜 준다. 탈식민주의는 초기의 반식민주 운동에서부터 현재의 이라크 및 아프가니스탄의 저항에 이르기까지 저항적 입장들의 두드러진 예들을 제공한다.

탈식민주의가 드러내고자 하는 진실은 탈식민주의가 이론이 아니라 과거와 현재 양쪽이 이룬 지식 생산을 바라보는 방식이라는 점이다. 탈식민주의는 식민주의의 경험으로부터 얻은 몇몇 기술과 실질적인 깨달음을 통해 자료들을 고찰하도록 해 준다. 이론들은 고정된 지위를 지니고 있지 않다. 이것들은 새로운 물음과 실천가들 사이에서 발생한 내부의 토론이 일으킨 변화에 민감하다. 때때로 혁신은 점점 약해지고 힘과 열정은 사라지고 만다. 그러나 이론들은 중요하다. 테리 이글턴이 『이론 이후』라는 책에서 쓴 것처럼, "우리를 안내하는 전제들에 대한 합리적인 체계적 반성 수단으로서 이론은 여전히 필수적이다".³ 중요한 것은 진리와 정의를 위한 탐색이다. 그리고 이러한 헌신이 지속되고 있는가 하는 점이다. 해방신학이 해방신학이고자 했던 것에서 해방신학에 대한 것으로 이동했을 때, 해방신학의 정신은 상실되고 말았다.

계속되는 식민주의적 의도들

21세기에, 즉 낡은 스타일의 식민주의가 대체로 사라진 탈제국주의 세기에 왜 탈식민주의가 필요한가라는 질문이 남는다. 다시 말해, 탈식민주의는 어떠한 구매력을 지니고 있는가? 탈식민주의가 계속해서 잠재력을 가진 무기가 될 것으로 보이는 네 가지 요소가 있다. 첫째, 한 국가가 다른 국가보다 월등하다고 여기고, 그래서 더 좋은 삶의 방식을 갖도록 다른 국가가 개조되어야 한다고 생각한다면, 둘째, 착취될 수 있는 시장이 존재한다면, 셋째, 성스러운 텍스트가 물적·영적 정복을 재가한다면, 넷째, 세속적이든 성서적이든 간에 학문이 식민주의적 충동과 오리엔탈리즘의 표식을 계속해서 드러낸다면 말이다.

제국의 수사학은 담론에서 사라지지 않았으며 어조와 내용도 별로 바뀌지 않았다. 19세기에 제국과 관련을 맺었던 어휘가 새로운 힘을 지닌 채 여전히 들끓고 있다. 표준적 식민주의 수사학은 압제자 아래에서 신음하고 있는 민중의 고통을 강조하고, 이 압제자를 자신의 민중을 돌보지 않는 오만하고 부패한 지도자로 묘사하며, 민중 스스로는 어떠한 정치적 행위도 할 수 없는 일종의 무기력한 희생자로 그리는 일에 몰두한다. 이러한 분위기를 설정한 후, 주인/식민주의자는 민중의 고통을 누그러뜨리고 민주주의와 자유, 평화를 가져다주기 위해 침공한다. 이라크 침공은 식민주의적 수사학의 특징을 드러낸다. 이라크의 정치적 망명자 카밀 마흐디는 「가디언」에 실린 한 기사에서 전임 영국 수상 토니 블레어가 이라크를 침공하기 위해 어떻게 식민주의 수사학을 끄집어냈는지 보여 주었다.[4] 이처럼 탈제국주의 시대에도 자유주의적 간섭을 보여 주는 신호들이 있다. 9·11 이전에조차 그리고 부시와 블레어가 신세계 질서에 대한 자신들의 메시아적 비전을 갖추기 이전에도, 보수주의 역사가 노먼 스톤은 '계몽된 제국주의'를 재요청했다. 그가 말하고자 한 바는 19세기처럼 아프리카의 "질서를 유지하기 위해 개입할 수 있는" 국제적 임무를 "문명화된 국가"에 부여해야 한다는 것이었다.[5] 토니 블레어의 수석 보좌관 조너선 포웰은 전쟁에서 이길 수 있고 전쟁 이후 마음에 드는 정부를 수립할 수 있다면, 영국에 대해 어떠한 위협을 가하지 않았더라도 영국의 이익을 위협한 나라들에 대해선 공격할 수 있다고 주장했다.[6] 전임 영국 외교부 장관 데이비드도 이와 비슷한 감정을 표현했는데, 이라크와 아프가니스탄 전쟁에서 저지른 실수에도 불구하고 영국은 전 세계에 민주주의를 퍼뜨리는 것을 돕기 위해 — 때로는 군사적으로 — 간섭할 수 있는 도덕적 임무를 갖는다고 주장했다.[7] 예전의 식민주의자들과 피식민자들 간의 불균등한 관계를 묘사하는 한 가지 방식으로 신식민주의 및 비공식적 식민주의 같은 용어들이 사용되고 있다.

    지리적 점령은 과거의 일이었는지도 모른다. 하지만 새로운 형태를 갖춘 통제와 예속은 서양의 권력자와 이전의 피식민지인들 간에 맺은 관계가 계속될 것이라는 점을 보여 준다. 구시대의 제국들을 풍요롭게 해 준 협약, 관습, 태도, 사고방식이 예전과 같이 군대, 행정관, 선교사가 아니라 자유시장과 국제금융기구, 비정부기구들과 함께 재도입되고 있다. 구시대의 영토적 제국은 사라졌을 수도 있지만 유혹하고 통제하는 원칙은 계속해서 진행되고 있다. 공산주의 붕괴 이후 서양은 전 세계 나머지 국가에 자신의 가치를 공유하도록 촉구하고 있다. 이러한 가치들은 정치적 관념에서 소비 상품에 이르기까지 다양한 형태로 나타나고 있다. 다음의 말을 유심히 살펴보라. "그러므로, 우리의 옷 스타일에 대한 취미가 생겨났으며 '(로마 시민이 입는) 토가'가 유행하게 되었다. 서서히 이들은 라운지와 욕조, 우아한 연회와 같은 악덕을 유발하는 일에 매혹되었다. 이들은 자신을 예속하는 일임에도 불구하고 무지로 인해 이 모든 것들을 문명이라 불렀다."[8] 이것은 1세기에 영국에 대한 로마의 지배를 언급한 타키투스의 말이다. 이 메시지는 타자를 유혹하는 옛 제국의 책략이 다른 옷을 입은 채 계속되고 있다는 점을 보여 준다. 로마의 연회 대신에 우리는 지금 맥도날드 햄버거를 먹고 있으며, 욕조는 테마파크로, 토가는 아르마니 정장으로 대체되었다.

 게다가 종종 우리는 이러한 국가들 내에서 언어적·종교적·카스트적 원리주의를 표방하는 주류가 소수에 대해 힘과 통제를 행사하고자 시도하는 일종의 내부 식민주의가 있다는 점을 잊어버린다. 다른 종교를 믿는 집단이라도 인도에서는 인도의 깃발 아래 있어야 한다고 선전하는 일부 힌두교 근본주의자들의 힌두트바 이념과 스리랑카의 싱할라족이 역설하는 싱할라 불교도들의 종족-민족주의는 이 같은 내부 식민주의에 해당하는 예다. 현실은 결코 우리의 세계가 탈제국주의적일 수 없다는 점을 보여 준다.

근대 제국주의가 취한 가장 현명한 책략은 대중에게 제국주의가 사람들에게 좋은 일을 하고 있다고 설득하는 일이었다. 식민주의 절정기에 자와할랄 네루는 이것을 간파했다. 그는 국제연맹의 위임하에 영국이 이라크를 점령하고 있을 때, 글을 쓰고 있었다. 영국의 여러 감옥에서 자신의 딸 인디라에게 쓴 책 『세계사 편력』에서 네루는 역사가 어떻게 반복되는 불가사의한 성향을 나타내는지뿐만 아니라 완곡하고 해방적인 언어가 어떻게 전제적이고 반동적인 관념을 형성하는 수단으로 사용되는지 보여 주었다.

근대적 형태의 제국주의가 보여 주는 새로운 특징은 '신탁통치', '대중의 이익', '후진 민족의 자치를 위한 훈련' 등등과 같은 미사여구로 자신들의 테러와 착취를 숨기고자 하는 것이다. 자신들은 오직 사람들의 이익을 위해서만 발포하고 죽이고 파괴한다는 것이다. 이러한 위선이 진보의 징후일 수도 있다. 왜냐하면 위선은 미덕에 대한 찬사일 뿐이며 따라서 진실이란 마음에 들지 않고 단지 듣기 좋은 기만적인 말로 포장되어 있으며 결국에는 감춰져 있다는 것을 보여 주기 때문이다. 그러나 이 같은 뻔뻔한 위선은 잔인한 진실보다 더 나쁘게 보인다.⁹

C.S. 루이스의 판타지 소설을 경탄해 마지않는 사람들은 지금도 타당한 그가 쓴 몇 대목을 종종 잊곤 한다.

모든 폭군 중에서도 희생자들의 유익을 위해 진심으로 일하는 폭군이 가장 억압적일지도 모른다. 전능한 도덕적 참견쟁이보다는 차라리 노상강도 귀족 치하에서 사는 게 나을지도 모른다. 노상강도 귀족의 잔인함은 때론 잠재울 수도 있고, 그의 탐욕이 어떤 시점에선 만족될 수도 있다. 하지만 우리의 유익을 위한다는 명분으로 우리를 고문하려 드는 사람들은 우리를 끝없이 고문하고자 할 것이다. 양심의 승인을 받고서 하는 짓이기 때문이다. 이들은 천국에 갈 가능성이 높겠지만 지상을 지옥으로 만들어 버릴 가능성은 더욱 커질지도 모른다.[10]

사람들과 국가들을 자극해 식민주의적 모험을 감행하도록 만들었던 세 가지 요소가 성서에 잠재해 있는 한, 탈식민주의 비평은 계속해서 구매력을 지닐 것이다. 정복과 개종, 선택 같은 성서에 등장하는 관념은 악의 없고 교양 있는 박식한 사람들, 이 가운데 주로 남성들을 자극해 폭력적인 포식자로 바꿔 버릴 수 있다. "너희의 발이 닿는 곳은 어디든지 너희의 소유가 될 것이다. 너희의 땅 경계는 광야에서 레바논에 이르고 큰 강 유프라테스에서 지중해에까지 이를 것이다. 세상에 너희와 맞설 사람은 하나도 없을 것이다. 너희 하느님 야훼께서는 약속해 주신 대로, 너희의 발이 닿는 곳이면 어디에서나 모두들 너희를 두려워하며 떨게 하시리라"와 같이, 성서에는 마치 국가들이 시행해야 할 것처럼 상상의 나래에 불을 지피는 진술이 담겨 있다. 이러한 정복의 말과 함께 성서에는 이교인들은 복음을 들어야 한다는 관념도 있다. 성스러운 행위인 개종이 세상 모든 이들을 그리스도교로 개종시킬 것을 신이 명령했다고 주장하는 선교로 도용된다. 어떠한 좋은 의도를 지녔더라도 개종은 본질적으로 식민화하는 행동이다. 어떤 믿음이 다른 믿음보다 우월하기에 우월한 믿음 체계와 실천에 순응하라고 하는 것은 식민주의의 한 형태이다. 이 밖에 선택된 인종이라는 관념을 추가할 수 있다. "너희는 너희 하느님 야훼께 몸바친 거룩한 백성이다. 야훼께서는 땅 위에 있는 만백성 가운데서 너희를 골라 당신의 소중한 백성으로 삼으셨다"와 같은 구절은 역사에서 상당히 중요한 역할을 부여했다. 성서에 이 같은 개념이 존재하는 한, 식민주의는 계속될 것이다.

선택받은 백성이라는 관념은 단지 그리스도교에만 국한되지 않는다. 6세기 싱할라족의 역사서인『마하방사』는 실론섬의 불교를 보존하기 위해 특별한 임무를 부여받은 선택된 백성이 바로 싱할라 불교도라는 개념을 장려했다. 불교 부흥론자 아나가리카 다르마팔라는 유대인의 선택 개념을 사용했다. 스리랑카 불교의 성장을 연구한 키트리시 말랄고다는 민족주의자들이 히브리 성서에 나오는 선택받은 백성이라는 개념을 대입해 어떻게 마하방사를 읽었는지 주목했다. "구약성서가 특별하게 선택받은 백성으로서의 이스라엘이라는 개념을 쌓아 올렸듯이, 마하방사 역시 불교와 관련해 싱할라족과 스리랑카섬의 특별한 운명이라는 개념을 쌓아 올렸다."11 애매모호한 쿠란의 말, 이슬람 법, 그리고 몇몇 이슬람 집단이 간직해 온 역사에 기반해 국민국가를 능가하는 이슬람 칼리프를 요구하고 있다는 것은 통제와 정복이 특별히 어느 한 종교에만 국한되지 않는다는 점을 보여 준다. 2장에서 주장했던 것처럼, 식민화하는 일은 단지 성서에만 해당되지 않는다.

일반 학문과 성서학이 식민주의와 오리엔탈리즘적 경향들을 계속해서 옹호하는 한, 탈식민주의는 더욱더 경계의 역할을 떠맡을 필요가 있다. 이것은 두 가지 방식으로 수행될 수 있다. 첫째는 민족주의자들과 주류 정치인들이 정치적·선전적 목적을 위해 제국을 복권하고자 할 때다. 영국의 새로 꾸려진 연립정부의 교육부 장관 마이클 고브는 역사 교육과정을 개편하고자 니얼 퍼거슨과 앤드루 로버츠 같은 친제국주의 역사학자들에게 호소했다. 이러한 생각은 제국을 "선의를 위해 모범을 보이는 힘"[12]으로 찬양하는 데 있다. 서양의 지배를 칭송하고 피정복민에게 일어난 문화적·환경적·경제적 고통을 간과하는 장관의 정치적 선호와 일치하는 이러한 교과과정 개편으로 인해 탈식민주의 비평은 쉴 틈이 없을 것이다. 마찬가지로, 4장에서 살펴본 것처럼 성서학 저술에서 계속해서 등장하는 오리엔탈리즘의 고전적 흔적들은 탈식민주의 비평을 수행하는 사람들에게 정신을 바짝 차리도록 할 것이다.

미래 시제: 지방과 코스모폴리탄 사이에서

우리의 다음 조치는 어떠해야 하는가? 내가 말하고자 하는 바가 특별히 독창적이라곤 할 수 없으나 언급할 만한 가치가 있다. 우리는 변증법적으로 대립되는 두 개의 실천에 동시에 관여할 필요가 있다. 하나는 지역적 아카이브들 혹은 타시 오Tash Aw의 소설에 나오는 급진적인 정치적 인물 딘이 말한 것처럼 "민담과 지역 신화, 혹은 야자수에 적힌 고대 필사본들"[13]같이 서양의 해석학적 관심사 바깥에 놓여 있는 '비표준적 자료'들을 탐구하는 일이다. 이 같은 임무는 지역 문헌들을 규정하려는 것이 아니라 지역 문헌들에 간직된 저항과 공모에 관한 양쪽 이야기를 확인하는 데 있다. 다른 하나는 이보다 좀 더 폭넓은 코스모폴리탄적 논쟁에 관여하는 일이다. 다시 말해, 내가 제안하는 바는 제3의 해석학이라 칭하는 것을 조성하는 일인데, 지역적일 뿐만 아니라 코스모폴리탄적 사안과도 관련이 있다.

텍스트에 관한 우리의 관심도 영어로 쓰인 해석학적 저서들에 집중하기보다는 호미 바바의 말을 빌리자면, "또 다른 의미를 지닌 장소들"에서 나온 해석들로 옮겨 갈 필요가 있다. 우리의 해석학적 실천의 상당수가 영어로 쓰인 해석학 저서에 집중되어 있다. 그럴 만한 이유가 있었다. 이 저서들은 접근하기 쉬웠으며 시장과 아카데미는 이국적 특성을 풍기는 것에 사로잡혀 있었다. 우리 가운데 몇몇은 이것을 최대한 활용해 왔으며 부차적인 것에 지나지 않는 논쟁과 사상을 소개하기도 했다. 우리는 지금 서양의 출판사와 대학 바깥에서 출현하고 있으며, 따라서 아카데미의 기대와 일치하지 않는 목소리와 관점을 경청할 필요가 있다. 바로 지역적 전통에서 나온 저서들 말이다.

최근 타밀 역사에서 변방에 속해 있던 사람들이 성서를 전유한 예를 우연히 보게 되었다. 하나는 민속 성서(Folk Bible)[14]이고 다른 하나는 부활절 주간에 공연되는 예수의 마지막 일주일을 극화한 판본[15]이다. 이 특별한 드라마는 무덤 무용극이라 불린다. 이 이야기의 기원, 특히 스리랑카 북서부 일부 지역의 무덤 무용극은 포르투갈 식민지 시대로 거슬러 올라간다. 민간 전통에 충실한 채 성서 이야기를 다시 들려주는 이러한 이야기는 단일한 저자가 아니라 시간이 지나면서 발전해 온 것이다. 이것은 세심하게 읽고 몰두해 볼 만한 가치가 있다. 물론 후일을 기약해야 하는 일이다. 하지만 현재의 목적을 위해 몇 가지만 강조해 보자. 이러한 민간 판본을 검토할 때, 이것이 기존의 성서를 서투르게 모방한 것이 아니라는 점은 분명하다. 이것은 성서 이야기에 극적인 상황과 우여곡절을 도입한다. 처음부터, 복음서들은 예수의 유아기에 대해서는 침묵한다. 크리슈나와 라마의 어린 시절 이야기를 듣고 자란 타밀인들은 예수의 어린 시절에 관한 이야기가 담긴 텍스트를 타밀 문화와 결합했다. 이러한 토착화 과정을 보여 주는 두 가지 장면이 있다. 하나는 으깬 쌀과 정제하지 않은 전통 설탕과 아위를 신생아의 혀에 문지르는 지역 의례다. 타밀의 민속 성서(Folk Bible)에는 예수의 부모가 이러한 의례를 행하는 장면이 나온다. 다른 장면은 부모에게 죽을 먹이는 어린 예수다. 죽을 먹이는 것은 자신의 부모에게 아들이 행하는 기본적인 의무 중 하나다. 타밀인 특유의 이 같은 의례를 삽입함으로써, 팔레스타인과 타밀 간의 문화적·지리학적 격차가 메워졌을 뿐만 아니라 셈족 예수는 드라비다족으로 바뀌었다. 토착화의 또 다른 예는 타밀적 색채를 띤 동물과 새가 노아의 방주에 탄 것이다. 이 동물들과 새들 모두 타밀 지역에서 자생한다. 토착화된 부활 이야기는 복음서에서 발견되지 않는 대제사장 카야파의 이야기에 대해 흥미로운 결말을 담고 있다. 카야파는 예수의 죽음에 책임이 있는 것으로 간주되고 이 지역의 법에 따르면 처벌받아야 한다. 이 이야기는 카야파가 자신의 카르마를 거둬들이기 위해 지옥에 가는 것으로 끝난다.

　물론 다른 언어를 쓰는 전통에도 이에 필적하는 이야기가 많이 있다. 이것들은 여태 말해지지도 조사되지도 않았기에 우리가 복구할 필요가 있는 그러한 이야기들이다. 예를 들어, 일제 강점기 한국 그리스도인들의 반응과 관련해 저항도 하고 공모하기도 했던 이야기들이 교회 문서고와 잡지에 틀림없이 숨어 있을 것이다. 해석의 여러 가능성을 모색하기 위해 각 지역의 전통들이 쌓아 온 실천과 경험을 동원하는 일은 승리의 나팔을 울리자는 게 아니라 들어야 할 가치가 있는 또 다른 이야기가 있다는 것을 증명하기 위해 주류의 이야기를 재조사하고 병치시키는 것이다.

　또한 탐구되지 않고 조사되지 않은 지역 문헌들에 관여하는 동시에 메트로폴리탄적 논쟁들도 끌어안기 위해서는 해석학적 지평과 관심을 넓힐 필요가 있다. 민족적 혹은 지역적 세계의 일부가 되는 것만으로는 충분하지 않다. 이 분야가 바로 서양의 몇몇 학자들이 우리를 끌어들이고자 하는 영역이다. 이들은 우리에게 친숙한 것 그리고 우리가 가장 잘 아는 것을 써야 한다고 주입해 왔다. 하지만 이렇게 한다면, 우리의 작업은 고립되고 무시될 수 있다. 좋든 싫든, 서양은 우리의 역사에 들어와 있으며 그래서 우리 자신의 일부로 통합되어 있다. 하지만 심란하게도, 서양의 담론은 보편적인 것으로 취급되지만 우리의 것은 지엽적인 것으로 치부되고 있다. 이러한 교착상태를 돌파할 수 있는 한 가지 방법은 아시아와 아프리카, 라틴아메리카의 경험과 실천으로 서양의 보편주의적 가식에 대항하고 그 가식을 드러내는 것이다. 베트남 작가 남 레의 단편소설에 나오는 등장인물은 내가 전하고자 하는 바를 잘 요약해 주고 있다. "당신은 베트남적인 것을 최대한 잘 활용할 수 있다. 그러나 그 대신에 당신은 레즈비언 뱀파이어, 콜롬비아 암살범, 히로시마 고아에 관한 글을 쓰기로 선택했다. 그리고 치질을 앓고 있는 뉴욕 화가에 대해서도 …."[16] 이 등장인물이 말한 바처럼 '베트남적인 것' 혹은 '인도적인 것' 혹은 '중국적인 것'을 이용할 수 있다. 그러나 서양의 담론을 끌어들이고 소통시킴으로써, 전체주의화하고자 하는 서양의 담론에 구멍을 내고 새로운 활력을 산출해 낼 수 있다. 이러한 해석학적 작업에는 지역 전통이 지닌 풍요로움과 추함을 끌어안는 것뿐만 아니라 메트로폴리탄적 가치들이 제공하는 잠재력과 이것들이 제기하는 문제와도 소통하는 일이 필요하다.

결론적으로 두 가지가 떠오른다. 탈식민주의 성서비평이 직면하고 있는 끊임없는 도전은 주변부 지위를 어떻게 유지하는가 하는 것이다. 가장자리에 서는 법과 아웃사이더가 되는 법 말이다. 학계에 속한 사람들을 기다리고 있는 위험이 있다. 대학들은 점차 비판자이기보다는 주주 자본주의의 협조자가 되어 가고 있다. 우리의 지식 생산은 시장의 요구에 맞춰지고 있다. 지금 발생하고 있는 것은 테리 이글턴의 말로 치자면 "정신의 경영자화"이다. 대학은 우리의 결과물이 끼치는 경제적 영향을 알고 싶어 하겠지만 지식은 경제적 이익보다 중요하다. 지식은 불편한 질문을 제기하고, 기존의 관념을 뒤엎고, 권력에 도전하는 일에 관한 것이다. 버지니아 울프는 아웃사이더의 딜레마를 통렬하게 포착한 바 있다. "나는 들어갈 수 없다는 게 얼마나 기분 나쁜지 생각해 봤다. 그리고 가둬진다는 것은 더욱 나쁜 일일 거라고 생각했다."[17]

탈식민주의 성서비평은 텍스트를 도덕적·영적 저장고가 아니라 해석자들이 풀어야 하는 하나의 암호 체계로 다뤄 왔다. 해석자들은 무고하다고 여겨지는 이야기들 안에 도사리고 있는 숨겨진 권력관계와 이데올로기들을 드러내기 위해 이 암호 체계를 풀어야 하는 것이다. 비록 텍스트에 영적 자양분이 있을지라도, 텍스트는 영적 자양분이 아니라 텍스트 안에 암호화되어 있는 반동적이고 헤게모니적인 가치들을 드러내기 위해 분석된다. 지금까지 탈식민주의 성서비평가들은 전임 미국 대통령 케네디가 했던 유명한 연설을 자신들의 판본으로 바꿔 왔다. 텍스트가 당신을 위해 무엇을 할 수 있는지가 아니라 당신이 텍스트를 위해 무엇을 할 수 있는지 물으라는 말에 충실히 주의를 기울여 왔다는 것이다. 우리는 텍스트와 함께 실로 엄청난 일을 해 왔다. 그러나 빛나는 텍스트 분석 그 자체만으로는 충분하지 않다. 텍스트를 해석하는 것만으로 사회적 박탈이나 잉여화가 극복될 수는 없다. 빈곤, 전쟁, 자살 폭탄 테러, 카스트에 근거한 살해, 인종차별, 성적 학대는 적절하게 해체한다면 사라질 수 있는 가상의 구축물이 아니다.

아미타브 고시가 소설 『양귀비의 바다』를 출간할 즈음 가졌던 인터뷰의 한 대목과 함께 이 책을 마치고자 한다. 어떤 면에서 그의 말은 내가 본서에서 달성하고자 했던 바를 잘 요약해 주고 있다.

제국이 현재 구체화한 모양은 제국의 감옥 섬들, 제국의 … 감옥들, 제국의 "막사들", 그리고 제국의 … 좋은 의도들까지 고려하면, 사실 기분 나쁠 정도로 과거의 제국과 닮아 있다. 우리가 "알 게 뭐야?"라고 말하면서 뒤돌아설 수 없는 이유가 여기에 있다. … 우리가 과거에 대해 할 수 있는 일은 그리 많지 않다. 하지만 과거가 현재의 우리에게 승인하라는 요구를 억제할 수 있는 힘은 분명히 우리에게 있다. 지난 일에 대해 보복하기 위해서가 아니라, 잘 알려진 간디의 말처럼, 이러한 일이 다시는 일어나지 않도록 하기 위함이다.[18]

| 주 |

서론

1 Shashi Tharoor, *The Great Indian Novel* (New Delhi: Penguin, 1989), 379.
2 Miguel Syjuco, *Ilustrado* (New York: Farrar, Straus and Giroux, 2010), 270; 『일루스트라도』, 이광일 옮김, 들녘, 2013, 385 참조.

I ——— 탈식민주의: 논쟁적 담론을 통한 해석학적 여정

1 Shiromi Pinto, *Trussed* (London: Serpent Tail, 2006), 18.
2 bell hooks, *Teaching to Transgress: Education as the Practice of Freedom* (New York: Routledge, 1994), 59.
3 *Life in the United Kingdom: A Journey to Citzenship* (Norwich: Stationery Office, 2004), 32.
4 Edward W. Said, *Orientalism* (London: Penguin, 2003), xvi-xvii.
5 *Life in the United Kingdom*, 32.
6 Ato Quayson, *Postcolonialism: Theory, Pratice or Process?* (Cambridge: Polity, 2000); Nicholas Harrison, *Postcolonial Criticism: History, Theory and the Work of Fiction* (Cambridge: Ploity, 2003); Justin D. Edwards, *Postcolonial Literature: A Reader's Guide to Essential Criticism* (Basingstoke: Palgrave Macmillan, 2008); John Mcleod, ed., *The Routlede Companion to Postcolonial Studies* (London: Routledge, 2007); Ania Loomba, Suvir Kaul, and Matti Bunzel, eds., *Postcolonial Studies and*

Beyond (Durham, NC: Duke University Press, 2005).

7   Clair Taylor, "The Spanish and Portuguese Empires", in *The Routledge Companion to Postcolonial Studies*, 46-58.

8   Charles Forsdick, "The French Empire", in *The Routledge Companion to Postcolonial Studies*, 32-45.

9   Richard C. King, ed., *Post-Colonial America* (Urbana, IL: University of IIlinois Press, 2000).

10 Robert J.C. Young, *Postcolonialism: An Historical Introduction* (Oxford: Blackwell, 2001).

11 Edward W. Said, "Edward Said in Conversation with Neeladri Bhattachrya, Suvir Kaul and Ania Lommba", *Interventions* 1, 1 (1998), 81-96(92).

12 Homi K. Bhabha, *The Location of Culture* (London: Routledge, 1994).

13 Gayatri Chakravorty Spivak, *In the Other Worlds: Essays in Cultural Politics* (New York: Routledge, 1988); *The Postcolonial Critic: Interviews, Strategies, Dialogues*, ed. Sarah Harasym (New York: Routledge, 1990); *A Critique of Postcolonial Reason: Toward a History of the Vanishing Past* (Cambridge: Harvard University Press, 1999).

14 John McLeod, "Introduction", *in The Routledge Companion to Postcolonial Studies*, 8.

15 Bhabha, *The Location of Culture*, 171.

16 Young, *Postcolonialism*, 58.

17 Gayatri Chakravorty Spivak, *Other Asias* (Malden, MA: Blackwell, 2008), 251.

18 Gayatri Chakravorty Spivak, *Death of a Discipline* (New York: Columbia University Press, 2003), 85.

19 Kuan-Hsing Chen, *Asia as Method: Toward Deimperialization* (Durham, NC: Duke University Press, 2010).

20 Miachael Hardt and Antonio Negri, *Empire* (Cambridge: Havard University Press, 2000), xii-xiii.

21 Hardt and Negri, *Empire*, 246.

22 John Vidal, "The Great Green Land Grab", *The Guardian G2* (February 13, 2008), 6-9.

23 Simon Jenkins, "Democracy Is Ill Served by Its Self-Appointed Guardians", *The Guardian* (March 5, 2008), 1.

24 Patrick Wintour, "Miliband: UK Has Moral Duty to Intervene", *The Guardian* (February 12, 2008), 1.

25 Reinhold Niebuhr, *The Irony of American History*, with a new introduction by Andrew J. Bacevich (Chicago: Chicago University Press, 2008), 71.

26 Theo Goldberg and Ato Quayson, eds., *Reading Post Colonialism* (Oxford: Blackwell, 2002), 217-269.

27 Akhil Gupta, *Postcolonial Developments: Agriculture in the Making of India* (Durham, NC: Duke University Press, 1998).

28 Elleke Boehmer and Stephen Morton, eds., *Terror and the Postcolonial* (Oxford: Wiley-Blackwell, 2010).

29 Helen Tiffin and Graham Huggan, *Postcolonial Ecocriticism: Literature, Animals, Environment* (London: Routledge, 2010).

30 Simon Featherstone, *Postcolonial Cultures* (Edinburgh: Edinburgh University Press, 2005), 33-131.

31 Robert Fraser, *Book History through Postcolonial Eyes: Re-Writing the Script* (London: Routledge, 2008).

32 Richard King, *Orientalism and Religion: Postcolonial Theory, India and "The Mystic East"* (London: Routledge, 2008).

33 Donald S. Lopez Jr, ed., *Curators of the Buddha: The Study of Buddhism under Colonialism* (Chicago: Chicago University Press, 1995).

34 Anouar Majid, *Unveiling Traditions: Postcolonial Isalm in a polycentric World* (Durham, NC; Duke University Press, 1995).

35 R.S. Sugirtharajah, *Postcolonial Criticism and Biblical Interpretation* (Oxford: Oxford University Press, 2002); Musa W. Dube, *Postcolonial Feminist Interpretation of the Bible* (St Louis, MO: Chalice, 2000); Ferdinando F. Segovia, *Decolonizing the Biblical Studies: A view from the Margins* (Maryknoll, NY: Orbis, 2000).

36 Catherine Keller, Michael Nausner, and Mayra Rivera, *Postcolonial Theologies: Divinity and Empire* (St Louis, MO: Chalice, 2004).

37 Barbara Goff, ed., *Classics and Colonialism* (London: Duckworth, 2005).

38 Barbara Goff, "Introduction", in *Classics and Colonialism*, 4.

39 Bill Ashcroft, Gareth Griffiths, and Helen Tiffin, *The Post-Colonial Studies Reader*, 2nd edn. (London: Routledge, 2006), 232-259.

40 Gupta, *Postcolonial Developments*, 338.

41 Featherstone, *Postcolonial Cultures*, 201-231.

42 Bhabha, *The Location of Culture*, 171.

43 Paul Gilory, *After Empire: Melancholia or Convivial Culture?* (Abingdon: Routledge, 2004), 61.

44 Edward W. Said, *Culture and Imperialism* (London: Chatto & Windus, 1993), 59.
45 Said, *Culture and Imperialism*, 59.
46 Said, *Culture and Imperialism*, 36.
47 Said, *Humainism and Democratic Criticism* (New York: Colunbia University Press, 2004), 59.
48 "Mad Dogs and Englishmen", *The Guardian* (January 23, 1991), 23.
49 Said, *Humainism and Democratic Criticism*, 74.
50 Chen, *Asia as Method*, 212.
51 Raymond Williams, *Culture and Society* (London: Hogarth, 1993), 337-338.

2 ── '탈'의 때늦은 도착: 탈식민주의와 성서 연구

1 David Daniell, *The Bible in English: Its History and Influence* (New Heaven: Yale University Press, 2003), 417.
2 Din, A character in Tash Aw's novel *Map of the Invisible World* (London: Fourth Estate, 2009), 23.
3 Robert P. Carroll, "Cultural Encroachment and Biblical Translation: Observations on Elements of Violence, Race and Class in the Production of Bible in Translation", *Semeia* 76 (1996), 41.
4 Christopher Columbus, *The Book of Prophecies Vol. III*, ed. Roberto Rusconi, trans. Blair Sullivan (Berkeley, CA: University of California Press, 1997), 75.
5 Columbus, *The Book of Prophecies Vol. III*, 73.
6 Columbus, *The Book of Prophecies Vol. III*, 69.
7 Richard Hakluyt, *Discourse of Western Planting*, eds. David B. Quinn and Alison M. Quinn (London: Hakluyt Society, 1993), 8.
8 George Smith, *The Conversion of India: From Pantaenaus to the Present Time A.D. 193-1893* (London: Murray, 1893), 3.
9 Smith, *The Conversion of India*, 6.
10 Keshub Chunder Sen, *Keshub Chunder Sen in England: Diaries, Sermons, Addresses and Epistles, reprint 1980* (Calcutta: Writers Workshop, 1871), 85.
11 Sen, *Keshub Chunder Sen in England*, 182.
12 Sen, *Keshub Chunder Sen in England*, 85.
13 James Emerson Tennent, *Christianity in Ceylon: Introduction and Progress under the Portuguese, the Dutch, the British, and American Missions: With an Historical Sketch*

    of the Brahmanical and Buddhist Superstitions (London: Murray, 1850), 270-271.
14 Tennent, *Christianity in Ceylon*, 258-259.
15 Rammohun Roy, *The English Works of Raja Rammohun Roy*, ed. Jogendra Chunder Ghose (New Delhi: Cosmo, 1906), 146.
16 Klaus Koschorke, Frieder Ludwig, and Mariano Delgado, eds., *A History of Christianity in Asia, Africa, and Latin America 1450-1990: A Documentary Source Book* (Grand Rapids, MI: Eerdmans, 2007), 15-16.
17 Henry A. Lapham, *The Bible as Missionary Handbook* (Cambridge: Heffer, 1925), 82.
18 Lapham, *The Bible*, 82.
19 Lapham, *The Bible*, 82.
20 Sen, *Keshub Chunder Sen in England*, 252.
21 Sen, *Keshub Chunder Sen in England*, 321.
22 Lapham, *The Bible*, 85-86.
23 Halvor Monxnes, Ward Blanton, and James G Crossley, "Introduction", *in Jesus Beyond Nationalism: Constructing the Historical Jesus in a Period of Cultural Complexity* (London: Equinox, 2009), 2.
24 Spence R. Hardy, *The Sacred Books of the Buddhists Compared with History and Modern Science* (Colombo: Wesleyan Mission Press, 1863), 3.
25 Hardy, *The Sacred Books*, 3.
26 Hardy, *The Sacred Books*, 68.
27 Hardy, *The Sacred Books*, 146.
28 Rhys T.W. Davids, *Buddhism: Being a Sketch of the Life and Teachings of Gautama, the Buddha* (London: Society for Promoting Christian Knowledge, 1910), 87.
29 Rhys T.W. Davids, *Lectures on the Origin and Growth of Religion, as Illustrated by Some Points in the History of Indian Buddhism: The Hibbert Lectures 1881* (London: Williams and Norgate, 1891), 36.
30 Allan Mark Powell, *What is Narrative Criticism?* (Minneapolis: Fortress, 1990); John H. Elliot, *What is Social-Scientific Criticism?* (Minneapolis: Fortress, 1993).
31 Bruce J. Malina, *Windows on the World of Jesus: Time Travel to Ancient Judea* (Louisville, KY: Westminster/Knox, 1993), 15.
32 John J. Pilch, *The Cultral World of Jesus: Sunday by Sunday, Cycle A* (Collegeville, PA: Liturgical, 1995), 100.
33 John J. Pilch, *The Cultral World of Jesus: Sunday by Sunday, Cycle B* (Collegeville, PA: Liturgical, 1994), 72.

3 ──── 탈식민주의 성서 연구: 기원과 궤적

1. See for example the Indian biblical journal *Bible Bashyam*.
2. R.S. Sugirtharajah, "From Orientalist to Post-Colonial: Notes on Reading Practices", *Asia Journal of Theology* 10, 1 (April 1996), 20-27.
3. Philip Chia, "On Naming the Subject: Postcolonial Reading of Daniel 1", in *The Postcolonial Biblical Reader*, ed. R.S. Sugirtharajah (Oxford: Blackwell, 2006), 171-185; Keith W. Whitelam, *The Invention of Ancient Israel: The Silencing of Palestinian History* (London: Routledge, 1996); Michael Prior, *The Bible and Colonialism: A Moral Critique* (Sheffield: Sheffield Academic, 1997); Richard A. Horsley, *Paul and Empire: Religion and Power in Roman Imperial Society* (Harrisburg, PA: Trinity, 1997).
4. Sugirtharajah, "From Orientalist to Post-Colonial", 21.
5. Sugirtharajah, "From Orientalist to Post-Colonial", 22.
6. Sugirtharajah, "From Orientalist to Post-Colonial", 22-23.
7. Sugirtharajah, "From Orientalist to Post-Colonial", 24-25.
8. Whitelam, *Ancient Israel*, 7 and passim.
9. Whitelam, *Ancient Israel*, 71ff.
10. Whitelam, *Ancient Israel*, 70.
11. Whitelam, *Ancient Israel*, 119.
12. Whitelam, *Ancient Israel*, 120.
13. Whitelam, *Ancient Israel*, 231.
14. See Uriah Y. Kim, *Decolonizing Josiah: Toward a Postcolonial Reading of the Deuteronomistic History* (Sheffield: Sheffield Phoenix, 2005), and on history especially Chapter 3.
15. Prior, *The Bible and Colonialism*.
16. Stephen D. Moore, *Empire and Apocalypse: Postcolonialism and the New Testament* (Sheffield: Sheffield Phoenix, 2006), 16.
17. 물론, 프라이어는 이 주제들 및 서사들과 관련한 다양한 견해, 다시 말해 연대기적으로 후대이며 역사성이 결여되어 있다는 점을 잘 인식하고 있다. 그러나 그가 주장하는 요점은 곧이곧대로 믿고 무비판적으로 읽혀지는 서사들이 여러 가지 다양한 상황에서 학살과 인종차별을 정당화하는 데 이바지해 왔다는 점이다.
18. Prior, *The Bible and Colonialism*, 295-296.
19. Prior, *The Bible and Colonialism*, 290.
20. Prior, *The Bible and Colonialism*, 40.

21 Chia, "On Naming the Subject"
22 Chia, "On Naming the Subject", 182 n.1. 영국 해외시민 여권은 영국의 여권을 원했던 홍콩 사람들에게 발급되었다. 그러나 이것은 이 여권을 소유한 사람들에게 영국에 정착할 수 있는 어떠한 권한도 부여하지 않았다.
23 Chia, "On Naming the Subject", 173.
24 Chia, "On Naming the Subject", 174.
25 Chia, "On Naming the Subject", 175-176.
26 Chia, "On Naming the Subject", 178ff.
27 Chia, "On Naming the Subject", 180ff.
28 Horsley, *Paul and Empire*.
29 Horsley, *Paul and Empire*, 1.
30 『세메이아』가 탈식민주의와 성서 연구의 시작을 알린다는 생각에 대해 이의를 제기하고 있는 격이다. 확실히, 이것은 미국학자들에게 이러한 종류의 성서비평에 이목을 끌도록 해 주었다. 하지만 탈식민주의와 성서 연구의 시작은 북미가 아니다.
31 Laura E. Donaldson, "Postcolonialism and Biblical Reading: An Introduction", *Semeia* 75 (1996), 1.
32 Donaldson, "Postcolonialism", 11.
33 Donaldson, "Postcolonialism", 10.
34 Donaldson, "Postcolonialism", 6. 이것은 몇 가지 점에서 히브리 경전에 나오는 땅/정복 전통들에 관한 프라이어의 입장과 유사하다.
35 Jon L. Berquist, "Postcolonialism and Imperial Motives for Canonization", *Semeia* 75 (1996), 15-35.
36 Berquist, "Postcolonialism", 22. 제국의 기획에 저항하는 데 이바지할 수 있는 몇몇 종류의 혼종이 일어날 수 있다고 주장하는 일이 가능할지도 모른다. 소규모이겠지만 말이다 (위에서 언급한 치아를 보라). 하지만 이것은 버키스트가 말하고자 하는 요점이 아니다.
37 Berquist, "Postcolonialism", 28.
38 Berquist, "Postcolonialism", 30.
39 Berquist, "Postcolonialism", 31.
40 Berquist, "Postcolonialism", 32.
41 Musa W. Dube, "Reading for Decolonization (John 4:1-42)", *Semeia* 75 (1996), 47.
42 Dube, "Reading for Decolonization", 49.
43 Dube, "Reading for Decolonization", 51.
44 Dube, "Reading for Decolonization", 49.
45 Hector Avalos, "The Gospel of Lucas Gavilán as Postcolonial Biblical Exegesis", *Se-

meia 75 (1996), 88.

46 Kimberly Rae Connor, "'Everybody Talking About Heaven Ain't Going There': The Biblical Call for Justice and the Postcolonial Response of the Spirituals", *Semeia* 75 (1996), 109.

47 Elsa Tamez, "The Hermeneutical Leap of Today", *Semeia* 75 (1996), 204-205.

48 R.S. Sugirtharajah, *Asian Biblical Hermeneutics and Postcolonialism: Contesting the Interpretations* (Maryknoll, NY: Orbis, 1998), 46-47.

49 Sugirtharajah, *Asian Biblical Hermeneutics*, 48.

50 Sugirtharajah, *Asian Biblical Hermeneutics*, 63.

51 Sugirtharajah, *Asian Biblical Hermeneutics*, 61

52 Dora R. Mbuwayesango, "How Local Divine Powers Were Suppressed: A Case of Mwari of the Shona", in *The Postcolonial Biblical Reader*, 266.

53 Hephzibah Israel, "Cutchery Tamil versus Pure Tamil: Contesting Language Use in the Translated Bible in the Early-Nineteenth Century Protestant Tamil Community", in *The Postcolonial Biblical Reader*, 282.

54 Sugirtharajah, *Asian Biblical Hermeneutics*, 87-88.

55 Sugirtharajah, *Asian Biblical Hermeneutics*, 88.

56 한 민족에게 어떠한 권위도 갖지 않지만 그럼에도 한 민족의 삶과 문화를 결정하기 위해 사용되는 경전들에 관해서는 앞서 언급한 프라이어를 참조하라.

57 Sugirtharajah, *Asian Biblical Hermeneutics*, 90-91.

58 Sugirtharajah, *Asian Biblical Hermeneutics*, 113.

59 Sugirtharajah, *Asian Biblical Hermeneutics*, 115-116.

60 Sugirtharajah, *Asian Biblical Hermeneutics*, 117.

61 Sugirtharajah, "A Postcolonial Exploration of Collusion and Construction in Biblical Interpretation", in *The Postcolonial Bible*, ed. R.S. Sugirtharajah (Sheffield: Sheffield Academic, 1998), 101-102.

62 Sugirtharajah, "A Postcolonial Exploration", 104.

63 Sugirtharajah, "A Postcolonial Exploration", 107-111.

64 Sugirtharajah, "A Postcolonial Exploration", 111.

65 Musa W. Dube, "Savior of the World but Not of This World: A Post Colonial Reading of Spatial Construction in John", in *The Postcolonial Bible*, 133.

66 Fernando F. Segovia, "Biblical Criticism and Postcolonial Studies: Toward a Postcolonial Optic", *in The Postcolonial Bible*, 49-65.

67 Segovia, "Biblical Criticism", 54.

68 Segovia, "Biblical Criticism", 57.

69　Segovia, "Biblical Criticism", 60.
70　Segovia, "Biblical Criticism", 61.
71　Segovia, "Mapping the Postcolonial Optic in Biblical Criticism: Meaning and Scope", in *Postcolonial Biblical Criticism: Interdisciplinary Intersections*, eds. Stephen D. Moore and Fernando F. Segovia (London: Clark, 2005), 23-78.
72　Sugirtharajah, *The Bible and the Third World: Precolonial, Colonial and Postcolonial Encounters* (Cambridge: Cambridge University Press, 2001), 1.
73　Sugirtharajah, *The Bible and the Third World*, 15.
74　Sugirtharajah, *The Bible and the Third World*, 21-22.
75　Sugirtharajah, *The Bible and the Third World*, 29.
76　Sugirtharajah, *The Bible and the Third World*, 242-243.
77　Sugirtharajah, *The Bible and the Third World*, 261.
78　Sugirtharajah, *The Bible and the Third World*, 262.
79　Sugirtharajah, *The Bible and the Third World*, 262.
80　Sugirtharajah, *Postcolonial Criticism and Biblical Interpretation* (Oxford: Oxford University Press, 2002), 13.
81　Sugirtharajah, *Postcolonial Criticism*, 25.
82　Sugirtharajah, *Postcolonial Criticism*, 71.
83　Sugirtharajah, *Postcolonial Criticism*, 100.
84　Sugirtharajah, *Postcolonial Criticism*, 207.
85　Richard A. Horsley, "Renewal Movements and Resistance to Empire in Ancient Judea", in *The Postcolonial Biblical Reader*, 76.
86　Horsley, "Renewal Movements", 157.
87　Horsley, "Renewal Movements", 161.
88　Horsley, "Renewal Movements", 163.
89　Horsley, "Renewal Movements", 170.
90　Warren Carter, *Matthew and the Margins: A Sociopolitical and Religious Reading* (Maryknoll, NY: Orbis, 2000), xvii.
91　Carter, *Matthew and the Margins*, 2.
92　Carter, *Matthew and the Margins*, 43.
93　Warren Carter, "The Gospel of Matthew", in *A Postcolonial Commentary on the New Testament Writings*, eds. Fernando F. Segovia and R.S. Sugirtharajah (London: Clark, 2007), 97.
94　Carter, "The Gospel of Matthew", 100.

95 Carter, "The Gospel of Matthew", 102.

96 Werner H. Kelber, "Roman Imperialism and Christian Scribality", in *The Postcolonial Biblical Reader*, 98-99; Stephen D. Moore, "Mark and Empire: 'Zealot' and 'Postcolonial' Readings", in *The Postcolonial Biblical Reader*, 199.

97 Sugirtharajah, *The Postcolonial Biblical Reader*, 133.

98 Roland Boer, "Resistance versus Accommodation: What To Do with Romans 13", in *Postcolonial Interventions: Essays in Honor of R.S. Sugirtharajah*, ed. Tat-siong Benny Liew (Sheffield: Sheffield Phoenix, 2009), 119.

99 Sugirtharajah, *The Postcolonial Biblical Reader*, 133.

100 Tat-siong Benny Liew, "Tyranny, Boundary, and Might: Colonial Mimicry in Mark's Gospel", in *The Postcolonial Biblical Reader*, 209.

101 Liew, "Tyranny", 215; Tat-siong Benny Liew, "The Gospel of Mark", in *A Postcolonial Commentary*, 117.

102 Liew, "The Gospel of Mark", 123.

103 Liew, "The Gospel of Mark", 128.

104 Liew, "The Gospel of Mark", 131.

105 Gordon Zerbe and Muriel Orevillo-Montenegro, "The Letter to the Colossians", in *A Postcolonial Commentary*, 295.

106 Sharon H. Ringe, "The Letter of James", in *A Postcolonial Commentary*, 378.

107 Jennifer G. Bird, "The Letter to the Ephesians", in *A Postcolonial Commentary*, 266.

108 Bird, "The Letter to the Ephesians", 267.

109 Bird, "The Letter to the Ephesians", 278.

110 Kwok Pui-lan, "Making the Connections: Postcolonial Studies and Feminist Biblical Interpretation", in *The Postcolonial Biblical Reader*, 45.

111 Whitelam, *Ancient Israel*, 120.224.

112 Kwok, "Making the Connections", 47.

113 Kwok, "Making the Connections", 48.

114 Kwok, "Making the Connections", 49. 라합에 대한 탈식민주의적 페미니스트 비평의 한 예로, Musa W. Dube, "Rahab Says Hello to Judith: A Decolonizing Feminist Reading", in *The Postcolonial Biblical Reader*, 142-158을 보라.

115 Kwok, "Making the Connections", 49.

116 Kwok, "Making the Connections", 49.

117 Kwok, "Making the Connections", 49-50.

118 Kwok, "Making the Connections", 50.

119 Laura E. Donaldson, "The Sign of Orpah: Reading Ruth through Native Eyes", in *The Postcolonial Biblical Reader*, 160.
120 Bird, "The Letter to the Ephesians", 265.
121 Dora Rudo Mbuwayesango, "Canaanite Women and Israelite Women in Deuteronomy: The Intersection of Sexism and Imperialism", in *Postcolonial Interventions*, 45-57.
122 Mbuwayesango, "Canaanite Women", 56.
123 Karen L. King, "Canonization and Marginalization: Mary of Magdala", in *The Postcolonial Biblical Reader*, 284-290.
124 King, "Canonization", 288-289.
125 그 밖의 다른 곳에서 이에 대해 다양한 제안을 해 왔다. 이에 관해서는 Ralph Broadbent, "Writing a Bestseller in Biblical Studies or All Washed Up on Dover Beach? *Voices from the Margin* and the Future of (British) Biblical Studies", in *Still at the Margins: Biblical Scholarship Fifteen Years After* Voices from the Margin, ed. R.S. Sugirtharajah (London: Clark, 2008), 139-150; and "One Step Beyond or One Step Too Far? Towards a Postcolonial Future for European Biblical and Theological Scholarship", in *Postcolonial Interventions*, 296-309를 보라.
126 Sugirtharajah, *The Postcolonial Biblical Reader*, 2.
127 Roland Boer, "Marx, Postcolonialism, and the Bible", in *Postcolonial Biblical Criticism*, 166-183; "Remembering Babylon: Postcolonialism and Australian Biblical Studies", in *The Postcolonial Bible*, 24-48.
128 David Jobling, "'Very Limited Ideological Options': Marxism and Biblical Studies in Postcolonial Scenes", in *Postcolonial Biblical Criticism*, 184-201.
129 Gerald O. West, "What Difference Does Postcolonial Biblical Criticism Make? Reflections from a (South) African Perspective", in *Postcolonial Interventions*, 256-273.

4 ─── 지속되는 오리엔탈리즘: 성서 연구와 식민주의적 관례의 재탕

1 Edward W. Said, *Power, Politics, and Culture: Interviews with Edward Said*, ed. with introduction by Gauri Viswanathan (New York: Pantheon, 2001), 38.
2 Max F. Müller, *Chips from a German Workshop*, vol. IV (London: Longmans, Green, 1875), 342.
3 Said, *Orientalism* (London: Penguin, 1978), 73.
4 Said, *Orientalism*, 3.

5   Said, *Orientalism*, 6.

6   Said, *Orientalism*, 109.

7   Said, *Orientalism*, 205.

8   Said, *Orientalism*, 325-326.

9   Said, *Orientalism*, 326.

10 A.L. Tibawi, *English Speaking Orientalists: A Critique of Their Approach to Islam and Arab Nationalism* (London: Luzac, 1964).

11 Syed Hussein Alatas, *The Myth of the Lazy Native: A Study of the Image of the Malays, Filipinos and Javanese from the 16th to the 20th Century* (London: Cass, 1977).

12 Anouar Abdel-Malek, "Orientalism in Crisis", *Diogenes* 44 (Winter 1963).

13 K.M. Panikkar, *Asian and Western Dominance: A Survey of the Vasco Da Gama Epoch of Asian History 1498-1945* (London: Allen and Unwin, 1959).

14 Ananda K. Coomaraswamy, *The Dance of Shiva: Fourteen Indian Essays* (New Delhi: Munshiram Manoharlal, 1970).

15 Tenshin Okakura, *The Awakening of Japan* (London: Murray, 1905).

16 Edward W. Said, "Orientalism and After", in *A Critical Sense: Interviews with Intellectuals*, ed. Peter Osborne (London: Routledge, 1996), 67.

17 Said, *Power, Politics, and Culture*, 261.

18 Said, *Orientalism*, 27.

19 Said, *Orientalism*, 26.

20 Said, *Orientalism*, 4.

21 Hector Avalos, *The End of Biblical Studies* (Amherst, MA: Prometheus, 2007), 321.

22 David G. Horrell, "Introduction", *Journal of Study of the New Testament* 27, 3 (2005), 254.

23 James G. Crossley, *Jesus in an Age of Terror: Scholarly Projects for a New American Century* (London: Equinox, 2008); "Jesus and the Jew since 1967", in *Jesus Beyond Nationalism: Constructing the Historical Jesus in a Period of Cultural Complexity*, eds. W. Blanton, James G. Crossley, and Halvor Moxnes (London: Equinox, 2009), 119-317.

24 Said, *Humanism and Democratic Criticism* (New York: Columbia University Press, 2004), 70.

25 Said, *Humanism*, 57.

26 W.J. Phythian-Adams, "The Geography of the Holy Land", in *A New Commentary on the Holy Scripture Including the Apocrypha*, eds. Charles Gore, Henry Leighton

Goude, and Alfred Guillaume (London: SPCK, 1928), 635.

27 Denis Baly, T*he Geography of the Bible: A Study in Historical Geography* (London: Lutterworth, 1957), 5.

28 Phythian-Adams, "The Geography of the Holy Land", 635.

29 Phythian-Adams, "The Geography of the Holy Land", 646.

30 G. Ernest Wright, *The Old Testament against Its Environment* (London: SCM, 1950), 44.

31 Wright, *The Old Testament*, 43.

32 G. Ernest Wright, "The Old Testament: A Bulwark of the Church Against Paganism", *Occasional Bulletin from the Missionary Research Library* 14, 4 (1963), 5.

33 Wright, *The Old Testament*, 22.

34 Wright, *The Old Testament*, 5-6.

35 Wright, *The Old Testament*, 46.

36 Wright, *The Old Testament*, 23.

37 George Adam Smith, *The Historical Geography of the Holy Land Especially in Relation to the History of Israel and of the Early Church* (London: Hodder and Stoughton, 1909), 17.

38 Smith, *The Historical Geography*, 20.

39 Smith, *The Historical Geography*, 21.

40 Smith, *The Historical Geography*, 17.

41 E.M. Blaiklock, *The Acts of the Apostles: An Historical Commentary* (London: Tyndale, 1959), 127.

42 Said, *Orientalism*, 108.

43 John J. Pilch, *The Cultural World of Jesus: Sunday by Sunday, Cycle A* (Collegeville, PA: Liturgical, 1995), xii.

44 Pilch, *Cycle A*, 142.

45 Dorothee Soelle and Luise Schottroff, *Jesus of Nazareth* (London: SPCK, 2002), 52.

46 Pilch, *Cycle A*, 83; 또한 John J. Pilch, *The Cultural World of Jesus: Sunday by Sunday, Cycle C* (Collegeville, PA: Liturgical, 1997), 91을 참조하라.

47 Pilch, *Cycle A*, 59.

48 Pilch, *Cycle C*, 6.

49 Pilch, *The Cultural World of Jesus: Sunday by Sunday, Cycle B* (Collegeville, PA: Liturgical, 1994), 146.

50 Pilch, *Cycle B*, 14.

51　Pilch, *Cycle A*, 56.
52　Pilch, *Cycle C*, 61; 또한 46을 보라.
53　Pilch, *Cycle C*, 49.
54　Pilch, *Cycle C*, 90.
55　Pilch, *Cycle B*, 103.
56　Pilch, *Cycle C*, 125.
57　Bruce J. Malina, *Windows on the World of Jesus: Time Travel to Ancient Judea* (Louisville, KY: Westminster/Knox, 1993), 158.
58　Pilch, *Cycle B*, 68.
59　Pilch, *Cycle A*, 86.
60　Pilch, *Cycle A*, 22-23.
61　Pilch, *Cycle C*, 125.
62　Pilch, *Cycle A*, 127.
63　Pilch, *Cycle B*, 121.
64　Pilch, *Cycle B*, 132.
65　예수 세미나는 초기 그리스도교 문헌들에 나타난 역사적 예수에 관한 전통들을 연구하는 성서학자 그룹이다.
66　Malina, *Windows on the World*, 78.
67　Pilch, *Cycle A*, 101.
68　Pilch, *Cycle B*, 83-84.
69　Pilch, *Cycle A*, 3.
70　Pilch, *Cycle A*, 101.
71　Pilch, *Cycle C*, 145.
72　Pilch, *Cycle C*, 125.
73　Johar Malini Schueller, *U.S. Orientalisms* (Ann Arbor, MI: University of Michigan Press, 1997), ix.
74　H.R. Spindler, "Indian Studies of the Gospel of John: Puzzling Contextualization", *Exchange* 27, 1 (1980), 45.
75　Amartya Sen, *The Argumentative Indian: Writings on Indian History, Culture and Identity* (London: Allen Lane, 2005).
76　Anouar Abdel-Malek, "Orientalism in Crisis", *Diogenes* 44 (Winter 1963), 108.
77　Thomas R. Trautmann, ed., *The Madras School of Orientalism: Producing Knowledge in Colonial South India* (New Delhi: Oxford University Press, 2009).
78　Thor Strandenaes, "Anonymous Bible Translators: Native Literati and the Trans-

lation of the Bible into Chinese 1807-1907", in *Sowing the Word: The Cultural Impact of the British and Foreign Bible Society 1804-2004*, eds. Stephen Batalden, Kathleen Cann, and John Dean ((Sheffield: Sheffield Phoenix, 2004), 121-148.

79 J.S.M. Hooper, *The Bible in India with a Chapter on Ceylon* (London: Oxford University Press, 1938.

80 Said, *Orientalism*, 96.

81 Said, *Orientalism*, 243.

82 Said, *Orientalism*, 342.

83 Said, *Orientalism*, 325.

84 Said, *Orientalism*, 342.

85 Said, *Orientalism*, 328.

86 Said, *Orientalism*, 24.

5 ── 탈식민주의의 계기들: 성서와 그리스도교를 탈중심화하기

1 Jorge Luis Borges, *Fictions* (London: Penguin, 1998), 18.

2 A character in Miguel Syjuco, *Ilustrado* (New York: Farrar, Straus and Giroux, 2010), 207.

3 Max F. Müller, *Chips from a German Workshop*, vol. IV (London: Longmans, Green, 1875), 344.

4 S. Birch, ed., *Records of the Past: Being English Translations of the Assyrian and Egyptian Monuments*, vol. 1 (London: Bagster, 1873).

5 William Harris Rule, *Oriental Records: Monumental Confirmatory of The Old Testament Scriptures* (London: Bagster, 1877).

6 *Records of the Past*, i.

7 Müller, Chips, 343.

8 Müller, Chips, 343.

9 Müller, *Physical Religion: The Gifford Lectures Delivered Before the University of Glasgow 1890* (London: Longmans, Green, 1891), 342.

10 Müller, *Physical Religion*, 362.

11 Müller, "The Parliament of Religions: Chicago 1893", in *Collected Works of the Right Hon. F. Max Müller XVIII, II, Essays on the Science of Religion* (London: Longmans, Green, 1901), 341.

12 Müller, "Preface to The Sacred Books of the East", in *The Sacred Books of the East*

Translated by Various Oriental Scholars, ed. Max F. Müller (Oxford: Clarendon, 1879), xxxvii-xxxviii.

13 Müller, *Physical Religion*, 346.
14 Müller, *Chips*, 345.
15 Said, *Orientalism* (London: Penguin, 1978), 246.
16 Müller, *Physical Religion*, 363-364.
17 Kinza Rigue M. Hirai, "The Real Position of Japan toward Christianity", in *The World's Parliament of Religions: An Illustrated and Popular History of the World's First Parliament of Religions Held in Chicago in Connection with The Columbian Exposition of 1893*, vol. I, ed. John Henry Barrows (Chicago: Parliament, 1893), 449.
18 Hirai, "The Real Position", 449.
19 Swami Vivekananda, "Hinduism", in *The World's Parliament of Religions*, vol. I, 129.
20 Hirai, "The Real Position", 448.
21 Protop Chunder Mozoomdar, "The Brahmo-Somaj", in *The World's Parliament of Religions*, vol. I, 351.
22 Protop Chunder Mozoomdar, "The World's Religious Debt to Asia", in *The World's Parliament of Religions*, vol. II, 1092.
23 Vivekananda, "Hinduism", 978.
24 Mozoomdar, "The World's Religious Debt to Asia", 1092.
25 B.B. Nagarkar, "The Work of Social Reform in India", in *The World's Parliament of Religions*, vol. I, 770.
26 Hirai, "The Real Position", 445.
27 Hirai, "The Real Position", 450.
28 Hirai, "The Real Position", 450.
29 Nagarkar, "The Work of Social Reform in India", 779.
30 Keshub Chunder Sen, *Keshub Chunder Sen's Lectures in India* (London: Cassell, 1904), 115.
31 Keshub Chunder Sen, *Keshub Chunder Sen's Lectures* (1904), 115.
32 Keshub Chunder Sen, *Keshub Chunder Sen's Lectures in India* (London: Cassell, 1901), 487.
33 Rammohun Roy, *The English Works of Raja Rammohun Roy*, ed. Jogendra Chunder Ghose (New Delhi: Cosmo, 1906), 198.
34 Roy, *The English Works*, 316.

35 Sen, *Keshub Chunder Sen's Lectures* (1901), 31.
36 Sen, *Keshub Chunder Sen in England: Diaries, Sermons, Addresses and Epistles*, reprint 1980 (Calcutta: Writers Workshop, 1871), 326.
37 Sen, *Keshub Chunder Sen in England*, 384-385.
38 Sen, *Keshub Chunder Sen in England*, 464.
39 Sen, *Keshub Chunder Sen's Lectures* (1901), 361.
40 Gauri Viswanathan, "Introduction", in *Power, Politics, and Culture: Interviews with Edward Said*, ed. Gauri Viswanathan (New York: Pantheon, 2001), xv.

6 ──── 되받아 주석하는 제국: 탈식민주의적 독해의 실제

1 Benjamin Jowett, "On the Interpretation of Scripture", in *Essays and Reviews*, 6th edn. (Longmans, Green, 1861), 338.
2 Lord Hauksbank, a character in Salmon Rushdie's *The Enchantress of Florence* (London: Cape, 2008), 15.
3 G. Ernest Wright, *The Old Testament against Its Environment* (London: SCM, 1950), 42.
4 마하바스투의 모든 인용문은 J.J. 존슨에게서 따왔다. J.J. Jones, ed., *The Mahavastu Volume II* (London: Luzac, 1952).
5 붓다차리타의 모든 인용문은 존스턴에게서 따왔다. E.H. Johnston, trans., *Asvaghosa's Buddhacarita or Acts of the Buddha* (Delhi: Motilal Banarsidass, 1984).
6 Jerome, *Against Jovinianus*, http://www.newadvent.org/fathers/ 30091.htm, accessed September 16, 2008.
7 R. Elmar and Kersten Holger Gruber, *The Original Jesus: The Buddhist Sources of Christianity* (Shaftesbury: Element, 1995), 239.
8 J.J. Jones, "Foreword", in J.J. Jones, trans., *The Mahavastu Volume I* (London: Luzac, 1949), xi.
9 Saul Trinidad, "Christology, Conquista, Colonization", in *Faces of Jesus: Latin American Christologies*, ed. Jose Miguez Bonino (Maryknoll, NY: Orbis, 1983), 49.
10 Dassetz Teitaro Suzuki, trans., *The Lankavastra Sutra: A Mahayana Text* (London: Routledge, 1932), 125.
11 Edward Conze, ed., *Buddhist Texts through the Ages* (New York: Philosophical Library, 1954), 109-110.
12 Richard S. Cohen, "Shakyamuni: Buddhism's Founder in Ten Acts", in *The Rivers*

    of Paradise: Moses, Buddha, Confucius, Jesus, and Muhammad as Religious Founders, eds. David Noel Freedman and M.J. McClymond (Grand Rapids, MI: Eerdmans, 2001), 133-134.

13 Cohen, "Shakyamuni", 133.

14 Bruce J. Malina, "Mother and Son", *Biblical Theology Bulletin* 20, 2 (1990), 56.

15 Edward W. Said, *On Late Style* (London: Bloomsbury, 2006).

16 Said, *On Late Style*, 6.

17 Said, *On Late Style*, 7.

18 Said, *On Late Style*, 5.

19 Said, *On Late Style*, 7.

20 Said, *On Late Style*, 12.

21 Said, *On Late Style*, 7.

22 Said, *On Late Style*, 7.

23 Said, *On Late Style*, 6.

24 Said, *On Late Style*, 7.

25 Said, *On Late Style*, 7.

26 Said, "Thoughts on Late Style", *London Review of Books* (August 5, 2004), 3.

27 Henry Barclay Swete, *The Apocalypse of St John: The Greek Text with Introduction, Notes and Indices* (London: Macmillan, 1922), cxxx.

28 Said, *On Late Style*, 12.

29 Said, *On Late Style*, 23.

30 Swete, *The Apocalypse of St John*, cxxix.

31 Said, *On Late Style*, 14

32 Said, *On Late Style*, 135.

33 R.H. Charles, *Studies in the Apocalypse: Being Lectures Delivered Before the University of London* (Edinburgh: Clark, 1913), 82.

34 Adela Yarbro Collins, *Crisis and Catharsis: The Power of the Apocalypse* (Philadelphia: Westminster, 1984), 47.

35 Said, "Thoughts on Late Style", 5.

36 Said, *On Late Style*, 12.

37 Joachim Jeremias, *The Parables of Jesus*, rev. edn. (London: SCM, 1963), 186.

38 Alexander J. Findlay, *Jesus and His Parables* (London: Epworth, 1950), 88.

39 Oliver Chase Quick, *The Realism of Christ's Parables: Ida Hartley Lectures Delivered at Colne, Lancs, 1930* (London: SCM, 1931), 44.

40 C.G. Montefiore, *The Synoptic Gospels: Edited with an Introduction and a Commentary in Two Volumes*, vol. II (London: Macmillan, 1927), 539.

41 Montefiore, *The Synoptic Gospels*, 538.

42 J.F. McFadyen, *The Message of the Parables* (London: Clark, 1933), 174.

43 Quick, *The Realism of Christ's Parables*, 44.

44 Johannes Nissen, *Poverty and Mission: New Testament Perspectives on a Contemporary Theme* (Leiden: Interuniversity Institute for Missiological and Ecumenical Research, 1984), 79.

45 Eduard Schweizer, *The Good News According to Luke* (Atlanta, GA: Knox, 1984), 262.

46 Hugh Martin, *The Parables of the Gospels and Their Meaning for Today* (London: SCM, 1937), 185.

47 McFadyen, *The Message of the Parables*, 174.

48 Montefiore, *The Synoptic Gospels*, 538.

49 Herman Hendrickx, *The Parables of Jesus: Studies in the Synoptic Gospels* (London: Chapman, 1986), 200.

50 Nissen, *Poverty and Mission*, 79.

51 Thomas E. Schmidt, *Hostility to Wealth in the Synoptic Gospels* (Sheffield: Sheffield Academic, 1987), 157.

52 McFadyen, *The Message of the Parables*, 176.

53 William Arnot, *The Parables of Our Lord* (London: Nelson, 1865), 472.

54 Fred B. Craddock, "Luke", in *Harper's Bible Commentary*, ed. James L. Mays (San Francisco: Harper and Row, 1988), 1035.

55 Martin, *The Parables of the Gospels*, 186.

56 Martin, *The Parables of the Gospels*, 182.

57 Schweizer, *The Good News According to Luke*, 262.

58 Jeremias, *The Parables of Jesus*, 186.

59 Jeremias, *The Parables of Jesus*, 185.

60 Stanley J. Glen, *The Parables of Conflict in Luke* (Philadelphia: Westminster, 1962), 72.

61 Martin, *The Parables of the Gospels*, 186.

62 McFadyen, *The Message of the Parables*, 175.

63 McFadyen, *The Message of the Parables*, 175.

64 Wilfred Scopes, *The Parables of Jesus and Their Meaning for the Indian Church Today* (Madras: Christian Literature Society, 1955), 135.

65 Schmidt, *Hostility to Wealth*, 215.
66 Douglas E. Oakman, "The Buying Power of Two Denarii", *Foundations and Facets Forum* 3, 4 (1987), 33-38(37).
67 Alberto Manguel, *A History of Reading* (London: Flamingo, 1997), 289.

7 ── 후기: 탈식민주의 성서비평, 끝나지 않는 여행

1 Asya Kazanci, a character in Elif Shafak, *The Bastard of Istanbul* (London: Viking, 2007), 181.
2 타시 오의 소설 *Map of the Invisible World* (London: Fourth Estate, 2009), 153에 나오는 정치적으로 급진적인 등장인물 딘이 행한 열정적인 연설의 일부이다.
3 Terry Eagleton, *After Theory* (London: Allen Lane, 2003), 2.
4 Kamil Mahdi, "Iraqis Will Not Be Pawns in Bush and Blair's War Game", *The Guardian* (February 25, 2003), 20.
5 Norman Stone, "Why the Empire Must Strike Back", *The Observer* (August 18, 1996), 22.
6 Jonathan Powell, "Why the West Should Not Fear to Intervene", *The Observer* (November 18, 2007), 34.
7 David Miliband, "UK Has Moral Duty to Intervene", *The Guardian* (February 2, 2008), 1.
8 Tacitus, *The Agricola and Germany of Tacitus*, trans. Alfred John Church and William Jackson Brodribb (London: Macmillan, 1808), 19.
9 Jawaharlal Nehru, *Glimpses of World History* [New Delhi: Jawaharlal Nehru Memorial Fund, 1982(1935)], 773-774.
10 C.S. Lewis, *God in the Dock: Essays on Theology and Ethics*, ed. Walter Hooper (Grand Rapids, MI: Eerdmans, 1970), 292.
11 Kitsiri Malalgoda, *Buddhism in Sinhalese Society 1750-1900: A Study of Religious Revival and Change* (Berkeley, CA: University of California Press, 1976), 22. 이 인용문은 B.H. Farmer, *Ceylon: A Divided Nation* (London: Oxford University Press, 1963), 8에서 따왔다.
12 Seumas Milne, "This Attempt to Rehabilitate Empire Is a Recipe for Conflict", *The Guardian* (June 10, 2010), 31.
13 Aw, *Map of the Invisible World*, 23.
14 A. Sivasubramanian, *Kristhavamum Thamil sulalyum* (Madras: Vamsi, 2007), 특별

히 1장을 보라.

15 A. Sivasubramanian, *Vasahappa: Dance Drama* (Palyamkottai: Folklore Resources and Research Centre, 2007).

16 Nam Le, *The Boat* (Edinburgh: Canongate, 2009), 10.

17 Virginia Woolf, *A Room of One's Own* (Harmondsworth: Penguin, 1945), 25-26.

18 Amitav Ghosh, "Confronting the Past", an interview with Priyamvada Gopal, *The Hindu Literary Review*, online, June 1, 2008.

| 참고 문헌 |

Abdel-Malek, Anouar. "Orientalism in Crisis", Diogenes 44 (Winter 1963), 103-140.

Alatas, Syed Hussein. *The Myth of the Lazy Native: A Study of the Image of the Malays, Filipinos and Javanese from the 16th to the 20th Century and Its Function in the Ideology of Colonial Capitalism*. London: Cass, 1977.

Arnot, William. *The Parables of Our Lord*. London: Nelson, 1865.

Aschroft, Bill, Griffiths, Gareth, and Tiffin, Helen. T*he Post-Colonial Studies Reader*, 2nd edn. London: Routledge, 2006.

Avalos, Hector. "The Gospel of Lucas Gavilán as Postcolonial Biblical Exegesis", *Semeia* 75 (1996), 87-105.

—. *The End of Biblical Studies*. Amherst, MA: Prometheus, 2007.

Aw, Tash. *Map of the Invisible World*. London: Fourth Estate, 2009.

Baly, Denis. *The Geography of the Bible: A Study in Historical Geography*. London: Lutterworth, 1957.

Berquist, J.L. "Postcolonialism and Imperial Motives for Canonization", *Semeia* 75 (1996), 15-35.

Bhabha, Homi K. *The Location of Culture*. London: Routledge, 1994.

Birch, S., ed. *Records of the Past: Being English Translations of the Assyrian and Egyptian Monuments,* vol. 1. London: Bagster, 1873.

Bird, J.G. "The Letter to the Ephesians", in *A Postcolonial Commentary on the New Testament Writings,* eds. F.F. Segovia and R.S. Sugirtharajah. London: Clark, 2007. 265-280.

Blaiklock, E.M. *The Acts of the Apostles: An Historical Commentary*. London: Tyndale,

1959.

Boehmer, Elleke and Morton, Stephen, eds. *Terror and the Postcolonial*. Oxford: Wiley-Blackwell, 2010.

Boer, R. "Remembering Babylon: Postcolonialism and Australian Biblical Studies", in *The Postcolonial Bible*, ed. R.S. Sugirtharajah. Sheffield: Sheffield Academic, 1998. 24-48.

—. "Marx, Postcolonialism, and the Bible", in *Postcolonial Biblical Criticism: Interdisciplinary Intersections,* eds. S.D. Moore and F.F. Segovia. London: Clark, 2005. 166-183.

—. "Resistance versus Accommodation: What to Do with Romans 13", in *Postcolonial Interventions: Essays in Honor of R.S. Sugirtharajah*, ed. T.-s.B. Liew. Sheffield: Sheffield Phoenix, 2009. 109-122.

Borges, Jorge Luis. *Fictions*. London: Penguin, 1998.

Bradbury, Ray. *Fahrenheit 451*. New York: Ballantine, 1953.

Broadbent, R. "Writing a Bestseller in Biblical Studies or All Washed Up on Dover Beach? *Voices from the Margin* and the Future of (British) Biblical Studies", in *Still at the Margins: Biblical Scholarship Fifteen Years after* Voices from the Margin, ed. R.S. Sugirtharajah. London: Clark, 2008. 139-150.

—. "One Step Beyond or One Step Too Far? Towards a Postcolonial Future for European Biblical and Theological Scholarship", in *Postcolonial Interventions: Essays in Honor of R.S. Sugirtharajah*, ed. T.-s.B. Liew. Sheffield: Sheffield Phoenix, 2009. 296-309.

Carroll, Robert P. "Cultural Encroachment and Biblical Translation: Observations on Elements of Violence, Race and Class in the Production f Bibles in Translation", *Semeia* 76 (1996): 39-68.

Carter, W. *Matthew and the Margins: A Sociopolitical and Religious Reading*. Maryknoll, NY: Orbis, 2000.

—. "The Gospel of Matthew", in *A Postcolonial Commentary on the New Testament Writings,* eds. F.F. Segovia and R.S. Sugirtharajah. London: Clark, 2007. 69-104.

Charles, R.H. *Studies in the Apocalypse: Being Lectures Delivered before the University of London*. Edinburgh: Clark, 1913.

Chen, Kuan-Hsing. *Asia as Method: Toward Deimperialization*. Durham, NC: Duke University Press, 2010.

Chia, "On Naming the Subject: Postcolonial Reading of Daniel 1", in *The Postcolonial Biblical Reader,* ed. R.S. Sugirtharajah. Oxford: Blackwell, 2006. 171-185.

Cohen, Richard S. "Shakyamuni: Buddhism's Founder in Ten Acts", *The Rivers of Pa-

radise: Moses, Buddha, Confucius, Jesus, and Muhammad as Religious Founders, eds. David Noel Freedman and M.J. McClymond. Grand Rapids, MI: Eerdmans, 2001. 121-232.

Collins, Adela Yarbro. *Crisis and Catharsis: The Power of the Apocalypse*. Philadelphia: Westminster, 1984.

Columbus, Christopher. *The Book of Prophecies Vol. III*, trans. Blair Sullivan, ed. Roberto Rusconi. Berkeley, CA: University of California Press, 1997.

Connor, K.R. "'Everybody Talking about Heaven Ain't Going There': The Biblical Call for Justice and the Postcolonial Response of the Spirituals", *Semeia* 75 (1996), 107-128.

Conze, Edward, ed. *Buddhist Texts through the Ages*. New York: Philosophical Library, 1954.

Coomaraswamy, Ananda K. *The Dance of Shiva: Fourteen Indian Essays*. New Delhi: Munshiram Manoharlal, 1970.

Craddock, Fred B. "Luke", in *Harper's Bible Commentary*, ed. James L. Mays. San Francisco: Harper and Row, 1988. 1010-1043.

Crossley, James G. *Jesus in an Age of Terror: Scholarly Projects for a New American Century*. London: Equinox, 2008.

—. "Jesus and the Jew since 1967", in J*esus Beyond Nationalism: Constructing the Historical Jesus in a Period of Cultural Complexity*, eds. W. Blanton, James G. Crossley, and Halvor Moxnes. London: Equinox, 2009, 119-137.

Daniell, David. *The Bible in English: Its History and Influence*. New Haven: Yale University Press, 2003.

Davids, Rhys T.W. *Lectures on the Origin and Growth of Religion, as Illustrated by Some Points in the History of Indian Buddhism: The Hibbert Lectures 1881*. London: Williams and Norgate, 1891.

—. *Buddhism: Being a Sketch of the Life and Teachings of Gautama, the Buddha*. London: Society for Promoting Christian Knowledge, 1910.

Donaldson, L.E. "Postcolonialism and Biblical Reading: An Introduction", *Semeia* 75 (1996), 1-14.

—. "The Sign of Orpah: Reading Ruth through Native Eyes", in *The Postcolonial Biblical Reader*, ed. R.S. Sugirtharajah. Oxford: Blackwell, 2006. 159-170.

Dube, M.W. "Reading for Decolonization (John 4:1-42)", *Semeia* 75 (1996), 37-59.

—. "Savior of the World but Not of This World: A Post-Colonial Reading of Spatial Construction in John", in *The Postcolonial Bible*, ed. R.S. Sugirtharajah. Sheffield: Sheffield Academic, 1998. 118-135.

—. "Rahab Says Hello to Judith: A Decolonizing Feminist Reading", in *The Postcolonial Biblical Reader,* ed. R.S. Sugirtharajah. Oxford: Blackwell, 2006. 142-158.

Eagleton, Terry. *After Theory.* London: Allen Lane, 2003.

Edwards, Justin D. *Postcolonial Literature: A Reader's Guide to Essential Criticism.* Basingstoke: Palgrave Macmillan, 2008.

Elliott, John H. *What is Social-Scientific Criticism?* Minneapolis: Fortress, 1993.

Elmar, R. and Gruber, Kersten Holger. *The Original Jesus: The Buddhist Sources of Christianity.* Shaftesbury: Element, 1995.

Featherstone, Simon. *Postcolonial Cultures.* Edinburgh: Edinburgh University Press, 2005.

Findlay, Alexander J. *Jesus and His Parables.* London: Epworth, 1950.

Forsdick, Charles. "The French Empire", in *The Routledge Companion to Postcolonial Studies,* ed. John McLeod. London: Routledge, 2007. 32-45.

Fraser, Robert. *Book History through Postcolonial Eyes: Re-writing the Script.* London: Routledge, 2008.

Gilroy, Paul. *After Empire: Melancholia or Convivial Culture?* Abingdon: Routledge, 2004.

Glen, Stanley J. *The Parables of Conflict in Luke.* Philadelphia: Westminster, 1962.

Goff, Barbara, ed. *Classics and Colonialism.* London: Duckworth, 2005.

—. "Introduction", in *Classics and Colonialism,* ed. Barbara Goff. London: Duckworth, 2005. 1-24.

Gupta, Akhil. *Postcolonial Developments: Agriculture in the Making of India.* Durham, NC: Duke University Press, 1998.

Hakluyt, Richard. *Discourse of Western Planting,* eds. David B. Quinn and Alison M. Quinn. London: Hakluyt Society, 1993.

Hardt, Michael and Negri, Antonio. *Empire.* Cambridge: Harvard University Press, 2000.

Hardy, Spence R. *The Sacred Books of the Buddhists Compared with History and Modern Science.* Colombo: Wesleyan Mission Press, 1863.

Harrison, Nicholas. *Postcolonial Criticism, History, Theory and the Work of Fiction.* Cambridge: Polity, 2003.

Hendrickx, Herman. *The Parables of Jesus: Studies in the Synoptic Gospels.* London: Chapman, 1986.

Hirai, Kinza Rigue M. "The Real Position of Japan toward Christianity", in *The World's Parliament of Religions: An Illustrated and Popular History of the World's First*

Parliament of Religions Held in Chicago in Connection with the Columbian Exposition of 1893, vol. I, ed. John Henry Barrows. Chicago: Parliament, 1893. 444-450.

Hooks, Bell. *Teaching to Transgress: Education as the Practice of Freedom*. New York: Routledge, 1994.

Hooper, J.S.M. *The Bible in India with a Chapter on Ceylon*. London: Oxford University Press, 1938.

Horrell, David G. "Introduction", *Journal for the Study of the New Testament* 27, 3 (2005), 251-255.

Horsley, R.A. *Paul and Empire: Religion and Power in Roman Imperial Society*. Harrisburg, PA: Trinity, 1997.

—. "Renewal Movements and Resistance to Empire in Ancient Judea", in *The Postcolonial Biblical Reader*, ed. R.S. Sugirtharajah. Oxford: Blackwell, 2006. 69-77.

Israel, H. "Cutchery Tamil versus Pure Tamil: Contesting Language Use in the Translated Bible in the Early-Nineteenth-Century Protestant Tamil Community", in *The Postcolonial Biblical Reader*, ed. R.S. Sugirtharajah. Oxford: Blackwell, 2006. 269-283.

Jenkins, Simon. "Democracy Is Ill Served by Its Self-Appointed Guardians", *The Guardian* (March 5, 2008), 35.

Jeremias, Joachim. *The Parables of Jesus*, rev. edn. London: SCM, 1963.

Jobling, D. "Very Limited Ideological Options: Marxism and Biblical Studies in Postcolonial Scenes", in *Postcolonial Biblical Criticism: Interdisciplinary Intersections*, eds. S.D. Moore and F.F. Segovia. London: Clark, 2005. 184-201.

Johnston, E.H., ed. *Asvaghosa's Buddhacarita or Acts of the Buddha*. Delhi: Motilal Banarsidass, 1984.

Jones, J.J., ed. *The Mahavastu Volume I*. London: Luzac, 1949.

—. *The Mahavastu Volume II*. London: Luzac, 1952.

Jowett, Benjamin. "On the Interpretation of Scripture", in *Essays and Reviews*, 6th edn. Longmans, Green, 1861. 330-433.

Kelber, W.H. "Roman Imperialism and Christian Scribality", in T*he Postcolonial Biblical Reader*, ed. R.S. Sugirtharajah. Oxford: Blackwell, 2006. 96-111.

Kim, U.Y. *Decolonizing Josiah: Toward a Postcolonial Reading of the Deuteronomistic History*. Sheffield: Sheffield Phoenix, 2005.

King, K.L. "Canonization and Marginalization: Mary of Magdala", in *The Postcolonial Biblical Reader*, ed. R.S. Sugirtharajah. Oxford: Blackwell, 2006. 284-290.

King, Richard C., ed. *Post-Colonial America*. Urbana, IL: University of Illinois Press, 2000.

Koschorke, Klaus, Ludwig, Frieder, and Delgado, Mariano, eds. *A History of Christianity in Asia, Africa, and Latin America 1450-1990: A Documentary Source Book.* Grand Rapids, MI: Eerdmans, 2007.

Kwok, Pui-lan. "Making the Connections: Postcolonial Studies and Feminist Biblical Interpretation", in *The Postcolonial Biblical Reader*, ed. R.S. Sugirtharajah. Oxford: Blackwell, 2006. 45-63.

Lapham, Henry A. *The Bible as Missionary Handbook.* Cambridge: Heffer, 1925.

Le, Nam. *The Boat.* Edinburgh: Canongate, 2009.

Lewis, C.S. *God in the Dock: Essays on Theology and Ethics,* ed. Walter Hooper. Grand Rapids, MI: Eerdmans, 1970.

Liew, T.-s.B. "Tyranny, Boundary, and Might: Colonial Mimicry in Mark's Gospel", in *The Postcolonial Biblical Reader*, ed. R.S. Sugirtharajah. Oxford: Blackwell, 2006. 206-223.

—. "The Gospel of Mark", in *A Postcolonial Commentary on the New estament Writings*, eds. F.F. Segovia and R.S. Sugirtharajah. London: Clark, 2007. 105-132.

Life in the United Kingdom: A Journey to Citizenship. Norwich: Stationery Office, 2004.

Loomba, Ania, Kaul, Suvir, and Bunzl, Matti, eds. *Postcolonial Studies and Beyond.* Durham, NC: Duke University Press, 2005.

Mahdi, Kamil. "Iraqis Will Not Be Pawns in Bush and Blair's War Game", *The Guardian* (February 25, 2003), 20.

Malalgoda, Kitsiri. *Buddhism in Sinhalese Society 1750-1900: A Study of Religious Revival and Change.* Berkeley, CA: University of California Press, 1976.

Malina, Bruce J. "Mother and Son", *Biblical Theology Bulletin* 20, 2 (1990), 54-64.

—. *Windows on the World of Jesus: Time Travel to Ancient Judea.* Louisville, KY: Westminster/Knox, 1993.

Manguel, Alberto. *A History of Reading.* London: Flamingo, 1997.

Martin, Hugh. *The Parables of the Gospels and Their Meaning for Today.* London: SCM, 1937.

Mbuwayesango, D.R. "How Local Divine Powers Were Suppressed: A Case of Mwari of the Shona", in *The Postcolonial Biblical Reader*, ed. R.S. Sugirtharajah. Oxford: Blackwell, 2006. 259-268.

—. "Canaanite Women and Israelite Women in Deuteronomy: The Intersection of Sexism and Imperialism", in *Postcolonial Interventions: Essays in Honor of R.S. Sugirtharajah*, ed. T.-s.B. Liew. Sheffield: Sheffield Phoenix, 2009. 45-57.

McLeod, John, ed. *The Routledge Companion to Postcolonial Studies.* London: Routledge, 2007.

—. "Introduction", in *The Routledge Companion to Postcolonial Studies*, ed. John McLeod. London: Routledge, 2007. 1-18.

McFadyen, J.F. *The Message of the Parables*. London: Clark, 1933.

Miliband, David. "UK Has Moral Duty to Intervene", *The Guardian* (February 12, 2008), 1.

Milne, Seumas. "This Attempt to Rehabilitate Empire is a Recipe for Conflict", *The Guardian* (June 10, 2010), 31.

Montefiore, C.G. *The Synoptic Gospels: Edited with an Introduction and a Commentary in Two Volumes*, vol. II. London: Macmillan, 1927.

Moore, S.D. *Empire and Apocalypse: Postcolonialism and the New Testament*. Sheffield: Sheffield Phoenix, 2006.

—. "Mark and Empire: 'Zealot' and 'Postcolonial' Readings", in *The Postcolonial Biblical Reader*, ed. R.S. Sugirtharajah. Oxford: Blackwell, 2006. 193-205.

Moxnes, Halvor, Blanton, Ward, and Crossley, James G. "Introduction", in *Jesus Beyond Nationalism: Constructing the Historical Jesus in a Period of Cultural Complexity*. London: Equinox, 2009. 1-7.

Mozoomdar, Protop Chunder. "The World's Religious Debt to Asia", in *The World's Parliament of Religions: An Illustrated and Popular History of the World's First Parliament of Religions Held in Chicago in Connection with the Columbian Exposition of 1893*, vol. II, ed. John Henry Barrows. Chicago: Parliament, 1893. 1083-1092.

—. "The Brahmo-Somaj", in *The World's Parliament of Religions: An Illustrated and Popular History of the World's First Parliament of Religions Held in Chicago in Connection with the Columbian Exposition of 1893*, vol. I, ed. John Henry Barrows. Chicago: Parliament, 1893. 345-351.

Müller, Max F. *Chips from a German Workshop*, vol. IV. London: Longmans, Green, 1875.

—. "Preface to The Sacred Books of the East", in T*he Sacred Books of the East Translated by Various Oriental Scholars*, ed. Max F. Müller. Oxford: Clarendon, 1879. ix-xxxviii.

—. *Physical Religion: The Gifford Lectures Delivered before the University of Glasgow 1890*. London: Longmans, Green, 1891.

—. "The Parliament of Religions: Chicago 1893", in *Collected Works of the Right Hon. F. Max Müller XVIII, II, Essays on the Science of Religion*. London: Longmans, Green, 1901. 324-341.

Nagarkar, B.B. "The Work of Social Reform in India", in *The World's Parliament of*

Religions: An Illustrated and Popular History of the World's First Parliament of Religions Held in Chicago in Connection with the Columbian Exposition of 1893, vol. I, ed. John Henry Barrows. Chicago: Parliament, 1893. 767-779.

Nehru, Jawaharlal. *Glimpses of World History.* New Delhi: Jawaharlal Nehru Memorial Fund, 1982 (1935).

Niebuhr, Reinhold. *The Irony of American History*, with a new introduction by Andrew J. Bacevich. Chicago: Chicago University Press, 2008.

Nissen, Johannes. *Poverty and Mission: New Testament Perspectives on a Contemporary Theme*. Leiden: Interuniversity Institute for Missiological and Ecumenical Research, 1984.

Oakman, Douglas E. "The Buying Power of Two Denarii", *Foundations and Facets Forum* 3, 4 (1987), 33-38.

Okakura, Tenshin. *The Awakening of Japan*. London: Murray, 1905.

Panikkar, K.M. *Asian and Western Dominance: A Survey of the Vasco Da Gama Epoch of Asian History 1498-1945*. London: Allen and Unwin, 1959.

Phythian-Adams, W.J. "The Geography of the Holy Land", in *A New Commentary on the Holy Scripture Including the Apocrypha*, eds. Charles Gore, Henry Leighton Goude, and Alfred Guillaume. London: SPCK, 1928. 634-646.

Pilch, John J. *The Cultural World of Jesus: Sunday by Sunday, Cycle B*. Collegeville, PA: Liturgical Press, 1994.

—. *The Cultural World of Jesus: Sunday by Sunday, Cycle A*. Collegeville, PA: Liturgical Press, 1995.

—. *The Cultural World of Jesus: Sunday by Sunday, Cycle C*. Collegeville, PA: Liturgical Press, 1997.

Pinto, Shiromi. *Trussed*. London: Serpent Tail, 2006.

Powell, Allan Mark. *What is Narrative Criticism?* Minneapolis: Fortress, 1990.

Powell, Jonathan. "Why the West Should Not Fear to Intervene", *The Observer* (November 18, 2007), 34.

Prior, M. *The Bible and Colonialism: A Moral Critique*. Sheffield: Sheffield cademic, 1997.

Quayson, Ato. *Postcolonialism: Theory, Practice or Process?* Cambridge: Polity, 2000.

Quick, Oliver Chase. *The Realism of Christ's Parables: Ida Hartley Lectures Delivered at Colne, Lancs, 1930*. London: SCM, 1931.

Ringe, S.H. "The Letter of James", in *A Postcolonial Commentary on the New Testament Writings*, eds. F.F. Segovia and R.S. Sugirtharajah, London: Clark, 2007. 369-379.

Roy, Rammohun. *The English Works of Raja Rammohun Roy*, ed. Jogendra Chunder

Ghose. New Delhi: Cosmo, 1906.

Rule, William Harris. *Oriental Records: Monumental Confi rmatory of the Old Testament Scriptures*. London: Bagster, 1877.

Rushdie, Salman. *The Enchantress of Florence*. London: Cape, 2008.

Said, Edward W. *Orientalism*. London: Penguin, 1978.

—. *Culture and Imperialism*. London: Chatto & Windus, 1993.

—. "Orientalism and After", in *A Critical Sense: Interviews with Intellectuals*, ed. Peter Osborne. London: Routledge, 1996. 65-86.

—. "Edward Said in Conversation with Neeladri Bhattachrya, Suvir Kaul and Ania Loomba", *Interventions* 1, 1 (1998), 81-96.

—. *Power, Politics, and Culture: Interviews with Edward Said*, ed. with introduction by Gauri Viswanathan. New York: Pantheon, 2001.

—. *Orientalism*. London: Penguin, 2003.

—. *Humanism and Democratic Criticism*. New York: Columbia University Press, 2004.

—. "Thoughts on Late Style", *London Review of Books* (August 5, 2004), 3-7.

—. *On Late Style*. London: Bloomsbury, 2006.

Schmidt, Thomas E. *Hostility to Wealth in the Synoptic Gospels*. Sheffield: Sheffield Academic, 1987.

Schueller, Johar Malini. *U.S. Orientalisms: Race, Nation and Gender in Literature 1790-1890*. Ann Arbor, MI: University of Michigan Press, 1997.

Schweizer, Eduard. *The Good News According to Luke*. Atlanta, GA: Knox, 1984.

Scopes, Wilfred. *The Parables of Jesus and Their Meaning for the Indian Church Today*. Madras: Christian Literature Society, 1955.

Segovia, F.F. "Biblical Criticism and Postcolonial Studies: Toward a Postcolonial Optic", in *The Postcolonial Bible*, ed. R.S. Sugirtharajah. Sheffield: Sheffield Academic, 1998. 49-65.

—. "Mapping the Postcolonial Optic in Biblical Criticism: Meaning and Scope", in *Postcolonial Biblical Criticism: Interdisciplinary Intersections*, eds. S.D. Moore and F.F. Segovia. London: Clark, 2005. 23-78.

Sen, Amartya. *The Argumentative Indian: Writings on Indian History, Culture and Identity*. London: Allen Lane, 2005.

Sen, Keshub Chunder. *Keshub Chunder Sen's Lectures in India* (London: Cassell, 1901).

—. *Keshub Chunder Sen's Lectures in India* (London: Cassell, 1904).

—. *Keshub Chunder Sen in England: Diaries, Sermons, Addresses and Epistles*, reprint 1980 (Calcutta: Writers Workshop, 1871).

Shafak, Elif. *The Bastard of Istanbul.* London: Viking, 2007.

Sivasubramanian, A. *Kristhavamum Thamil sulalyum.* Madras: Vamsi, 2007.

—. *Vasahappa: Dance Drama.* Palyamkottai: Folklore Resources and Research Centre, 2007.

Smith, George Adam. *The Conversion of India: From Pantaenaus to the Present Time a.d. 193-1893.* London: Murray, 1893.

—. *The Historical Geography of the Holy Land Especially in Relation to the History of Israel and of the Early Church.* London: Hodder and Stoughton, 1909.

Soelle, Dorothee and Schottroff, Luise. *Jesus of Nazareth* (London: SPCK, 2002).

Spindler, H.R. "Indian Studies of the Gospel of John: Puzzling Contextualization", *Exchange* 27, 1 (1980), 1-54.

Spivak, Chakravorty Gayatri. *In the Other Worlds: Essays in Cultural Politics.* New York: Routledge, 1988.

—. *The Postcolonial Critic: Interviews, Strategies, Dialogues,* ed. Sarah Harasym. New York: Routledge, 1990.

—. *A Critique of Postcolonial Reason: Toward a History of the Vanishing Past.* Cambridge: Harvard University Press, 1999.

—. *Death of a Discipline.* New York: Columbia University Press, 2003.

—. *Other Asias.* Malden, MA: Blackwell, 2008.

Stone, Norman. "Why the Empire Must Strike Back", *The Observer* (August 18, 1996), 22.

Strandenaes, Thor. "Anonymous Bible Translators: Native Literati and the ranslation of the Bible into Chinese 1807-1907", in *Sowing the Word: The Cultural Impact of the British and Foreign Bible Society 1804-2004,* eds. Stephen Batalden, Kathleen Cann, and John Dean. Sheffield: Sheffield Phoenix, 2004. 121-148.

Sugirtharajah, R.S. "From Orientalist to Post-colonial: Notes on Reading Practices", *Asia Journal of Theology* 10, 1 (April 1996), 20-27.

—. *Asian Biblical Hermeneutics and Postcolonialism: Contesting the Interpretations.* Maryknoll, NY: Orbis, 1998.

—. "A Postcolonial Exploration of Collusion and Construction in Biblical Interpretation", in *The Postcolonial Bible,* ed. R.S. Sugirtharajah. Sheffield: Sheffield Academic, 1998. 91-116.

—. *The Bible and the Third World: Precolonial, Colonial and Postcolonial Encounters.* Cambridge: Cambridge University Press, 2001.

—. *Postcolonial Criticism and Biblical Interpretation.* Oxford: Oxford University Press, 2002.

—. ed. *The Postcolonial Biblical Reader.* Oxford: Blackwell, 2006.

Suzuki, Daisetz Teitaro, trans. *The Lankavatra Sutra: A Mahayana Text.* London: Routledge, 1932.

Swami Vivekananda. "Hinduism", in *The World's Parliament of Religions: An Illustrated and Popular History of the World's First Parliament of Religions Held in Chicago in Connection with the Columbian Exposition of 1893,* vol. I, ed. John Henry Barrows. Chicago: Parliament, 1863. 128-129.968-978.

Swete, Henry Barclay. *The Apocalypse of St John: The Greek Text with Introduction,* Notes and Indices. London: Macmillan, 1922.

Syjuco, Miguel. *Ilustrado.* New York: Farrar, Straus and Giroux, 2010.

Tacitus. *The Agricola and Germany of Tacitus,* trans. Alfred John Church and William Jackson Brodribb. London: Macmillan, 1808.

Tamez, E. "The Hermeneutical Leap of Today", *Semeia* 75 (1996), 203-205.

Taylor, Clair. "The Spanish and Portuguese Empires", in *The Routledge Companion to Postcolonial Studies,* ed. John McLeod. London: Routledge, 2007. 46-58.

Tennent, James Emerson. *Christianity in Ceylon: Introduction and Progress under the Portuguese, the Dutch, the British, and American Missions: With an Historical Sketch of the Brahmanical and Buddhist Superstitions.* London: Murray, 1850.

Tharoor, Shashi. *The Great Indian Novel.* New Delhi: Penguin, 1989.

Tibawi, A.L. *English Speaking Orientalists: A Critique of Their Approach to Islam and Arab Nationalism.* London: Luzac, 1964.

Tiffin, Helen and Huggan, Graham. *Postcolonial Ecocriticism: Literature, Animals, Environment.* London: Routledge, 2010.

Trautmann, Thomas R., ed. *The Madras School of Orientalism: Producing nowledge in Colonial South India.* New Delhi: Oxford University Press, 2009.

Trinidad, Saul. "Christology, Conquista, Colonization", in *Faces of Jesus: Latin American Christologies,* ed. José Míguez Bonino. Maryknoll, NY: Orbis, 1983. 49-65.

Vidal, John. "The Great Green Land Grab", *The Guardian G2* (February 13, 2008), 6-9.

Viswanathan, Gauri. "Introduction", in *Power, Politics, and Culture: Interviews with Edward Said,* ed. Gauri Viswanathan. New York: Pantheon, 2001. xi-xxi.

West, G.O. "What Difference Does Postcolonial Biblical Criticism Make? Reflections from a (South) African Perspective", in *Postcolonial Interventions: Essays in Honor of R.S. Sugirtharajah,* ed. T.-s.B. Liew. Sheffield: Sheffield Phoenix, 2009. 256-273.

Whitelam, K.W. *The Invention of Ancient Israel: The Silencing of Palestinian History.* London: Routledge, 1996.

Williams, Raymond. *Culture and Society*. London: Hogarth, 1993.

Wintour, Patrick. "Miliband: UK Has Moral Duty to Intervene", *The Guardian* (February 12, 2008), 1.

Woolf, Virginia. *A Room of One's Own*. Harmondsworth: Penguin, 1945.

Wright, G. Ernest. *The Old Testament against Its Environment*. London: SCM, 1950.

—. "The Old Testament: A Bulwark of the Church against Paganism", *Occasional Bulletin from the Missionary Research Library* 14, 4 (1963), 1-10.

Young, Robert J.C. *Postcolonialism: An Historical Introduction*. Oxford: Blackwell, 2001.

Zerbe, G. and Orevillo-Montenegro, M. "The Letter to the Colossians", in *A Postcolonial Commentary on the New Testament Writings*, eds. F.F. Segovia and R.S. Sugirtharajah. London: Clark, 2007. 294-303.